insel taschenbuch

1000

Deutsche Gedichte

und ihre Interpretationen

1000

Deutsche Gedichte und ihre Interpretationen

Herausgegeben
von Marcel Reich-Ranicki

Sechster Band

Von
Georg Trakl
bis
Gottfried Benn

Insel Verlag

Dritte Auflage 1996

Quellenhinweise am Schluß des Bandes
Druck: Wagner GmbH, Nördlingen
Printed in Germany

Von Georg Trakl
bis Gottfried Benn

INHALT

ROBERT WALSER
DIE REITERIN

Dort war es schön für mich, mir vorzustellen,
das beste sei, sich in der Seele still
zu halten wie ein Kind in seinem Bettchen.
Ich dachte damals weder an Vergangenes
noch Kommendes und lag in einer Lichtung
des ausgedehnten Waldes wie ein Bursche,
den eine schöne Frau nun grüßen müsse,
und in der Tat erschien auf einem Pferde
auch eine Reit'rin schon. Entzückend war es
für meine Seele, die dem Teiche glich
an Ausgeglichenheit und Stille, so als
gäb's eine hübsche Oberfläche nur
und keine Tiefe unter der gezognen
Linie des Lieblichen und Wünschenswerten,
wie sie aus einiger Entfernung freundlich
zum ruhig Liegenden hinüberblickte.

WERNER WEBER
VOR DEM VERSTUMMEN

Bei Anlaß seines fünfzigsten Geburtstags hat Walser von sich als einem »zähen Prosafortsetzenden« gesprochen. Er durchschaut sein Verhältnis: schreibt gegen das Verstummen an, in Prosa, und die Prosa setzt sich in der Lyrik fort. Ein beirrender lyrischer Gestus. Die Wendungen, die Vergleiche, die Bilder haben Anflüge des Gebrauchsfertigen; sie sind auf Faßlichkeit angelegt – und da man sie fassen und in Gebrauch nehmen möchte, entziehen sie sich.

»Dort war«, »Ich dachte damals«; das Gedicht »Die Reiterin« redet von etwas räumlich-zeitlich Abgerücktem. Es tut das in der Sprache des Berichts; diskursive Floskeln gehören dazu: »weder ... noch«, »in der Tat ... auch ... schon«, »so als«, »aus einiger Entfernung«. Für sich genommen, sind die Wortgruppen grau, gewöhnlich. Aber von ihnen her ist auszumachen, wie ungewöhnlich solch Gewöhnliches an seinem Ort im Gedicht wirkt; denn dort ist es berührt von Verschwiegenem. Und jetzt erkenne ich den Text in seiner Eigentümlichkeit: in seinen Gesten wird sichtbar eine durch Reflexion gebrochene Magie-Poesie, die ihrem Poesiewesen nicht mehr traut und dieses Selbstmißtrauen in den Brechungen zwischen beschwörendem Sagen und berechnendem Nennen sprachlich unverhohlen vorzeigt.

Der Entdecker Walsers, Josef Viktor Widmann, hat früh kritisch auf Banalitäten bei Walser hingewiesen. Seitdem

ist der Begriff »Stilbruch« im Gespräch über Walsers Gedichte (die späten besonders) zu einiger Geltung gekommen. Man sollte, besser, von einem Stil-Brechen reden. Damit wäre der Betrachter ins Nachdenken über schöpferisches Wollen verwiesen. Er sähe in Walsers »Stilbrüchen« weniger ein Versagen, vielmehr ein Fragen: nach dem noch möglichen Wort. Noch möglich? Hinter der Frage steht bei Walser die Einsicht in das, was nicht mehr geht. Was? In den Worten, die sich auf die Reiterin dort beziehen, ist die Antwort zu suchen: ».... wie ein Bursche, / den eine schöne Frau nun grüßen müsse, / und in der Tat erschien auf einem Pferde / auch eine Reit'rin schon ...« Und: »... wie sie aus einiger Entfernung freundlich / zum ruhig Liegenden hinüberblickte.«
Das sind Echos auf Eichendorffs »Der Gärtner« (»Wohin ich geh' und schaue ...«), auf Mörikes »Der Gärtner« (»Auf ihrem Leibrößlein ...«). Walser kannte beide Gedichte. Und ebendas – reden wie Eichendorff, wie Mörike – geht nicht mehr. Walser kann solches Reden nur noch erinnern, indem er es in die Gebrochenheit aufnimmt und da aushält. Das ist elegisches Reden. Es zielt auf den Lebensort, den Walser im Gedicht »Wie wir wuchsen« mit diesen Worten bestimmt: »Einst, als wir noch wie Wälder grünten, / uns aussichtslos zu sein erkühnten ...« Aussichtslos-Sein, mythisches Einig-Sein ist im Gedicht »Die Reiterin« mit der auffälligen Metapher gemeint: »Ich ... lag in einer Lichtung / des ausgedehnten Waldes ...« In der »Lichtung«, in völliger Gegenwart.
Und auch dieses Einig-Sein von Ich und Gegenüber ist nur noch zu erinnern (»damals«) und im Erinnern schwierig genug zu halten als ein Nicht-Mehr im Jetzt. Der letzte Satz des Gedichtes, der über acht Verse hinläuft, sagt dies

nicht nur, sondern zeigt es in seinem Bau: »Entzückend war es für meine Seele ...«; danach, durch anspruchsvolle Zwischenglieder weit abgerückt, das Zugehörige: »... wie sie aus einiger Entfernung freundlich / zum ruhig Liegenden hinüberblickte.« So bildet die Sprache, als Sprache, das schwierige Erinnern ab; der Zusammenhang ergibt sich nicht selbstverständlich, ich muß ihn erfragen.

1930 ist das Gedicht »Die Reiterin« geschrieben worden; ein Gebilde, nicht schön im Sinn eines »selig in ihm selbst«, sondern problematisch, das heißt: Fragliches vorlegend, um das Fragen herauszufordern. Das hat etwas zu tun mit dem historischen Ort, an dem Walser als Dichter sprach. Sein problematischstes Gedicht ist dann: sein Verstummen – für ihn das einzige noch mögliche von 1933 an. Die historische Dimension dieser Schwelle ist klar. Ins Vorfeld darauf hin gehört das Gedicht »Die Reiterin«.

ROBERT WALSER
DIE SCHÖNE FRAU VON THUN

Ein schwarzes Kätzchen schaute eines Abends einen
feinen,
es streicheln woll'nden Weltmann an mit glühnden
Augensteinen.

In einem Kinderwägelchen lag äußerst lieb und brav
ein ungewöhnlich leis aufwächselender Biograph.

Als ein Virtuos einst seine Symphonie zusammenbaute,
es ihm dabei schon fast vor seinen Fähigkeiten graute.
Ein Oberlehrer schaute mir von ferne, als ich schanzen,
will sagen, dichten sollte, zu, er sah mich jedoch tanzen.
Die Bockwurst, die ich schon vor vielen Jahren einmal aß,
unglaublich appetitlich auf dem weißen Teller saß.

Nun komm' ich noch zu sprechen auf die schöne Frau
von Thun,
die ganz entzückend plauderte schon bloß mit ihren
Schuhn.

WOLFGANG ROTHE
DER ABGRUND DES SPASSES

Hätte nicht Robert Mächler, der Biograph Walsers, die lyrischen Ergüsse seines Landsmannes gesammelt, wüßte unter den Jüngeren wohl kaum noch jemand, daß der vielgerühmte Meister der kleinen Prosa zugleich ein eifriger Versschmied war.

Er trat 1898, als Zwanzigjähriger, zuerst mit einer Handvoll Gedichte an die Öffentlichkeit, und Verse waren vermutlich das Letzte, was er vor seinem Verstummen 1933 schrieb. Damals lebte Robert Walser bereits seit Jahren in der Heil- und Pflegeanstalt Herisau, wo er 1956 starb, nachdem er mehr als ein Vierteljahrhundert das Leben eines gewöhnlichen Anstaltsinsassen, jedes Privileg zurückweisend, bald auch auf die Besonderheit des Dichtens verzichtend, geführt hatte.

Die Lektüre der annähernd dreihundert Versgebilde, von denen immerhin rund die Hälfte zu Lebzeiten des Autors von Zeitungen und Zeitschriften gedruckt worden war, ist, ehrlich eingestanden, eine Qual. Nicht zufällig schiebt die Walser-Forschung eine kritische Würdigung des Lyrikers verlegen vor sich her. Die allermeisten Poeme verraten einen peinlichen Mangel an Formkraft, viele sind randvoll einer unfreiwilligen Komik, die Walser in die Nähe einer Friederike Kempner bringt. Dem erklärten Liebhaber des Erzählers muß diese herbe Feststellung schwerfallen, aber er kommt nicht um sie herum.

Jedoch, zwischen den Massen tauben Versgesteins findet

sich hin und wieder ein lyrisches Goldkorn. Der Leser wird, zugegeben, überaus selten mit solchen Funden für seine zähe Ausdauer belohnt, sie lassen sich strenggenommen an zwei Händen abzählen. Einige von ihnen freilich gehören dank ihrer unübertrefflichen Reinheit des Tons, ihrer lapidaren Aussage, der nahezu volksliedhaft-anonymen Einfachheit und ihrer Unzeitgemäßheit – richtiger: Überzeitlichkeit – zum Merkwürdigsten, was im ersten Drittel unseres Jahrhunderts in deutscher Zunge gedichtet wurde.

Mit zum Besten zählen einige Distichen-Kompositionen von 1925 und 1927. Das halbe Dutzend Zweizeiler »Die schöne Frau von Thun«, Dezember 1925 in der Zeitschrift »Die literarische Welt« gedruckt, mag auf den ersten Blick ein Nachhall des groteskenseligen Berliner Expressionismus dünken. Die Inkohärenz ihres Sinngefüges – nicht pure Gedankenflucht – läßt an den sogenannten Zeilenstil Trakls und anderer Zeitgenossen denken, sie signalisiert das Zerbrechen der Welt im Kopfe des Dichters, das also, was man heute im Bereich der Bildnerei Geisteskranker die »schizophrene Welt« nennt. Es ließe sich aber auch eine Linie zur kessen, aggressiven, mit Überraschungseffekten arbeitenden Lyrik der Neuen Sachlichkeit ziehen, zu den Autoren der »linken Melancholie« (Benjamin). Desgleichen wähnt man einen Hauch von *Nonsense poetry* zu spüren, ihr sanftes Blödel-Parlando wiederzufinden.

Und doch sind es die Zeilen eines literarischen Einzelgängers, absoluten Außenseiters, die sich unter keine Schule, Bewegung, Strömung subsumieren lassen. Sie widerstehen hartnäckig jeder hochgemuten philologischen Deutungskunst. Einzig der treue Leser, der sich durch den Wust des kraß Mißlungenen, eines erbarmungswürdigen

Nichtkönnens des Gedichteschreibers Walser gearbeitet hat, wird mit einem gewissen »Verstehen« – nicht viel mehr als ein leises Ahnen – belohnt: durch den Vordergrund einer harmlos tuenden Ironie (und Selbstironie), wohlfeiler Reimspäße, alberner Neologismen und Diminutive à la bürgerliche Goldschnittlyrik hindurch blickt er erschreckt in einen Abgrund.

ROBERT WALSER
MIKROGRAMM III

In dem Reisekorb oder Wäschekorb,
der in meinem Schlafgemach steht,
räuspert es sich nachts,
als läge dort jemand
und als säße auf dem Korb
im umspannenden Talar, mein grausamer
Diener, mein fester Entschluß,
mir selbst zu gehören. Mein Gedanke,
der kennt mich. Wie ist oft, was ich denke,
fürchterlich, und ich steige aus
der Nachtzeit wie aus granitenem Grab
und aus gespenstischem Schlaf wie aus vieler
armer geplagter Seele bleiche
Bilder um ihre Schläfen schleudernder
Vergangenheit
und kann am Morgen meines Lebens wieder froh sein.
Niemandem wünsche ich, er wäre ich.
Nur ich bin imstande, mich zu ertragen:
So vieles zu wissen und so viel gesehen zu haben und
so nichts, so nichts zu sagen.

ARMIN AYREN
SO NICHTS, SO NICHTS ZU SAGEN

In den Jahren 1924-28, also vor seinem freiwilligen Eintritt in die Heilanstalt Waldau im Jahre 1929, hat Robert Walser 526 Blätter und Zettel mit winziger, nur äußerst mühsam und teilweise gar nicht zu entziffernder Bleistiftschrift bedeckt. Dabei handelt es sich einerseits um Entwürfe zu später ins reine geschriebenen Prosatexten, andererseits aber um vieles, was zu seinen Lebzeiten unveröffentlicht blieb, vor allem um den »Räuber-Roman«, die »Felix«-Szenen und um zahlreiche Gedichte, von denen erst wenige entziffert sind. Die 1978 im Suhrkamp Verlag erschienene Ausgabe des Gesamtwerks enthält deren ganze drei, mit römischen Ziffern numeriert. Das hier abgedruckte Gedicht ist das »Mikrogramm III«. Es ist in Walsers Handschrift vierzig Millimeter hoch. Die Höhe der Kleinbuchstaben beträgt durchschnittlich einen Millimeter. Im Konvolut aller Mikrogramme hat es die Nummer 236.
Auf Äußerungen Walsers, vor allem auf zwei Prosastücke und einen Brief an Max Rychner gestützt, vermutet der Herausgeber Jochen Greven, der Dichter habe eine Zeitlang so klein geschrieben, um »die Bedrohung durch eine sich bis ins Körperliche auswirkende Schreibhemmung zu ›unterlaufen‹«. Weiter habe die Schrift Walser erlaubt, sehr rasch zu notieren, rascher als ihn Zweifel am Niederzuschreibenden hätten befallen können. Und schließlich sei die winzige Schrift auch als Ausdruck von Walsers

»Minimalismus«, »seines oft formulierten sozialen und moralischen Ideals des ›Kleinseins‹ zu verstehen«.
Lohnt es sich, diese oft nur als vorläufige Skizzen gedachten Mikrogramme zu entziffern? Die Mehrzahl der über zweihundert Gedichte, die Walser in den Jahren 1925-33 geschrieben und teilweise auch veröffentlicht hat, werden von Kommentatoren als »inhaltlich oft banal oder skurril« eingestuft (Robert Mächler). Für manche Gedichte mag dies zutreffen – es entspricht im übrigen Walsers Selbsteinschätzung. Aber Walser hat auch an Hölderlin gedacht und an seine in den Jahren der Krankheit entstandene Lyrik.
Anmaßung, Selbstüberschätzung, Verkennung von fundamentalen Unterschieden? Ich glaube: nein.
Im »Mikrogramm 11« steht: »Ich verlange mehr von mir, als was sie fordern, daß ich wäre. Wie ist jeder Tag ein unverstandenes Schauspiel.«
Daß er den an sich selbst gestellten Forderungen nicht gerecht werden zu können fürchtete, davon spricht das »Mikrogramm III«. Ehe er sich in das endgültige, viele Jahre dauernde Verstummen begab, in das granitene Grab, in den gespenstischen Schlaf, aus dem er einst wieder aufzusteigen hoffte wie aus der Vergangenheit vieler armer geplagter Seelen, die bleiche Bilder um ihre Schläfen schleudern, hat Robert Walser diese Angst in kompromißloser Ehrlichkeit ausgesprochen, in harten Fügungen, die sich nicht mehr um grammatische Klarheit kümmern, in denen vielmehr das Versagen des Dichters vor seiner Berufung selbst Sprache wird.
Wo gibt es, neben Hölderlin, noch einen deutschen Dichter, der, ehe er sich in den Wahnsinn zurückzog, die Gründe, die ihn dorthin trieben, so unerbittlich hellsichtig

erkannte und auszusprechen wagte? So nichts, so nichts zu sagen – hat Walser damit nicht, ähnlich wie Kafka, der seine Manuskripte verbrannt wissen wollte, das Urteil gesprochen über seine vielen tausend Seiten Prosa? Im »Mikrogramm II« sagt er: »Ich habe alle Verliebtheiten abgeworfen«. Vor sich hatte er nur noch das gähnende Nichts. Der grausame Diener, sein fester Entschluß, nur noch sich selbst zu gehören, also niemandem mehr, dem er sich hätte mitteilen können, saß als Gespenst auf dem Reisekorb nachts im Schlafzimmer.

Wenn es eines Beweises bedurft hätte – das Gedicht straft alle Interpreten Lügen, die aus Robert Walser einen niedlichen, gemütlichen Kleinmeister haben machen wollen. Es gibt wenig, was man im Ausdruck von Verzweiflung Walsers Mikrogrammen an die Seite stellen könnte in deutscher Lyrik. Vielleicht werden diese Gedichte, wenn sie einmal alle entziffert sind, zu den großen Büchern unserer Literatur zählen.

PAUL KLEE
HERR WALDEMAR

Herr Waldemar,
als sich die Aasfliege
auf seine Hand setzte:

»Bitte noch zweimal
um etwas Geduld!«

PETER MAIWALD
DIE KUNST DES EPIGRAMMS

Unter den poetischen Künsten leidet das Epigramm am meisten unter dem Vorurteil, es sei kurz und darum leicht zu machen, dazu genüge schon ein guter Einfall, der, bei natürlicher Begabung, Gesundheit und entsprechender Mondphase, jedem einfällt. Tatsächlich handelt es sich bei diesem Vorurteil, wie bei allen anderen, um einen Flüchtigkeitsfehler, der eine kleine Form der Kunst mit Kleinkunst verwechselt und die Poesie mit ihrem Gegenteil, nämlich Leichtfertigkeit.

Im Gegensatz dazu steht das titellose Epigramm des Malers Paul Klee, der zeitlebens ein lyrischer Dilettant, also ein Liebhaber von Gedichten war und, wenn man sich nur seiner gleichnishaften Bildtitel erinnert – »Zwei Männer, einander in höherer Stellung vermutend, begegnen sich« –, ein Wissender in der Kunst, sich kurz zu fassen, dazu. Anders als die landläufigen Maulwürfe, die sich Epigramme nennen und nichts sind als zeilenversetzte Sprüche oder verkappte Aphorismen, die mit ihren Zeilenbrüchen angeben wie der Modegips beim Après-Ski, läßt Paul Klees Gedicht wie alle besseren im Fertigen Halt und Bauplan erkennen. Da dieser klassischen Einrichtungen folgt und widerspricht, ist die helle Freude, die Könner des Genres von Martial bis Lessing damit hätten, durchaus annehmbar.

Wenn wir nun wissen, daß sich seit Lessing in der Architektur des Epigramms, Herder und allen Professoren zum

Trotz, wenig Nennenswertes getan hat – dafür sind von Goethe über Brecht bis zu den Neueren vorzügliche Epigramme gebaut worden –, können wir ohne Umschweife auf ihn, Lessing, und seine »Zerstreuten Anmerkungen über das Epigramm« von 1771 zurückgreifen, um damit auf die Qualität von Klees Entwurf zu kommen.

Wie in den Vorlagen bedient sich Klee des »belebenden« Elements der Anrede, eines Subjekts, nur daß seine Widmung weniger den Pyllinen und Belinden, Hinzen und Kunzen, sondern zeitgemäßer und asphaltnäher dem gassenhauerischen Herrn Waldemar gilt, in dem wir durchaus den späteren sogenannten kleinen Mann der Straße vermuten dürfen. Da sich nach Lessingschem Maß ein Epigramm aus zwei Teilen, der »Erwartung« und dem »Aufschluß«, zusammensetzt, erregt in der Tat der erste Teil von Klees Notat unsere Aufmerksamkeit und die Frage, wie wohl die Person des Gedichts auf das lästige Insekt reagiert. Der Aufschluß, den der zweite Teil des Epigramms gibt, ist so ungewöhnlich, daß wir wieder auf unsere Erwartung zurückgeworfen werden und erkennen, daß sich in der kleinen Geste eine größere verbirgt, daß von einer Lebenserwartung die Rede ist und die Aasfliege nur als der säkularisierte, ernüchternde und sarkastisch gefaßte Todesengel früherer Zeiten und Gedichte fungiert.

Das Denkmal, das Klee dem Lebensgefühl seiner Zeit setzt, ist, gemessen an früheren Menschenbildern, kleinlich, aber dem Selbstwertempfinden der Menschen in den Industriegesellschaften angemessen, wo sich das Moribunde mit dem Trivialen und das Triviale mit dem Moribunden ebenso massenhaft wie alltäglich mischt. Die Inschrift darauf sagt leise und ohne größere Hoffnung und in aller Skurrilität ein zaghaftes, bittendes Verweile-doch-du-bist-so-schön zum Leben. Das Epigramm wurde 1908 geschrieben. Sechs Jahre später waren die Aasfliegen unerbittlich geworden.

KONRAD WEISS
PROPRIA PEREGRINA

Ich ging auf einer Straße,
mein Gehen war so leicht,
daß ich mit Sinn gewahrte
kaum eine Jungfrau, eine reich
und liebliche Gestalt, sie trat
noch kaum erblickt auf meinen Pfad.

Ihr Angesicht war rosig,
doch sah ich, war ein Fleck
ihr, die auf mich gestoßen,
aufs Auge zu mir schwarz gedeckt,
sie stieß an mich wie Blattgelock,
wie eine Rebe hart am Stock.

Die unerkannte Fraue
zu mir nur war sie blind;
sie, der das andre Auge
so wie die Sonne weiter schien,
entwand sich kaum gefesselt gleich
von mir nicht röter und nicht bleich.

Und ging. So ging vorüber
die Bräutliche, ich sah,
wie unerschüttert ihre
Gestalt, ihr Wandel von mir trat,
wie tiefer unterm jungen Grün
der Blätter schwer die Sonne schien.

FRIEDHELM KEMP
EINE BEGEGNUNG

Vielleicht gehört es zu den Aufgaben der Dichtung, das Alte neu zu sagen, ungewohnt; nicht der Ungewöhnlichkeit zuliebe, sondern um der eigenen Erfahrung willen. Dieses Alte könnte auch ein Vergessenes sein, etwas, das verlorenging.
Das Gedicht von Konrad Weiß, der 1880 im Württembergischen geboren wurde und 1940 in München starb, bietet Merkwürdiges genug. Nicht daß es beim ersten Lesen sonderlich schockierte, es sei denn, man fände es ein wenig altmodisch. Doch schon seine strophische Form ist außer jedem Brauch: Jamben, dreimal mit drei und dreimal mit vier Hebungen; die ersten vier Verse assonierend, die beiden letzten paarweise gereimt. Und nun die Satzführung, und diese in ihrem Verhältnis zur Versgliederung: verschränkt, verkeilt, sperrig, übergreifend, dann wieder eben. Man muß sich da erst einmal zurechtfinden.
Leitend sind die Bilder. Es kommt alles darauf an, daß man die einzelnen Momente dieses Vorübergangs mitvollzieht: das leichte Gehen dessen, der da spricht, zerstreut, gedankenlos, die überraschende Begegnung, das Angestoßen-, das Nichtgesehen-, ja nicht einmal Bemerktwerden, die Abwendung und das Entschwinden der Erscheinung. Einige Kontraste: leicht – schwer; rosig – schwarz; gestoßen – unerschüttert.
Die Vorübergehende ist eine Jungfrau, eine hohe, adlige

Frau (denn das heißt Fraue: *frowe, domina*, Herrin), und sie ist bräutlich in ihrem reichen Schmuck. Ein schwarzer Fleck jedoch auf einem ihrer Augen verhindert, daß sie den, an den sie da stößt, sieht; das durch diese halbe Blindheit verursachte Anstoßen weckt weder Scham noch Erschrecken in ihr. Sie löst sich, geht ihres Weges: ein festlicher Anblick.

Wer aber ist diese »unerkannte Fraue«? Nur der lateinische Titel bietet eine Hilfe. Sie ist, wörtlich übersetzt, die »eigene fremde, wandernde, pilgernde« – zu ergänzen ist: *anima* –, die eigene Seele; meine Seele, mir fremd, ich ihr fremd, blind für mich in meiner nicht sehr belangvollen biographischen Zufälligkeit; reich geschmückt, eine Braut – unter der *sponsa*, der Braut des Hohen Liedes, ist schon nach frühen mittelalterlichen Auslegungen die menschliche Seele, unter dem Bräutigam Christus zu verstehen. Das klingt hier wieder auf.

Aber so gesehen hat sie, so begegnet ist ihr vor diesem Dichter noch keiner. Gibt es dieses, das in uns mehr ist als wir selbst? Ist das, was hier geschildert wird, allegorisch, symbolisch zu verstehen? Aber reicht es nicht, wie es sich im Gedicht ereignet, über jedes personifizierte Abstraktum hinaus?

Der Dichter verläßt uns mit einem Natureindruck: schweres, vielleicht schon abendliches Sonnenlicht tiefer unter frühlingsgrünem Laub, eines nahen Waldes oder der Bäume längs der Straße. Das »andere Auge« der Vorübergehenden schien »wie die Sonne«; ist nun die Sonne, wie in einem hellen Traum, das freie Auge der Seele? »Sonnenhaft« sei das Auge, heißt es in einem bekannten »zahmen« Xenion Goethes, und »des Gottes eigne Kraft« wird dem Menschen als ein in ihm Wirkendes dort zugesprochen.

Meint dieses Gedicht Verwandtes? Wenn ja, so doch wie »enteignet«. Es ist unsere Seele, herrlich, göttlich; aber sie übertrifft uns, sie gehört uns gewissermaßen nicht, sie geht vorüber, ihres eigenen Weges …

WILHELM KLEMM
AN DER FRONT

Das Land ist öde. Die Felder sind wie verweint.
Auf böser Straße fährt ein grauer Wagen.
Von einem Haus ist das Dach herabgerutscht.
Tote Pferde verfaulen in Lachen.

Die braunen Striche dahinten sind Schützengräben.
Am Horizont gemächlich brennt ein Hof.
Schüsse platzen, verhallen – pop, pop, pauuu.
Reiter verschwinden langsam im kahlen Gehölz.

Schrapnellwolken blühen auf und vergehen. Ein Hohlweg
Nimmt uns auf. Dort hält Infanterie, naß und lehmig.
Der Tod ist so gleichgültig wie der Regen, der anhebt.
Wen kümmert das Gestern, das Heute oder das Morgen?

Und durch ganz Europa ziehen die Drahtverhaue,
Die Forts schlafen leise.
Dörfer und Städte stinken aus schwarzen Ruinen,
Wie Puppen liegen die Toten zwischen den Fronten.

ERNST JANDL
ZUR ZERSTÖRUNG DES KRIEGES

Kaum hatte im August 1914 der Erste Weltkrieg zu wüten begonnen, wurde der dreiunddreißigjährige Kommissionsbuchhändler und Dichter Wilhelm Klemm aus Leipzig, ein ausgebildeter Mediziner, der diesen Beruf sechs Jahre früher zwecks Übernahme des väterlichen Betriebs aufgegeben hatte, als Arzt an die Westfront beordert, wo er aus erster Hand eine Reihe von Kriegsgedichten, darunter das Gedicht »An der Front«, schrieb, die in der deutschen Dichtung ihresgleichen suchen und ihn für einige Zeit berühmt machten, was nicht verhinderte, daß er im Jahr seines Todes, 1968, als Dichter beinahe vergessen war.

1941, im sechzehnten Lebensjahr, Schüler an einem Wiener Gymnasium, in einer Klasse ohne nationalsozialistischen Kern, wußten wir, was auf uns zukam. Wir kannten unsere Bestimmung als Kanonenfutter und bezeichneten sie mit ebendiesem Wort. Mit dem Gedicht »An der Front« konnten wir etwas anfangen, sofern es überhaupt Gedichte für uns gab. Dieses kam von außen, nicht durch Unterricht in die Klasse. Es gab verborgene Winkel, in denen etwas übrig war von der Welt, die man uns vorenthielt. Die Entstehungszeit des Gedichtes war uns bekannt; aber nichts daran war Vergangenheit, alles paßte genau auf den gefürchteten, verhaßten Krieg *jetzt*, wir selbst, noch Schüler, fanden uns darin enthalten, in unserer Ohnmacht und unserem Fatalismus.

Der Ablauf des Gedichtes entspricht der Besichtigung eines Kriegsschauplatzes, nüchtern und distanziert; bald von einer Anhöhe aus, bald von Wald umschlossen; dann ein nur in der Vorstellung möglicher Blick auf einen ganzen Kontinent; dann, wieder näher, ohne den Boden nochmals zu berühren, die Vogelperspektive des Schlusses – nicht daß der Boden jetzt verlorengegangen wäre, aber die ihn berührten, waren hingestreckt.

Unmittelbarkeit wird an allen Stellen angestrebt und erreicht, jede Nachdenklichkeit vermieden, als in diesem Stadium unangebracht. Ein Trupp von Fußsoldaten, in einem Augenblick der Ruhe, provoziert ein schweres Wort über den Innenzustand dieser Männer. Das Ich des Dichters, als des Leiters der Besichtigung, ist an einem Punkt im Wort »uns« mit enthalten, sonst ausgespart; seine Stimme, und Geste, tritt ein einziges Mal hervor, im Wort »dahinten«. Worüber nicht zu vergessen ist, daß alles hier Mitgeteilte als mitgeteilt erscheinen muß von einem, der es sich schon zu Beginn zu sagen versagt hat, die Felder, einfach, seien »naß«; und der die Straße, auf der *sie* sich, und damit *wir uns*, befinden, ungeachtet jeder bloß ästhetischen Erwägung schlicht als *böse* bezeichnet.

Für das Kriegsgedicht, müßte je wieder einer eins schreiben, ließe sich aus diesem lernen: die Vermeidung des Reims – Krieg reimt auf Sieg; die Vermeidung des Gleichschritts eines regelmäßigen Metrums; die Vermeidung einer, wie man sagt, gehobenen Sprache (sie bewegen sich bäuchlings, auf Ellbogen und Knien »robbend«, über das Schlachtfeld); die Vermeidung von jeglichem Glanz – Trakl, »Grodek«: »Am Abend tönen die herbstlichen Wälder / Von tödlichen Waffen, die goldnen Ebenen /

Und blauen Seen, darüber die Sonne / Düstrer hinrollt« et cetera, et cetera. Der Krieg ist grau, schwarz, stumpf, lehmig, verfault, stinkend – Trakl: »Alle Straßen münden in schwarze Verwesung.« Hier treffen sich Georg Trakl und Wilhelm Klemm.

Das Moment der Diskrepanz – mit »gemächlich« als einer Spur von Idylle dem Wort »aufblühen« als einem Anflug von Schönem und mit »herabgerutscht« als einem Rückgriff aufs tägliche kleine Malheur – ist Klemms schärfster und wirksamster Beitrag zur Zerstörung des Krieges durch das Gedicht.

LUDWIG RUBINER
FRIEDRICH EISENLOHR
LIVINGSTONE HAHN
GOLD

FRED wird in einem braunen Tabakballen
Vom Hafen auf die Zollstation getragen.
Dort schläft er, bis die Schiffsuhr zwölf geschlagen.
Erwacht und schleicht sich in die Lagerhallen.

Am Gold-Depot, wo trunkne Wächter lallen,
Läßt er den kleinen Mörtelfresser nagen,
Bis wie beim Kartenhaus die Mauern fallen.
Dann lädt er Gold in einen Grünkohlwagen.

Als Bauer fährt er sächselnd durch den Zoll.
Doch dort verraten ihn zwei blanke Barren.
Berittne jagen den Gemüsekarren.

Fred sinnt verwirrt, wie er sich retten soll.
Da sitzt DER FREUND in hoher Eberesche
Und schießt ihm pfeiferauchend eine Bresche.

ROBERT GERNHARDT
CRIME UND REIM

Ein ungewöhnliches Gedicht, und das gleich in dreifacher Hinsicht: Gewöhnlich hat ein Gedicht einen Verfasser, dieses hat drei. Gewöhnlich handelt ein Gedicht nicht vom Verbrechen, dieses wird von seinen Verfassern als »Kriminalsonett« bezeichnet. Gewöhnlich ist ein Gedicht ernst, dieses ist komisch.

»Kriminalsonette« – so hieß der schmale Gedichtband, den der Verlag Kurt Wolff im Jahre 1913 herausbrachte, vermutlich kurz nach deren Abfassung, da die drei Dichter der gegenseitigen Widmung der Verse noch eine Orts- und Zeitangabe hinzugefügt haben: »Paris, im Frühjahr 1913«.

Ein Ort, den wir uns merken wollen, doch zunächst ein Wort zu den Autoren Rubiner, Eisenlohr und Hahn. Sie waren Jugendfreunde und, als sie die »Kriminalsonette« verfaßten, noch leidlich junge Menschen, einzig Rubiner hatte die Dreißig überschritten. Er ist bis auf den heutigen Tag der Bekannteste der drei geblieben, wenigstens unter Kennern, die bereits über Eisenlohr wenig und über Hahn so gut wie nichts zu sagen wissen – der scheint nie wieder zur Feder gegriffen zu haben, die Spur des Kaufmanns (?) verliert sich in Spanien (?).

Kein Wunder, daß dem Dichter Rubiner das Hauptverdienst an den »Kriminalsonetten« zugesprochen wird, doch ob das nun zutrifft und wie die Gedichte denn nun wirklich entstanden sind, ob die drei einander lediglich zu einzelnen Sonetten angeregt oder wirklich zu dritt an einem Sonett gearbeitet haben – das alles ist nicht mehr feststellbar, zumal auch die Verfasser nur dunkle Angaben machen, etwa in dem letzten, »Das Ende« überschriebenen Sonett: »Man sieht drei Männer sich zusammenrotten / Die Feder wühlt in ungeheuren Dingen.«

Das tat sie in der Tat. FRED und DER FREUND sind zwei Kriminelle *par excellence*, Meister der Maske und weltweit gefürchtet. Immer wieder glaubt Detektiv GREIF ihrer habhaft zu werden, immer wieder entkommen die beiden, entweder um neue Schandtaten zu begehen – »Schon barg DER FREUND im Beinkleid den Giorgione« – oder um nach mißglückter Tat wenigstens dem Laster zu frönen: »Zum Trost führt Fred den Freund in kleine Bars.«

»Auf steilen Dächern rennt ein Herr im Frack« – so beginnt das erste der Kriminalsonette. »Dem Bürger fliegt vom spitzen Kopf der Hut« – so hatte Jakob van Hoddis sein Gedicht »Weltende« begonnen. Der Gleichklang der fünfhebigen Zeilen ist unüberhörbar, unübersehbar auch, mit welch bewegten Bildern die Katastrophen in beiden Gedichten anheben – kein Zweifel, das berühmte Gedicht von 1911 war einer der beiden Paten der »Kriminalsonette«. Der andere ist gleichaltrig, jedoch französischer Herkunft. Er heißt »Fantomas«, ein Serienheld und Meisterverbrecher, stets verfolgt und nie gestellt von Detektiv Juve, dafür heißgeliebt von Leuten wie Apollinaire, der 1914 schrieb: »Die Lektüre von Fantomas ist in vielen Künstlerkreisen in Mode.«

Daß es nicht beim Lesen blieb, beweisen die »Kriminalsonette«; daß sie mehr sind als ein Jux für Eingeweihte, ist das Verdienst der drei Verfasser, die gleich drei Grundbedürfnisse des Lesers befriedigen, das nach *crime*, das nach

Reim und das nach einer Komik, die keiner Pointe hinterherzujagen braucht, sich vielmehr zwanglos von Zeile zu Zeile entfaltet, bis hin zu so krönenden Blüten wie einer Bresche, die naturgemäß von einer Esche aus geschossen wird.

STEFAN ZWEIG
LETZTES GEDICHT

Der Sechzigjährige dankt

Linder schwebt der Stunden Reigen
Über schon ergrautem Haar,
Denn erst an des Bechers Neige
Wird der Grund, der gold'ne klar.

Vorgefühl des nahen Nachtens
Es verstört nicht – es entschwert!
Reine Lust des Weltbetrachtens
Kennt nur, wer nichts mehr begehrt,

Nicht mehr fragt, was er erreichte,
Nicht mehr klagt, was er gemißt,
Und dem Altern nur der leichte
Anfang seines Abschieds ist.

Niemals glänzt der Ausblick freier
Als im Glast des Scheidelichts,
Nie liebt man das Leben treuer
Als im Schatten des Verzichts.

MATTHIAS WEGNER
VERZICHTSERKLÄRUNG

Ein trauriges, aber auch etwas sentimental anmutendes Gedicht, mit dem da ein doch eben erst Sechzigjähriger, einem berühmten Vorbild folgend, die Entsagung feiert. Der klagende Tonfall und die vierfüßigen Trochäen des Versmaßes scheinen aus neuromantischen Versatzstücken arrangiert, das »ergraute Haar«, »des Bechers Neige«, der »Schatten des Verzichts« sind vielstrapazierte Klischees, die Alliterationen (»nahen Nachtens«, »mehr begehrt«, »Anfang seines Abschieds«) klingen hohl. Ein erstarrter Klassizismus, der die Entwicklung der Lyrik in diesem Jahrhundert ignoriert, mildert die Trauer dieser Verse.

Und doch: Beim wiederholten Lesen beginnt die konventionelle Sprache weniger zu stören. Man spürt, daß es hier jemand sehr ernst mit dem Abschied meint. Das – in einem traurigen Sinne – Gelegenheitsgedicht entstand 1942 in der paradiesischen Landschaft von Petropolis, einem üppig bewachsenen brasilianischen Luftkurort, einige Stunden entfernt von Rio de Janeiro. Der Emigrant hatte sich an diesem schönen Fleckchen Erde niedergelassen, nachdem ihm zuerst seine Heimat Österreich verschlossen und später das Leben in England zu gefährlich erschienen war. Brasilien war ihm als rettendes Ufer erschienen.

»Du kannst Dir nicht vorstellen, welche Tröstung von der Natur ausgeht, wo alles farbig ist und die Menschen kindlich rührend«, schreibt Stefan Zweig an seine erste Frau Friederike. Der leidenschaftliche Europäer, dem alle Poli-

tik der Gegenwart verhaßt war, schien endlich das private Glück wiedergefunden zu haben. Das Morden des Krieges vollzog sich weit entfernt. Zweig war, anders als die meisten Emigranten, materiell abgesichert, seine frühere Sekretärin und zweite Frau Lotte bewunderte ihn geradezu ehrerbietig. In Brasilien schrieb er sein vielleicht schönstes, in jedem Fall persönlichstes Buch: »Die Welt von Gestern«, in dem er noch einmal das alte Europa, den Zauber der Erinnerung beschwor. Sein Name galt auch außerhalb des deutschen Sprachraumes viel in der Welt der Literatur, wenngleich er selbst seine Werke als »ziemlich ephemer« einstufte und sich gerne im Hintergrund hielt.
Der Erfolgsautor, der von sich sagte, er sei als »Österreicher, als Jude, als Schriftsteller, als Humanist und Pazifist fast pausenlosen vulkanischen Erschütterungen unserer europäischen Erde« ausgesetzt gewesen, erlag am Ende seinen Depressionen, von denen ihn auch das tropische Paradies nicht mehr erlösen konnte: Am 23. Februar 1942, etwa vier Monate nach der Niederschrift dieses Gedichts und unmittelbar nach einem Besuch des Karnevals in Rio, nahmen er und seine dreiunddreißigjährige Frau eine Überdosis Veronal. Ein uns hinterlassenes Foto der brasilianischen Polizei zeigt das tote Paar in zärtlicher Umarmung »im Scheidelicht«.
Der an seiner Zeit, genauer: an der Brutalität seiner österreichischen und deutschen Landsleute zerbrochene Emigrant fühlte sich endlich »entschwert«. Seinen Freunden rief er diese letzten Zeilen zu: »Mögen sie die Morgenröte noch sehen nach der langen Nacht. Ich, allzu Ungeduldiger, gehe ihnen voraus.« Ein Schriftstellerleben hatte sich aus freier Entscheidung vollendet, das in seiner vornehmen Stilisierung identisch war mit einem traditionsverhaf-

teten, aber stets von großer Bildung und tiefer Menschenkenntnis getragenen Werk. Das auf den ersten Blick so konventionell stilisierte Gedicht erweist sich als eine sehr persönliche und freimütige Verzichtserklärung von bewegender poetischer Wahrheit.

WILHELM LEHMANN
AMNESTIE

Ausrufer Kuckuck: Amnestie
Dem Frevel, je der Welt getan!
In sein Gebetbuch zeichnet Dürer wieder sie
Für Kaiser Maximilian.

WOLFGANG KOEPPEN
RITTER, TOD UND DICHTER

Es ist ein kleines Gedicht. Vier Zeilen nur. Doch das läßt sich nicht messen. Ich nenne das Gedicht »Amnestie« von Wilhelm Lehmann groß. Es ist der Kern eines poetischen Kosmos. Als es 1964 in der Frankfurter Allgemeinen zu lesen war, weckte es die schönsten und melancholischsten Empfindungen. Vier Jahre später starb Wilhelm Lehmann. Sein Gedicht fügte sich in sein Sterben. Ich erinnere mich einer Begegnung mit dem fast Neunzigjährigen. Von ihm ging ein Licht aus. Was konnte er hoffen? Amnestie! Japan kennt eine überlieferte strenge Form der Lyrik, Haiku genannt, drei Zeilen zu fünf, sieben, fünf, insgesamt siebzehn Silben. Die Haiku sind wie die Tuschbilder in alten japanischen Häusern; die nicht ausgemalten, die ausgesparten, die weißgebliebenen Stellen, die zurückgehaltenen, verschwiegenen Wörter führen den Betrachter, den Leser, immer den Liebhaber in ein magisches Reich. Der Kuckuck ist ein anrüchiger Vogel, sein Image ist schlecht, er gilt als Sittenstrolch, die Ornithologen rügen seinen liederlichen Lebenswandel. In der Mythologie der toleranten Alten war der Kuckuck der Vogel des Frühlings, der Verkünder der heißen Jahreszeit, der ersten Gewitter, oft auch ein phallisches Symbol. Des Kuckucks Schrei ermunterte Heiratslustige; er saß auf dem Zepter der Hera. Die Römer nannten den treulosen Ehemann *cuculus,* bei den Franzosen ist der *cocu* der vielbelachte Ehemann der treulosen Frau. Die ewige Komödie; zuweilen bringt sich ein Schauspieler um. In der germanischen Sage war der Kuckuck ein altheidnischer Zaubervogel, vom Teufel geholt oder zum Teufel führend. Faust wird ihn gekannt haben. Den Kuckuck sieht niemand, der Kuckuck sieht alles. Er prophezeit die Lebensdauer. Die Kinder lauschen bang in den Wald. Der Greis möchte weinen. Vier Jahre noch. Ausrufer Kuckuck.

Amnestie, das ist Straferlaß, Gnade, vielleicht Vergebung. Amnestie ist eine Anmaßung. Am besten ist das Vergessen, die letzte Hoffnung für den Frevel, je der Welt getan. Der Frevel wird immer getan. Er wird von jedermann getan. Der Frevel ist das Leben. Der Kuckuck weiß es. Vor ihm bleibt nur Scham.

Kaiser Maximilian machte so gut wie alles falsch. Aber er liebte die Künste, die Dichtung, die Wissenschaft, die Kampfspiele, die alte Zeit und doch den Wind der Renaissance, war Kollege den Humanisten, den Literaten, schrieb oder diktierte autobiographische Wunschträume, setzte sich vortrefflich in Szene, steigerte sich zum letzten Ritter im Sonnenuntergang des Mittelalters, Dürer war ihm wichtig, Dürer malte ihn, wie er Reichstag hielt, Erdenrichter war, Dürer zeichnete ihm allen Frevel, eine Weltgeschichte wie nach Maß in das Gebetbuch, der Kaiser hatte eine gute Presse, Volkslieder priesen seine Niederlagen als Siege, Knechte und Mägde sangen sie am Abend, die Nekrologe der Gelehrten vergötterten den Cäsar, Dürer schuf die Holzschnitte des großen Triumphwagens für die Himmelfahrt der Majestät, die tüchtigen, haushälterischen Nachkömmlinge Maximilians erbten das Habsburger Reich, spätere, schon wieder schwärmend, spendierten ihm das gepanzerte Grabmal in Innsbruck, vor dem einer erschauernd verweilen mag. Amnestie?

Amnestie dem Don Quichotte gegeben, Amnestie vom erwählten römischen Kaiser gewährt?
Der Dichter war nur ein Dichter, alt geworden in bürgerlicher Verkleidung. Die Geschichte war ihm keine reine Quelle. Er läuterte den Trank. Amnestie.

WILHELM LEHMANN
AMNESTIE

Ausrufer Kuckuck: Amnestie
Dem Frevel, je der Welt getan!
In sein Gebetbuch zeichnet Dürer wieder sie
Für Kaiser Maximilian.

HILDE DOMIN
VORSCHLAG, ES ANDERS ZU LESEN

Über ein gutes Gedicht etwas Treffendes sagen kommt ebenso selten vor wie ein gutes Gedicht selbst.

Wilhelm Lehmann

Mit Entzücken las ich das Gedicht Lehmanns und sehr amüsiert die geistreichen Assoziationen, die es bei Wolfgang Koeppen ausgelöst hat.

Wilhelm Lehmann, ja einer unserer besten Poetologen, hatte vom Interpretieren fast wörtlich die gleichen Vorstellungen wie Brecht, beide schreiben dem Gedicht eine »außerordentliche Lebensfähigkeit« zu, »soweit es überhaupt lebensfähig ist«, es habe die Kraft, »dic eingreifendsten Operationen zu überstehen« (Brecht), sei »ebenso zart wie widerstandsfähig« und habe eine »gute Heilhaut« (Lehmann). Das ermutigt mich, das Gedicht nochmals vorzunehmen, und zwar Zeile für Zeile.

»Ausrufer Kuckuck«, eine wunderbare Neubildung. Der »Ruf« des Kuckucks, das ist das Übliche. Wer im Frühling durch den Wald geht und den Kuckuck hört, hört den Ausrufer des Frühlings, des Neubeginns. Ja sicher, man zählt. Und man verzeiht dem Kuckuck sein unsolides Leben: daß der Rufer aus einem »Kuckucksei« geschlüpft ist und, statt ein Nest zu bauen, wieder ein Kuckucksei legen wird, das stört die Freude gar nicht, das erwähnt man lachend, vielleicht, wenn man weitergeht. Die Hauptsache ist, daß Frühling ist und daß der Kuckuck ruft. (So wie im

Süden die Zikade »des Sommers süßer Prophet« ist, Anakreon.) Er kommt im April, und damit hat der Winter und auch der Winterschlaf der Winterschläfer sein Ende. Aus mit dem »totgesagten Park«, ein neuer Zyklus beginnt.

»Begnadigung« hätte Lehmann nun schreiben können. Oder »Errettung«, zu einem neuen Lebensjahr. Für den Schreiber ganz besonders, er war ja nahe den Neunzig.

Hätte er nun formuliert: »Ausrufer Kuckuck: Rettung« oder auch »Ausrufer Kuckuck: Begnadigung« (man lese das laut), so wäre das Gedicht erledigt gewesen. Er brauchte etwas, was die Stimme steigen ließ. »Amnestie«, da geht der Ton hoch bis in die letzte Silbe. Hat er das nun überlegt? Ja und nein. Die Sprache »tut« es, für den, der das Handwerk hat. Der Dichter will rauf mit dem Ton, und die Sprache geht dann eben nach oben.

»Ausrufer Kuckuck: Amnestie«. Die Stimme reitet hoch auf einer juristischen Vokabel, wie sie wohl kaum je als Gleichnis für den Frühling benutzt worden ist. In dieser ungebräuchlichen Metapher schwingt mit – und das macht sie so leicht – eine heitere Selbstironie des Verurteilten über die Freude, diesmal noch entronnen zu sein.

Nachdem wir, um der steigenden Zeile willen, auf einer juristischen Vokabel hochgeritten sind in die Frühlingsbegeisterung, bleibt die Sprache im Juristischen, denn jede Wortwahl hat Folgen. Nicht vom Tod, von Winter, von Zerstörung ist die Rede: Nein, vom »Frevel«, der der Kreatur angetan wird. Der ganzen Welt. »Der Frevel je«, sagt er ausdrücklich und mit Schwung. Frühling, Neubeginn, die große Rettung, egal, was gegen das Leben gesündigt worden ist.

Ich stelle ihn mir vor, wie er bei Eckernförde durch den

Wald ging und der Kuckuck rief und er sich und die Welt gerettet fühlte.

Und da kam ihm gleich das »Singet dem Herrn ein neues Lied, denn er tut Wunder ... er gedenket an seine Gnade ...« des 98. Psalms. Das ist ja schon in den beiden ersten Zeilen mitzulesen, das beginnt schon bei »Amnestie«. Und mit diesem Psalm fiel ihm vermutlich gleich Dürers Randzeichnung ein, weil auf den Ranken ein singender Vogel sitzt, gerade auf dieser Seite, und beide Vögel vereinten sich in ihm. (Ob es im »Gebetbuch« sogar der Vogel »Kukupha« war, ist ebenso gleichgültig hier, wie ob bei Dürer ein verwandtes Frühlingserlebnis zugrunde lag.)

Und beide Vögel vereinten sich in ihm. In seiner großen Freude hat er das dann wunderbar formuliert und sogar in Reime gebracht. Bei *»wieder sie«* steigt die Stimme genau so freudig wie schon in der ersten Zeile, bei *»Amnestie«*, auf die sich das *»sie«* bezieht. – »Kaiser Maximilian« in Zeile 4 tritt eigentlich nur auf als der Auftraggeber des Gebetbuchs und weil der Name sich glücklicherweise auf *»getan«* reimt, denn sonst wäre er gar nicht aufgetreten. Die letzte Zeile, man lese sie laut, liest sich fröhlich und fast wie eine Parodie des eigenen überschwingenden Gefühls. »Máximílián« hat man zu lesen.

Mir scheint, wir haben hier eines der sublimsten Frühlingsgedichte der deutschen Literatur, geschrieben von einem uralten, seine Lebensaufregung selber ein wenig persiflierenden Dichter.

PS. Der Akzent liegt auf »urált«. Frühlingshafter bleiben, unbestritten, die Gedichte selber noch »frühlingshafter« Dichter: etwa Mörikes »Hier lieg ich auf dem Frühlingshügel / die Wolke wird mein Flügel. / Ein Vogel singt mir voran …« Oder auch Goethes: »… und zu Tänzen auf neuen Wiesen …« Womit ich den Bedenken eines Lesers gerecht geworden zu sein hoffe, und Wilhelm Lehmanns Gedicht zugleich in und gegen einen Kontext stelle.

WILHELM LEHMANN
AUF SOMMERLICHEM FRIEDHOF (1944)

In memoriam Oskar Loerke

Der Fliegenschnäpper steinauf, steinab.
Der Rosenduft begräbt dein Grab.
Es könnte nirgend stiller sein.
Der darin liegt, erschein, erschein!

Der Eisenhut blitzt blaues Licht.
Komm, wisch den Schweiß mir vom Gesicht.
Der Tag ist süß und ladet ein,
Noch einmal säßen wir zu zwein.

Sirene heult, Geschützmaul bellt.
Sie morden sich: es ist die Welt.
Komm nicht! Komm nicht! Laß mich allein,
Der Erdentag lädt nicht mehr ein.
Ins Qualenlose flohest du,
O Grab, halt deine Tür fest zu!

GÜNTER BLÖCKER
GEDICHT DER FREUNDSCHAFT

Freundschaften zwischen Literaten, Dichterfreundschaften gar, sind eine Rarität. Das immaterielle Wort scheint wenig geeignet, Übereinstimmungen zu stiften, wie man sie bei den bildenden Künstlern – allen Rivalitäten und divergierenden Kunstanschauungen zum Trotz – allein schon auf Grund der Gemeinsamkeit des mit Händen zu greifenden und mit Händen zu verarbeitenden Materials antrifft.

Eine der seltenen Ausnahmen ist die lebenslange Freundschaft zwischen den einander wahlverwandtschaftlich zugeneigten Lyrikern Oskar Loerke und Wilhelm Lehmann; und eines der kostbarsten Zeugnisse dieser Freundschaft ist das hier abgedruckte Gedicht, das Lehmann drei Jahre nach Loerkes Tod schrieb. Es beginnt, wie Naturlyrik – scheinbar ganz auf sich selbst bezogen – zu beginnen pflegt: die Rastlosigkeit des seiner beweglichen Beute nachjagenden Fliegenschnäppers, die üppige Schwere des Rosenduftes. Doch schon in der zweiten Zeile fällt das Wort, das dem beliebig Scheinenden die thematische Richtung gibt. Der Rosenduft berauscht nicht, er »begräbt«; und nicht nur das, er begräbt – beklemmende Verdoppelung – ein Grab, das Grab des Freundes Oskar Loerke.

Wir wissen nun, wo wir sind. Die dritte Zeile reflektiert den Frieden des Ortes, aber nur, um ihn – nach dem ökonomischen Gesetz dieser auf äußerste Gedrängtheit zielenden Verse – mit der nächsten abrupt zu brechen. Sie attackiert und überwältigt durch ihre unerwartete Dramatik. Die Stille wird von einem Aufschrei zerrissen, von dem verzweifelten, widervernünftigen Ruf nach der leiblichen Wiederkehr des dort Ruhenden. Es ist ein Moment befremdlicher Exaltation, auf den die physische und mentale Erschöpfung folgt. Doch mit schmerzlicher Insistenz wird an der Vision festgehalten – jetzt ganz ohne Pathos, mit der Bitte um den schlichtesten Freundschaftsdienst (»Komm, wisch den Schweiß mir vom Gesicht«) und der Vergegenwärtigung des bescheidenen Glücks, noch einmal beieinandersitzen zu dürfen.

Dann abermals ein jäher Registerwechsel. Die Zeit bricht in die jenseitige Idylle ein. Nicht ohne Grund hat der Dichter die Jahreszahl 1944 in den Titel aufgenommen. Lautmalerisch läßt er das Geschützmaul bellen; und mit der gleichen Heftigkeit, mit der er anfangs sein »Erschein, erschein!« rief, fordert er nun den Toten auf, fortzubleiben, im Qualenlosen zu verharren; und als bedürfe es dazu noch eines außermenschlichen Beistandes, wendet er sich in der Schlußzeile an das Grab wie an einen Bundesgenossen mit dem Appell, seine Tür vor der mordenden Welt fest verschlossen zu halten.

Es sind Verse, denen man sich nur schwer entziehen kann. Einfachstes Reimschema, äußerste metrische Schlichtheit bis an die Grenze des Monotonen – und doch welch herzergreifende Gewalt des geformten Menschenlauts. Der Tumult der Gefühle wird durch Form nicht geglättet und besänftigt, sondern manifest gemacht. Das (scheinbar!) Unkalkulierte des Ganzen, der Verzicht auf Übergänge, die rücksichtslose Kontrastierung der Empfindungssphären heben diese Strophen auf eine Ebene, wo Kunstprodukt und Dokument sich zu dem verbinden, was Wilhelm Lehmann in einer seiner theoretischen Äußerungen auf die stolze Formel »Das Gedicht als Tatsache« gebracht hat – als Tatsache einer leidenschaftlich ergriffenen und mit allen Sinneskräften erfahrenen, aber erst in der Sprache ganz zu sich selbst kommenden Wirklichkeit. Ebendies machte ihm Mut zu einer noch kühneren Perspektive, nämlich im Dichter den »allernützlichsten Menschen« zu sehen.

WILHELM LEHMANN IN SOLOTHURN

Vor hundert Jahren suchte ich die schöne Magelone.
Sie liebte mich, ich war ihr gut genug.
Vor hundert Jahren, als mein Fuß mich schwebend trug.

Ich bin in Solothurn. Frag ich, ob sie hier wohne?
Die weiße Kathedrale fleht den Sommerhimmel an.
Auf hoher Treppe sitze ich, ein junggeglühter Mann.
Die alten Brunnenheiligen stehn schlank:
Die Wasser rauschen, Eichendorff zu Dank.

Hôtel de la Couronne. Mit goldnen Gittern schweifen die Balkone.
Ein Auto hielt. War sie's, die in den Sitz sich schwang?
Adieu! Dein Reiseschal des Windes Fang.

Die Brunnen rauschen. Ihre Stimme spricht
Uns hundert Jahre wieder ins Gedicht:
Mich, Peter von Provence, dich, Magelone.

HANS BENDER
IN DER MÄRCHENSTADT SOLOTHURN

Wilhelm Lehmann hörte es gern, wenn ich die Titel seiner Gedichte, die ich besonders schätzte, hersagte: »Oberon« und »Arion«, »Januarmond« und »Mond im Februar«, »Fahrt über den Plöner See« und »In Solothurn«. Als ich ihm gestand, dieses Gedichts wegen hätte ich in Solothurn Station gemacht, sogar übernachtet im Hôtel de la Couronne, sagte er: »Ja, eine schöne Stadt, aber da leben möchte ich nicht.« Unbekümmert, und ganz im Gegensatz zum pädagogischen Eifer, mit dem er in seinen Essays reflektierte, hatte er im Gespräch seine Meinung preisgegeben über die Wirklichkeit der Welt und des Gedichts, wie er sie unterschied.

Man kann nachlesen, wann und wo Wilhelm Lehmann die Anregung zum Gedicht »In Solothurn« empfangen hat. Im »Bukolischen Tagebuch 1948«, in der Eintragung vom 30. August, ist sein Besuch in der Kantonshauptstadt und ihrem historischen Kern in Prosa beschrieben: »In der Märchenstadt Solothurn führt eine großartige, von zwei köstlichen Brunnen flankierte Freitreppe zu der barockklassizistischen Ursenkathedrale. Den Jurastein, aus dem die gebaut ist, wandelt das still brennende Mittagslicht zu weißem Marmor. Die Brunnen spielen wie in den Versen Eichendorffs. Am Hôtel de la Couronne am Fuße der Kathedrale, mit vergoldeten Balkongittern, fährt der Reisewagen aus dem ›Taugenichts‹ vor, und ihm entsteigt die schöne Magelone.«

Man kann jetzt, seitdem Band I der Gesammelten Werke vorliegt, in den Kommentaren auch eine Vorform des Gedichts »In Solothurn« nachlesen und so den Übergang aus der Prosa zu ihr und zur endgültigen Fassung mitvollziehen; zudem Einblicke gewinnen in die Entstehung und die Kunstgriffe des Gedichts. Die Szenerie der Prosabeschreibung ist fast wörtlich übernommen. Die »Brunnenheiligen« sind konkreter benannt. Die fremde Frau entsteigt nicht mehr einem »Reisewagen«, sondern, ganz prosaisch, einem »Auto«! Hinzugekommen ist »der junggeglühte Mann«, als welcher der Verfasser des Gedichts sich fühlt. Die Vorform ist noch ein impressionistisches Postkartengedicht; die gültige, zum erstenmal 1950 im Band »Noch nicht genug« veröffentlichte Fassung dagegen ein viel komplizierteres Gebilde.

Dem Vorgang wurden zwei Reminiszenzen unterlegt. Der Begegnung mit der fremden Frau ging eine andere, frühere Begegnung voraus: »Sie liebte mich, ich war ihr gut.« Die Frau vor dem Hôtel de la Couronne steigt nicht aus, sondern ein und fährt davon. Die zwei Zeilen, die ihr gelten, sind ins Imperfekt gerückt: »Ein Auto hielt. War sie's, die in den Sitz sich schwang? / Adieu! Dein Reiseschal des Windes Fang.« Die fremde Frau – das Possessivpronomen spricht es aus – ist zur fernen, doch vertrauten Geliebten geworden.

»Vor hundert Jahren ...« – dreimal wiederholt sich die Zeitangabe – hat auch ein anderer Dichter seine so ähnliche Begegnung beschrieben: Eichendorff. Als seinem Taugenichts, der im zweiten Kapitel zum Zolleinnehmer avanciert ist, endlich die aus der Ferne bewunderte Schloßherrin entgegentritt, erinnert er sich an die »alten Bücher«, die er daheim in seines Vaters Mühle gelesen hat.

Die »Volksbücher« sind gemeint, zu denen die Liebesgeschichte von der schönen Magelone und dem Grafen Peter von Provence gehört.
Sie, die Titelhelden, kamen Wilhelm Lehmann wie gerufen. Auch in seinen anderen Gedichten treten aus der Atmosphäre, die das Gedicht erzeugt, Gestalten der antiken oder christlichen Mythologie und Poesie, ohne daß ihr Erscheinen eigens erklärt werden müßte. »Alle Wesen gehen überein in Gestalt, können sie tauschen, Bäume werden Menschen, Menschen Bäume«, heißt es in einem Essay. Die Frau von Solothurn, die Geliebte der Jugend und der Literatur verwandeln sich zur schönen Magelone; der Dichter, der junge und alte, »der junggeglühte Mann«, zu ihrem Partner, Helden und Liebhaber Peter von Provence. Gegenwart und Vergangenheit, Geschichte und Mythos, Erlebnis und Erfindung verschränken sich im Gedicht »In Solothurn« zu einer anderen, zweiten, poetischen Wirklichkeit.

WILHELM LEHMANN
MOND IM JANUAR

Ich spreche Mond. Da schwebt er,
Glänzt über dem Krähennest.
Einsame Pfütze schaudert
Und hält ihn fest.

Der Wasserhahnenfuß erstarrt,
Der Teich friert zu.
Auf eisiger Vitrine
Gleitet mein Schuh.

Von Bretterwand blitzt Schneckenspur.
Die Sterblichen schlafen schon –
Diana öffnet ihren Schoß
Endymion.

HANS DAIBER
BLICK IN DIE WERKSTATT

Die »Vossische Zeitung« erklärte am 17. Februar 1931 ihren Verzicht auf den Abdruck dieses Gedichts (damals hieß es noch »Mondfrost«) mit der Begründung: »Mondfrost ist doch zu kompliziert für uns, solche dichterische Feststellung wie ›Ich spreche Mond‹ werden von unseren Lesern bestimmt nicht kapiert.« Es ist schwer, keine Satire zu schreiben über Redakteure als Vormünder; Schlüsselwort wäre das so unscheinbare »doch«: es fingiert, das ablehnende Urteil sei das Ergebnis langer Überlegung und unterläuft zudem vorsorglich etwaigen Widerspruch.
Kann man schöner und schlichter die evozierende Kraft der Poesie ausdrücken als so: »Ich spreche Mond. Da schwebt er«? In der ersten Fassung vom Ende Januar 1931 hatte diese Zeile noch »Ich nenn ihn Mond. Er schwebt« geheißen, da war der gemeinte Unterschied zwischen Idee und Wirklichkeit noch nicht klar.
Im Erstdruck (»Literarische Welt«, März 1932) und in der ersten Buchausgabe (in Ernst Niekischs »Widerstandsverlag«, Berlin 1934) steht hinter »Mond« noch ein Gedankenstrich. Die Pause zwischen Anrufung und Erscheinung markiert aber der schlichte Punkt vollauf. Der Tiefsinnsbalken übertrieb: Zauberer Lehmann sagt »Mond«, simsalabim, da ist er. Applaus.
Ein anderer Gedankenstrich ist geblieben, zwischen dem Ende der Beschreibung und dem Einbruch des Mythos. Plötzlich weitet sich das Panorama ins Überwirkliche. Ein

Ausblick nur für Schwindelfreie. Für Lehmann war das kein Überraschungseffekt, denn »für die Dichtung ist der Mythos Gegenwart, und darum Natur, und seine Sprache ist übergreifende Wirklichkeit«, so erklärte er in seinem letzten Interview (März 1966). Mythos unterbinde die Verwandlung des Erzählten (man darf wohl auch sagen: der Poesie) in Begrifflichkeit? Er (Lehmann) lächle über diese Argumentation hinweg.

Griechisches und Römisches wurden zusammengespannt. Zwar ist Diana auch Mondgöttin (Diviana, die Leuchtende), aber der griechische Hirte Endymion ist in seiner karischen Höhle nicht von der Römerin, sondern von ihrem griechischen Original, von Selene besucht worden. Selene hätte genausogut ins Versmaß gepaßt. Aber der Dichter hat es anders gewollt.

Vielleicht auch sonst Unstimmigkeiten? Erst ein Blick nach oben: hinter einer kahlen Baumkrone der Januarmond. Dann ein Blick nach unten: eine Pfütze spiegelt ihn wider. In der zweiten Strophe kann man schon Schlittschuh laufen, in der ersten war noch nicht einmal die Pfütze zugefroren, denn Wind kräuselte ihre Oberfläche. Daß die Schleimspur einer Schnecke bis in den Winter hinein erhalten geblieben ist? Kaum möglich. So real, wie das Gedicht acht Zeilen lang scheint, ist es also gar nicht. Das Ganze, nicht nur der ausdrücklich hervorgerufene Mond, ist ein Phantasiebild.

Was da in zwölf Zeilen für immer seinen Ausdruck gefunden hat, das hat ihn nicht auf einmal gefunden, wie die Lesearten zeigen. Die zum hundertsten Geburtstag erschienenen »Gesammelten Werke« haben zum ersten Mal den Dichter bei der Arbeit gezeigt. Statt »Einsame Pfütze schaudert und hält ihn fest« hieß es anfangs: »Die kalte

Pfütze fängt ihn auf«. Ein hübsches Beispiel dafür, daß auch zwischen einfacher und einfacher Ausdrucksweise ein großer ästhetischer Unterschied bestehen kann. So ein Blick in die Werkstatt schärft die Bewunderung für das fertige Werkstück. »Gedichte müssen gearbeitet werden«, sagte Lehmann. Und im selben Atem: »Vorher aber müssen sie entstehen.«

Freiheit in der (formalen) Bindung zu finden, hielt Lehmann für das Allerschwerste. Der ohrenfälligste Beweis, daß das nicht nur so dahingesagt worden ist, ist der Reim. Lehmann hat ihn immer in Ehren gehalten, gerade weil die Welt »ungereimt« ist. Unregelmäßige Verse. Ein unstimmiges Naturbild, eine ungenaue mythische Anspielung. Aber ins Recht gesetzt mit dem Vorrecht des Dichters: Ich spreche Mond, ich spreche Nest, Pfütze, Teich, Wand, Schnecke, Diana, Schoß. Und siehe da, es »stimmt«. Ein kleines poetisches Wunder.

WILHELM LEHMANN
OBERON

Durch den warmen Lehm geschnitten
Zieht der Weg. Inmitten
Wachsen Lolch und Bibernell.
Oberon ist ihn geritten,
Heuschreckschnell.

Oberon ist längst die Sagenzeit hinabgeglitten.
Nur ein Klirren
Wie von goldnen Reitgeschirren
Bleibt,
Wenn der Wind die Haferkörner reibt.

SIEGFRIED LENZ
ÜBERREDUNG DER SINNE

Längst hat er Literaturgeschichte gemacht, der zwerghafte, der zauberkundige Elfenkönig Oberon: Shakespeare hat ihm eine Rolle im »Sommernachtstraum« angewiesen, Wieland ihm ein romantisches Epos gewidmet, und Weber war von ihm so angezogen, daß er ihn auf die Opernbühne brachte. Man fragt sich unwillkürlich: Ist nicht alles über ihn gesagt und gesungen, über diesen kleinwüchsigen Herrscher der Feen, der seinem ältesten Sohn unbedingt eine Prinzessin aus Konstantinopel verschaffen mußte? Empfiehlt er sich noch als Reiz für unsere Phantasie?

Der Naturlyriker Lehmann hatte seinen cigenen Natur-, er hatte seinen eigenen Zeitbegriff. Er war überzeugt davon, daß sich das Ganze auch dann noch geheimnisvoll verschleiert, wenn das Einzelne wissenschaftlich-objektiv festgelegt ist. Bei aller Bewunderung für die »Kraft des Begriffs«, der Natur erkennbar und vorübergehend dingfest macht, zog er es vor, sie »geschöpflich« zu erfahren, als sinnliche Macht von seltsamster Anschaulichkeit. Natur, so sagte er mir einmal, könnte er nur in »mesmerischem Bann« erfahren, in ekstatischen Augenblicken, im Eifer des Seins. Es sind Überfälle durch die Sinne, die es unwillkürlich mit sich bringen, daß Zeit aufgehoben wird; – Zeit, und das heißt: Vergänglichkeit. Es sind magische Schrecksekunden, in denen alles noch einmal gegenwärtig wird, um sich, so ließe sich annehmen, gegenseitig auszulegen.

Dies Gedicht erscheint als nahezu programmhaftes Beispiel für solch einen erkenntnisbereiten Augenblick von mesmerischer Gebanntheit. Oberon: er gibt lediglich den Namen für eine gesteigerte Wahrnehmung, für einen Zustand, der durch sich allein nicht erklärt werden kann. Dem Weg, durch warmen Lehm geschnitten, könnte man noch trauen, auch wenn über ihm der Flimmer der Hitze liegt, doch Lolch und Bibernell, die da wachsen, machen das Bild ungewiß. Sie geben zu erkennen, daß hier kein reiner Verlaß ist auf das Angeschaute.
Der Dichter, der sich zeitlebens mit Geheimnis und »sinnvoller« Organisation der Pflanzen beschäftigt hat, wußte selbstverständlich, daß es Lolch und Bibernell in sich haben: während die eine durch ihre narkotisch wirkende Substanz eine Trübung des Sehvermögens hervorrufen kann, wirkt die andere mit ihrem ätherischen Öl auf die Schleimhäute des Mundes, löst also gewissermaßen die Sprache. Die ohne Zweifel absichtsvoll genannten Pflanzen möchten die Sinne überreden, die Anerkennung dieser Wirklichkeit hinauszuzögern. Es ist, wie so oft bei Lehmann, die siedende, pulsende, flimmernde Wirklichkeit, die nur in ihrem Widerspruch begriffen werden kann.
Daß Oberon diesen Weg geritten ist: hier ist es nicht allein Feststellung, sondern auch Erklärung für die Schreckstarre, in die man selbst geraten ist. Der zauberische Augenblick muß einen Verantwortlichen haben – ihn natürlich, der die Zeit anhält und die Bilder mischt, den Ausgelassenen, der sein Vergnügen an der Sinnestäuschung hat. Schon aber wehrt sich der Betroffene gegen die naheliegende Empfindung, will das magische Angebot zur Seite schieben: Oberon ist längst die Sagenzeit hinabgeglitten. Die Überfallartigkeit dichterischen Erkennens – in diesem

mesmerischen Schreckprotokoll wird sie offenbar und läßt zugleich etwas von dem Geheimnis ahnen, das Wilhelm Lehmann immer bemüht war, in sein Recht zu setzen.

FRANZ KAFKA

Und die Menschen gehn in Kleidern
schwankend auf dem Kies spazieren
unter diesem großen Himmel,
der von Hügeln in der Ferne
sich zu fernen Hügeln breitet.

HEINZ POLITZER
STIL ALS EXISTENZ

In meinem Buch »Franz Kafka, der Künstler« habe ich diese Verse als einen »Hofmannsthal des kleinen Mannes« bezeichnet. Das Urteil war streng, aber ungerecht. Hofmannsthal *hatte* Stil: Er hielt das Niveau der großbürgerlich-aristokratischen Dichtung Österreichs, indem er sich souverän von einer Manier in die andere begab. Kafka *war* Stil, selbst in der schütteren Gebrechlichkeit der frühen fünf Verszeilen. »Wenn ich wahllos einen Satz hinschreibe, zum Beispiel ›Er schaute aus dem Fenster‹, so ist er schon vollkommen«, merkte er 1911 im Tagebuch an. Hofmannsthal mochte er nicht. Nach einer Vorlesung des Dichters beobachtete er, der Wiener lese »mit einem falschen Klang in der Stimme«. Für Kafka waren Stimme, Stil und Existenz identisch.
Die Verse stehen gleichsam als Motto über der Prosa »Beschreibung eines Kampfes« aus den Jahren 1904/1905. Ihr Thema ist die Fremdheit des Menschen vor scheinbar weltweiten Horizonten. So könnten sie aber auch über Kafkas gesamtem Frühwerk stehen, vor dem Durchbruch von 1912 also, da mit einem Donnerschlag der Vater als Generalthema in Erscheinung trat.
Es sind die »Kleider«, in denen die Menschen auf dem Kies (des Moldau-Ufers? der Parkwege im sogenannten Baumgarten?) spazieren, die dieses Gefühl der Entfremdung wie einen Schock ins Bewußtsein des Lesers treten lassen. Wie anders sollten die Menschen denn Spaziergänge unterneh-

men? Nudistenkolonien waren im Prag jener Tage äußerst selten. Das Wort »Kleider« aber, in dem die Menschen so unvermutet daherkommen (das Selbstverständliche wird zum Verfremdungseffekt), assoziiert, ganz von ferne und vermutlich aus dem Unbewußten des Dichters aufgetaucht, eine urzeitliche Erinnerung der Menschheit: »Und sie waren beide nacket / der Mensch und sein Weib / und schemeten sich nicht.«

Es gab eine Zeit, zu der die Menschen ohne Kleidung und Scham in einem Baumgarten lustwandelten; sie schwankten weder, noch spürten sie den Kies unter ihren Sohlen. Es gibt immer auch eine metaphysische Dimension bei Kafka; das Erstaunliche ist nur, daß er schon in seiner Frühzeit zu keiner Zeile ansetzen konnte, ohne den religiösen Ursprung seiner Entfremdung von der Welt mitanklingen zu lassen.

Die Hügel deuten auf das Panorama des Moldau-Ufers; Prag liegt in einem Talkessel, der hier eindrucksvoll sichtbar wird. Der Himmel aber ist groß. Zunächst scheint diese beinah grenzenlose Größe den Kontrapunkt zur Entfremdung der Menschen bilden zu wollen, die unter ihm dahinziehen. Nach dieser Interpretation würde das lyrische Ich zum Himmel emporblicken, der sich als Partner im schweigenden Zwiegespräch mit der Unendlichkeit darbietet. Die »Hügel in der Ferne« und die »fernen Hügel« stimmten dann ebenso schweigend in den stummen Dialog mit ein.

Ein Brief an Max Brod vom 10. Juli 1912 legt eine andere Deutung nahe. Da heißt es über das Fragment »Der Verschollene«: »Der Roman ist so groß, wie über den ganzen Himmel hin entworfen (auch so farblos und unbestimmt wie heute).« Obwohl der Roman in Amerika spielt, ist er doch unter dem Himmel von Prag geschrieben, so fahl und vag wie jener Himmel, der sich, etwa sieben Jahre früher, über unsere Verse gebreitet hatte.

Da für diesen Schriftsteller Literatur und Existenz identisch waren, verstörte ihn die Größe des Himmels, wann immer sie ihn am Schreiben hinderte. Viel später heißt es dann: »Himmel bedeutet eben: Unmöglichkeit von Krähen.« Zur Familie der Krähen gehören aber auch die Dohlen. Dohle hinwiederum ist die tschechische Übersetzung des Namens »Kavka«. Zu dieser Zeit (nach 1917) schlossen Himmel und Kafka einander schon zur Gänze aus.

»Der Roman bin ich, meine Geschichten bin ich«, schrieb er im Januar 1913 an Felice Bauer. Aber schon seine frühen Verse tragen in ihrer Transparenz und Assoziationsfülle unmißverständlich die Signatur F. K.

JOACHIM RINGELNATZ
AN DER ALTEN ELSTER

Wenn die Pappeln an dem Uferhange
Schrecklich sich im Sturme bogen,
Hu, wie war mir kleinem Kinde bange! –
Drohend gelb ist unten Fluß gezogen.

Jenseits, an der Pferdeschwemme,
Zog einmal ein Mann mit einer Stange
Eine Leiche an das Land.
Meine Butterbemme
Biß ein Hund mir aus der Hand. –
O wie war mir bange,
Als der große Hund plötzlich neben mir stand!

Längs des steilen Abhangs waren
Büsche, Höhlen, Übergangsgefahren. –

Dumme abenteuerliche Spiele ließen
Mich nach niemand anvertrauten Träumen
Allzuoft und allzulange
Schulzeit, Gunst und Förderndes versäumen. –
Hulewind beugte die Pappelriesen.
O wie war mir bange!

Pappeln, Hang und Fluß, wo dieses Kind
So viel heimlichstes Erleben hatte,
Sind nicht mehr. Mir spiegelt dort der glatte
Asphalt Wolken, wie sie heute sind.

ECKART KLESSMANN
KINDHEITSÄNGSTE

Beide entstanden 1929 fast gleichzeitig: das Ölbild, das Joachim Ringelnatz unter dem Titel »Am Fluß« malte, und dieses Gedicht: »Beide entkeimt aus den Erinnerungen an meine Kindheit.« Es gibt in seinem Werk mehrere solcher Parallelen künstlerischer Auseinandersetzung. Das Gedicht wurde 1929 in dem Band »Flugzeuggedanken« veröffentlicht.

Wie ist das, wenn wir nach Jahrzehnten einem topographisch fixierbaren Ort unsrer Kindheit wieder begegnen? Einem Ort der Träume, Sehnsüchte und nicht zuletzt auch der Ängste? Es ist besser, solche Orte nicht wiederaufzusuchen und sie dafür in der Erinnerung rein zu bewahren, denn das Wiedersehen ist grausam ernüchternd. Alles ist kleiner geworden, überschaubar und hat sein Geheimnis verloren; meist haben Asphalt und Beton den Kindheitstraum unter sich begraben.

Im deutschen Gedicht wird erinnerte Kindheit nur allzuoft von einer gehörigen Prise Sentimentalität ungenießbar gemacht. »O selig, ein Kind noch zu sein«, sang Lortzing, und so mancher Poet hat's ihm nachgesungen. »Den lieben Weg zum Kinderland«, wünschte Klaus Groth zu wissen, und Friedrich Rückert klagte, daß keine Schwalbe zurückbringe, »wonach du weinst«. Von solcher Tränenseligkeit ist Ringelnatz frei; er vergoldet sich nicht ein Kapitel seiner Erinnerung mit vermeintlich reinem Kinderglück. Erwachsene vergessen nur zu rasch, daß Kindheit immer auch das Erfahren von überwältigenden Ängsten ist, mit dem ungetrübten Glück so verknüpft wie Licht mit Schatten.

Dreimal wiederholt sich das »wie war mir bange« und läßt Urängste nachklingen: die vom Sturm gezausten Pappeln, das Bergen einer Wasserleiche, der große Hund. Kindheitsworte wie »Hulewind« und »Butterbemme« scheinen den Strophen fast einen gemütlichen Akzent zu geben, aber der »Hulewind« (er widerhallt den Schreckenslaut in der ersten Strophe) beugt selbst die schon als drohend empfundenen Pappelriesen und wird damit noch furchtbarer, und die »Butterbemme« (das Butterbrot, in sächsischer Mundart bezeichnet, wirkt wie ein schützendes familiäres Amulett) holt sich der furchtbare Hund, der tatsächlich vielleicht ein ganz harmloser Köter gewesen ist. Nein, Gemütlichkeit kommt nicht auf, das verhindert schon der gelegentlich bewußt gesprengte Rhythmus, der die bergende Gelassenheit der Verse jäh aufbricht wie ein anderer »Hulewind«.

Die letzte Strophe verläßt die Erinnerung. Der Autor sagt nicht mehr »ich«, sondern »dieses Kind« und sieht sich damit in einer historischen Distanz, und tatsächlich liegen nicht nur zwischen dem Kind am Fluß und dem Dichter von 1929 vier Jahrzehnte, auch der Kindheitsschauplatz, auch die Natur sind fremd geworden. Der wie eine Lava alles überziehende Asphalt spiegelt (jetzt wieder »mir«) »Wolken, wie sie heute sind«. Nicht nur die vertraute Erde ist nicht mehr, auch der gespiegelte Himmel wirkt gealtert, die Wolken der Kindheit waren, wir wissen's, anders.

Klaus Groth reimte: »Ik wull, wi weern noch kleen, Jehann, do weer de Welt so grot.« Ringelnatz mochte solch frommem Gemütsbetrug nicht trauen. Er hat Kinder ernst genommen, weil er nie deren geheime Ängste vergessen konnte, die jede Kindheit begleiten, unser aller Ängste. In keinem Gedicht habe ich mein eigenes Kindheitserleben so widergespiegelt gefunden wie in diesem, in keinem so die enttäuschte Erinnerung.

JOACHIM RINGELNATZ
AN MEINEN LÄNGST VERSTORBENEN VATER

Ach steh noch einmal auf ins Leben,
Du toter Papa!
Der Krieg ist aus. Dann hat sich viel begeben.
Ob du wohl weißt, was mir geschah?

Ach, wenn du kommst, gibt es die Frage nicht:
Wer von uns hatte recht in seiner Meinung?
Wenn du nur kommst – doch komm nicht als
Erscheinung.
Komm in mein reingeweintes Augenlicht.

Wenn du nur kommst! Ganz greifbar, nicht geträumt.
Wir werden wie zwei Wellen uns umschlingen.
Was uns durch Alter trennte, was versäumt
War, würde groß und unbefangen schwingen.

Ach weiß ich, daß kein Toter aufersteht.
Doch wenn es das, woran ich glaube, gibt,
Papa, dann hauche in mich ein Gebet.
Wir haben uns bisher nur fremd geliebt.

ECKART KLESSMANN
ZÄRTLICHE TOTENKLAGE

Hier hält kein Sohn Gerichtstag über den verstorbenen Vater. Hier versucht einer, überwältigt vom Gefühl, die fast unbeholfene Beschwörung eines Toten, und es ist die in diesen Versen sich ganz ungeschützt und unverstellt offenbarende Naivität, die mir dieses Gedicht so lieb macht.

Georg Bötticher, der Vater von Hans Bötticher (der sich seit 1919 Joachim Ringelnatz nannte), starb am 15. Januar 1918. Die Nachricht erreichte den Sohn als Kommandanten eines Minensuchboots: einen Mann von bürgerlich-repräsentativem Status also. Darin hatte die Schwierigkeit im Verhältnis zwischen Vater und Sohn gelegen: Georg Bötticher, zuerst Zeichner, später Schriftsteller (über 40 Bücher), kam nie darüber hinweg, daß sein als Literat damals noch erfolgloser Sohn das Bürgertum, dem er entstammte, verschmähte. Dieser Sohn nämlich war ein Unsteter, ein fahrender Gaukler, erfolglos im rechtschaffenen Broterwerb, materiell immer ungesichert, in seinen Versen ein Bürgerschreck, der Familie eher ein schwarzes Schaf. Auch politisch verstand man einander nicht immer, der Sohn teilte nicht das nationale Hochgefühl, wie es sich 1914 artikulierte.

Und doch liebten sie sich, auf ihre Weise. Den Sohn hat nie das Gefühl zärtlichen Respekts für die Vater-Autorität verlassen, ja er litt darunter, durch seine Lebensform dem Vater weh tun zu müssen. In einem anderen, ebenfalls

dem Andenken des Vaters gewidmeten Gedicht hatte er bekannt: »Je mehr ich altre und lerne, / Kommt er mir immer mehr nah.«
Unser Gedicht entstand 1929; es ist das Jahr, in dem der Vater achtzig Jahre alt geworden wäre. Was einmal als trennend empfunden wurde (»Wer von uns hatte recht in seiner Meinung?«), ist neun Jahre nach dem Todesdatum belanglos geworden; was jetzt einzig zählt, ist das geistige Band, ist die Liebe. Darum wird der Angeredete auch nicht als Toter beschworen (»komm nicht als Erscheinung«), sondern als geistiges Abbild ins »reingeweinte Augenlicht«; das folgende »ganz greifbar« widerspricht dem nicht, denn es wird nur dem »geträumt« entgegengestellt: Das Empfinden liebevollen Einsseins soll bewußt erfahren werden.
Fünf Jahre später, kurz vor seinem eigenen Tod, schrieb Ringelnatz an den ihm befreundeten Glasmaler Otto Linnemann: »Einmal sehen wir uns schon froh wieder, und wäre es nach dem Tode, sonst lögen Deine Fenster und alle Kunst und Religion.« Das ist das, was das Gedicht ausspricht: »Wenn es das, woran ich glaube, gibt«, das vorsichtige Zögern der Skepsis vor dem als Gewißheit empfundenen Glauben, in der bewußt unbeholfenen Formulierung »Ach weiß ich ...«.
»Wir haben uns bisher nur fremd geliebt«: Wie oft haben wir selbst das schon bei einer unerwarteten Todesnachricht empfunden, dem nunmehr Verstorbenen unser Gefühl nicht unverstellt bekannt zu haben. Und wie oft wohl erleben es Söhne, daß erst Jahre über den Tod des Vaters vergehen müssen, bis sie dieses Gefühl einer ganz reinen, von allen Vorbehalten befreiten Liebe innewerden, dann nämlich, wenn alle Meinungen und alles Rechthaben we-

senlos geworden sind? Es liegt ein Schatten von Tragik über diesem Vers: Erst der Tod nimmt der von Fremdheit beschatteten Liebe die Distanz.

Viele Totenklagen in der deutschen Lyrik sind vollendeter formuliert, und gewiß zählt dieses so unverschlüsselt-naive Gedicht nicht zu den bedeutendsten von Ringelnatz. Ich liebe es wegen seiner großen Lauterkeit, und weil es so ungeschützt etwas auszusagen wagt, das ich so und nicht anders selbst empfunden habe, viele Jahre lang, in denen mir diese Verse etwas auszusprechen halfen, das ich selbst zu formulieren nicht fähig war.

JOACHIM RINGELNATZ
DIE NEUEN FERNEN

In der Stratosphäre,
Links vom Eingang, führt ein Gang
(Wenn er nicht verschüttet wäre)
Sieben Kilometer lang
bis ins Ungefähre.

Dort erkennt man weit und breit
Nichts. Denn dort herrscht Dunkelheit.
Wenn man da die Augen schließt
und sich langsam selbst erschießt,
Dann erinnert man sich gern
An den deutschen Abendstern.

WERNER ROSS
DAS KOMISCHE IM KOSMISCHEN

Das Gedicht »Die neuen Fernen« verblüfft den Ringelnatz-Kenner und -Liebhaber. Es fällt aus dem Ringelnatz-Sound heraus, keine Matrosen und Mütterlein, nicht Heimat und hohe See, nicht »Die Mädchen mit dem Muttermal« und »Kostümball-Gedanken 1928«, die Unendlichkeiten des Intimen und Privaten, sondern gleich im ersten Vers die Stratosphäre – damals, Anfang der dreißiger Jahre, vermutlich für die Allgemeinheit noch ein ziemlich neuer Begriff.

Auch die Machart unterscheidet »Die neuen Fernen« von den üblichen Gesängen. Ringelnatz war ja ein gottbegnadeter Reimer; die lustigsten und originellsten Reime flogen ihm nur so zu, und so reimte er gern weiter, die Gedichte dehnten sich, nicht immer zu ihren Gunsten. Es strömte aus ihm, aber er unterschied nicht genau zwischen dem glücklichen Einfall und dem Kalauer, zwischen jenem höheren Blödsinn, der unvermittelt in Tiefsinn übergeht, und dem gewöhnlichen, der ein gemischtes Publikum sich vor Lachen ausschütten läßt.

Die Stratosphäre ist Ringelnatz im allgemeinen zu hoch. Auch die Gedichtsammlung »Flugzeuggedanken« von 1928 enthält überwiegend Banales: »Ich spreche von Flugmaschinen. / Sie summen lauter als Bienen / Und sind eine Kreuzung von Taube, / Ente, Maikäfer und Schiffsschraube.« Nette Einfälle, Humor fürs Heim.

Das Gedicht »Die neuen Fernen« habe ich in Enzensbergers »Museum der modernen Poesie« gefunden, in nicht nur alphabetischer Nähe zu Rilke, in der Nachbarschaft von Hans Arp und Kurt Schwitters. Bei Enzensbergers Sammlung liegt der Ton auf »modern«; da dürfen nicht viele deutsche Dichter passieren, Rilke, Benn, Brecht, ein paar Expressionisten und eben Ringelnatz mit zwei Gedichten (Rilke hat auch zwei).

Das eine, »Schneiderhüpfl vor dem Ochsen am Spieß«, ist ein bayerischer Spaß, das andere kosmischer Tiefsinn, zwischen Wittgenstein und Heisenberg. Die neue kopernikanische Wende, die Erweiterung des Weltalls ins nicht mehr Vorstellbare, die Absurdität des Vorsatzes, es doch noch irgendwie plausibel zu machen, die hat Ringelnatz in genau elf Versen demonstriert.

Im Märchenton, wie die Oma, erzählt er, im Reiseführerton erklärt er: Das Wunderbare ist gleichzeitig das Selbstverständliche, es liegt um die Ecke. Er braucht die »Man nehme«-Anweisung: man gehe ... Ein Gang, unter- oder überirdisch zwar, aber doch nur sieben Kilometer lang (und nur in Klammern, beiläufig, die Unmöglichkeit, ihn zu nutzen). Die Reiseroute beginnt zu wackeln; Ziel: das Ungefähre. Dann das herrliche Enjambement, die Pause am Versende hinter »weit und breit« und, als Pointe geschossen, »Nichts«, groß geschrieben am Versanfang, aber in der Perspektive dieses Gedichts gar nicht groß genug zu schreiben. Der Tatbestand totaler Dunkelheit kurz mitgeteilt, dann das komisch-überflüssige »Augen schließt« und das witzig-verzweifelte »sich langsam selbst erschießt« und die ganz und gar umwerfende Schlußwendung – angesichts des Grauens vor dem Unendlichen, Uneinsehbaren, Unentrinnbaren die Heimkehr, der Rückfall ins Gemütliche, in die menschlichen und bürgerlichen

Maßstäbe, in die von Matthias Claudius bis Richard Wagner poetisch ausgepolsterten Wohnstuben der Altvordern. Nur daß Ringelnatzens Abendstern ausgerechnet im Jahr 1932 herbeizitiert wird und Ringelnatz selber kein Bürger ist, sondern ein Bohemien, der Worte wie »Abendstern« nur ironisch aufrufen kann, mit einer kleinen Beimischung von Nostalgie.

Das Gedicht »Die neuen Fernen« steht übrigens überraschenderweise in dem Gedichtband »Kinder-Verwirr-Buch« (1932). Es kann aber auch Erwachsene noch verwirren. Oder, in seiner paradoxen Spannung zwischen ganz nahe und unendlich fern, tief befriedigen.

JOACHIM RINGELNATZ
DIE SCHNUPFTABAKSDOSE

Es war eine Schnupftabaksdose,
Die hatte Friedrich der Große
Sich selbst geschnitzelt aus Nußbaumholz.
Und darauf war sie natürlich stolz.

Da kam ein Holzwurm gekrochen.
Der hatte Nußbaum gerochen.
Die Dose erzählte ihm lang und breit
Von Friedrich dem Großen und seiner Zeit.

Sie nannte den alten Fritz generös.
Da aber wurde der Holzwurm nervös
Und sagte, indem er zu bohren begann:
»Was geht mich Friedrich der Große an!«

WOLFGANG BRENNEISEN
KOMITRAGÖDIE

»Die Schnupftabaksdose« von Joachim Ringelnatz: eines der bekanntesten deutschen Gedichte – und zugleich eines der verkanntesten. Scheinbar eine harmlose Schnurre, in Wirklichkeit ein unheimlicher Blick in den Abgrund des Seins. Keineswegs ist Ringelnatz der leichtfüßige Spaßmacher und Entertainer, als den man ihn gerne hinstellt. Ringelnatz ist im Grunde ein Tragiker.
Das Gedicht beginnt so behaglich und idyllisch wie ein Märchen von Hans Christian Andersen. Doch wer genau hinhört, wer nur ein bißchen weiterdenkt, entdeckt sofort Risse in dem zierlichen Spielzeugkosmos. Friedrich der Große habe die Tabaksdose gefertigt. Ja, es ist schon ein Kreuz mit den großen Leuten. Es genügt ihnen nicht, auf ihrem Gebiet groß zu sein, nein, sie maßen sich an, überall Großes zu leisten. Eine Schnupftabaksdose herzustellen? Nichts sei leichter als das, tönte König Friedrich in seinem Kabinett und »schnitzelte«, wie es verräterisch heißt, so ein Ding mit seinen beiden linken Händen. Genausogut hätte sich ein preußischer Kunsttischler anmaßen können, Schlesien zu überfallen oder in seiner Werkstätte mit Voltaire geistreiche Konversation zu führen.
Wie dem auch sei, die Tabaksdose war da: ein unförmiges, häßliches Ding, aus dem Friedrich, wie wir wissen, andauernd Tabakkrümel auf seinen alten Uniformrock klekkerte. Desungeachtet entwickelte die Dose als innigste Vertraute des Königs ein monströses Selbstbewußtsein,

schnappte aus der königlichen Konversation ein paar Brocken auf und verlor ihren Dünkel auch nicht, als der König längst tot war, während sie wie durch ein Wunder in einem Haufen Gerümpel weiterlebte. Und nun betritt der zweite Akteur die Bühne, ein ganz anderer Charakter aus einem ganz anderen Milieu, nämlich dem der Arbeiter, Handwerker und kleinen Leute: ein Holzwurm. Ein einfacher, aber kreuzbraver Kerl, den wir uns irgendwie rotbackig und untersetzt vorstellen dürfen. Kein Freund von tiefsinnigen Gedanken, ein Pragmatiker, der seine inneren Probleme dadurch löst, daß er »ins Holz geht«, wie er sagt. Was er anpackt, macht er sauber und gewissenhaft. Trotz seiner Einfalt im Grunde ein sympathischer Typ.
Da aber trifft ihn der Schock seines Lebens: Das Holz, das er bearbeiten will, fängt an zu reden! In ihrem altdamenhaften Dünkel plappert ihm die Tabaksdose die Ohren voll, ohne sich der Gefahr für Holz und Leben bewußt zu sein. Der brave Holzwurm versteht nur Bahnhof, doch hat er ein feines Gefühl für falsche Töne. Und als das völlig deplazierte Wort »generös« fällt, das nur durch den Reim gerechtfertigt ist, weiß er: Jetzt muß er sofort an die Arbeit, ins Holz, will er nicht den Verstand verlieren.
Am Ende bleiben zwei verstörte Wesen zurück. Die Schnupftabaksdose muß sich wie eine Gestalt bei Ibsen der bitteren Tatsache beugen, daß ihre Lebenslüge zerbröckelt. Brutal wird ihr klargemacht, daß sie nur ein Stück Holz ist. Der brave Holzwurm aber hat seine liebenswerte Naivität verloren. Fortan lebt er, durch das Schockerlebnis mit einem Schlag »sentimentalisch« geworden, in der geheimen Furcht, daß irgendwann wieder ein blödes Holz zu quatschen beginnt. – Wer mag da noch lachen?

JOACHIM RINGELNATZ
ICH HABE DICH SO LIEB

Ich habe dich so lieb!
Ich würde dir ohne Bedenken
Eine Kachel aus meinem Ofen
Schenken.

Ich habe dir nichts getan.
Nun ist mir traurig zumut.
An den Hängen der Eisenbahn
Leuchtet der Ginster so gut.

Vorbei – verjährt –
Doch nimmer vergessen.
Ich reise.
Alles, was lange währt,
Ist leise.

Die Zeit entstellt
Alle Lebewesen.
Ein Hund bellt.
Er kann nicht lesen.
Er kann nicht schreiben.
Wir können nicht bleiben.

Ich lache.
Die Löcher sind die Hauptsache
An einem Sieb.

Ich habe dich so lieb.

PETER HORST NEUMANN
FÜR DEN SENTIMENTALEN HAUSGEBRAUCH

Zur oberen Güteklasse zählen diese Verse nicht, sie haben aber einen soliden melancholischen Gebrauchswert. Sicher sagt man von einem Gedicht, das man mag, nicht eben gern, daß es zu lang sei; aber ich kann es nicht leugnen. Es ist ein bißchen beredt, zu traurig-direkt, ein bißchen unkontrolliert in seiner Neigung zum Spruchhaften. Auch der Narrenschuß auf einen analphabetischen Hund ist wahrlich kein Treffer. Was tut's. An Ringelnatz wird mir klar, wie bestechlich mein ästhetisches Urteil ist. Er wollte ein Lebenskünstler sein, es reichte aber nur zum Poeten und Kabarettisten. Und weil ich für den eine Schwäche habe, halte ich mich an seine Stärken. In jedem dritten oder vierten Gedicht gelingt ihm unweigerlich die eine unverlierbare Wendung. Sie ist selten ganz sprachfest, doch fast immer so wort-leicht, wie es nur wenige erreichen. Er spricht dann schön wirr und präzis nebenhin.
Hier sind ihm gleich zwei solche Wendungen gelungen. Ich meine die erste Strophe und die letzte mit der Schlußzeile. In der ersten ist ein Geschenk ganz Poesie, und Poesie ist ein hübsches Geschenk. Der Schluß aber gehört in die Spruchweisheit resignierender Liebe. Ich fragmentiere das Ganze, überspringe die schwächere Mitte und habe zwei kleine Liebesgedichte gewonnen: zärtliche Sprachschnörkel, leicht zu merken, gut für den sentimentalen Hausgebrauch. Die passende Traurigkeit fürs Zitieren findet sich ganz gewiß – »lieb« reimt auf »Sieb«. Und dies

noch: Fast jedes Desaster hat seine erfreulichen Nebenfolgen; die Frage ist nur, für wen. Von gegenwärtiger Ölkrise zum Beispiel profitiert (auch) das Ofensetzer-Gewerbe. So werden wir bald wieder besser verstehen, was es heißt, jemandem eine Kachel aus unserm eigenen Ofen zu schenken. Weil aber den meisten von uns ein rechtes Liebesgeschenk – ein herzerwärmend-verrücktes – fast immer erst hinterher einfällt, empfehle ich, dieses Gedicht auf Vorrat zu lesen.

JOACHIM RINGELNATZ
KNIEBEUGE

Kniee – beugt!
Wir Menschen sind Narren.
Sterbliche Eltern haben uns einst gezeugt.
Sterbliche Wesen werden uns später verscharren.
Schäbige Götter, wer seid ihr? und wo?
Warum lasset ihr uns nicht länger so
Menschlich verharren?
Was ist denn Leben?
Ein ewiges Zusichnehmen und Vonsichgeben. –
Schmach euch, ihr Götter, daß ihr so schlecht uns versorgt,
Daß ihr uns Geist und Würde und schöne Gestalt nur borgt.
Eure Schöpfung ist Plunder,
Das Werk sodomitischer Nachtung.
Ich blicke mit tiefster Verachtung
Auf euch hinunter.
Und redet mir nicht länger von Gnade und Milde!
Hier sitze ich; forme Menschen nach meinem Bilde.
Wehe euch, Göttern, wenn ihr uns drüben erweckt!
Beine streckt!

PETER RÜHMKORF
PROMETHEUS UND DIE HALBE PORTION

Joachim Ringelnatz ist ein deutscher Dichter, den wir unserem geschätzten Publikum nicht erst groß vorstellen müssen, allerdings ... Allerdings fragt sich bei der Lektüre seiner Gedichte gelegentlich schon einmal, ob wir bei einem früheren Durchgang nicht gewisse feine Eigentümlichkeiten überlesen, geheime Zwischentöne überhört oder geisterhaft Vorüberhuschendes übersehen haben, kurz, ob wir bei so viel trügerisch geglätteter Oberfläche überhaupt bis zum Grund der Dinge vorgestoßen sind.
Bei seinen besonders populären, weil besonders leicht eingängigen Turngedichten scheint mir der Abstand zwischen oberflächlicher Bekanntschaft und tieferer Verkennung sogar besonders bemerkenswert. Was wir zur Kenntnis nehmen und dann auch gern mit einem Lachen quittieren, ist das Vergnügen des Poeten an bestimmten gymnastischen Verrenkungen, zumal wenn gesteigerte Kraftaufwände den erstrebten lockeren Eindruck verfehlen oder martialische Selbsterprobungsnummern in eine unfreiwillige Komik entgrätschen. Wieweit sich freilich turnerisches und artistisch-dichterisches Höhenstreben manchmal kurios entsprechen und beides zusammen dann »ein Symbol für das Leben« bildet, läßt sich nur an einzelnen Exerzitien gesondert studieren.
Auch der Sport hat seine eigene Körpersprache, und der poetische Sportreporter steht nicht an, gelegentlich selbst in die Rolle eines Mitturnenden zu springen. Auf das

Kommando »Knie beugt« schrumpft das lyrische Ich im Nu zu der erwünschten närrischen Haltung zusammen, was einen sympathetischen Geist dann schon zu einer ganzen Folge von närrischen Überlegungen verleiten kann. Der Gedankensprung von der Eingangszeile zu dem unmittelbar anschließenden »Wir Menschen sind Narren« kommt also nicht ganz so abrupt, wie es vielleicht den Anschein hat.

Auch die folgenden Lamentationen über den ewig gleichen Narrengang der Menschheitsgeschichte fügen sich ihrerseits sinnvoll in den öden Wechseltakt einer gymnastischen Nonsensübung. Das entmutigende Auf und Ab von Systole und Diastole, von Zeugung und Vergängnis, von »Zusichnehmen und Vonsichgeben« legt sich dem Zusammengekauerten sogar derart nachhaltig auf die Brust, daß er sich dem Wiederholungszwang am liebsten verweigern und für ewig und drei Tage in seinem stummen Verhocktsein »verharren« möchte.

Das Gedicht geht noch einen Schritt weiter. Um einen unansehnlichen Pariapart als menschliche Ausnahmestellung zu verteidigen, leiht es sich das Mundstück eines anderen berühmten Befehlsverweigerers aus, die weithin durch unser humanistisches Bildungsgebäude hallende Stimme des Goetheschen »Prometheus« (»Hier sitze ich; forme Menschen nach meinem Bilde«), was auf den oben skizzierten Narren noch einmal anderthalbe setzt. Der Gegensatz könnte kaum komischer sein. Auf der einen Seite der selbstbewußt die Götter in die Schranken fordernde Titanensproß und Menschenbildner, der den Sterblichen das Feuer brachte und seither als Galionsfigur für unser humanes Fortschrittsstreben zu gelten hat. Auf der anderen die halbe Portion und Simplex Simplicissimus, der nichtsdestoweniger eigensinnig auf seiner Froschperspektive beharrt und dem aufrechten Gang nebst angeschlossenen prometheischen Betriebsamkeiten die Gefolgschaft aufkündigt.

»Das ist ein Symbol für das Leben. / Immer aufwärts, himmelan streben«, so sagte es das Gedicht »Klimmzug« mit der angemessenen ironischen Biestigkeit. Und in der »Kniebeuge« folgt die gleiche Lehre noch einmal anders herum und mit etwas versetztem Fragezeichen: »Warum lasset ihr uns nicht länger so / Menschlich verharren?« Aber ernst gemeint ist es doch.

JOACHIM RINGELNATZ
LIEDCHEN

Die Zeit vergeht.
Das Gras verwelkt.
Die Milch entsteht.
Die Kuhmagd melkt.

Die Milch verdirbt.
Die Wahrheit schweigt.
Die Kuhmagd stirbt.
Ein Geiger geigt.

REINHARD LAUER
WERDEN UND VERGEHEN

Joachim Ringelnatz hat dieses »Liedchen« zum Jahresende 1930 in der »Weltbühne« veröffentlicht. Schlicht und einfach klingen die acht Verse, fast wie ein Kinderlied. Daß die Zeit vergeht, daß Milch entsteht und dann verdirbt, daß eine Kuhmagd melkt und irgendwann einmal stirbt – das scheint so dahingesprochen zu sein. Und doch gibt es auch Irritation in dem Gedichtchen, so wenn es plötzlich heißt: »Die Wahrheit schweigt.« Und was soll der geigende Geiger am Schluß? Ist, was hier ausgesagt wird, doch nicht so belanglos, wie es auf den ersten Blick schien?

Die acht simplen Verse sind allesamt nach dem gleichen syntaktischen Muster gebaut: Artikel – Substantiv – Verb. Siebenmal erscheint der bestimmte Artikel, diese Reihe wird im Schlußvers durch den unbestimmten Artikel unterbrochen. So haben wir achtmal die einfachste Satzkonstruktion vor uns, die denkbar ist: Subjekt und Prädikat. Die Präsensformen legen nahe, daß das, was geschildert wird, gerade jetzt und immerzu geschieht. Hört man genau hin, so klingen die zweihebigen jambischen Verse wie das träge Ticken einer Perpendikeluhr, den Ablauf der Zeit markierend.

Auch die Bildpartikel, die hier Vers für Vers aneinandergereiht werden, sind nicht so beliebig verschieden, wie es zunächst scheinen mochte. Verwelkendes Gras, also Heu, Melken, das Gewinnen der Milch und der Tod derer, die

daran beteiligt sind, stehen durchaus in einem sachlich-logischen Zusammenhang. Fast zeichnet sich eine kleine Geschichte ab. Denkt man nun wieder an die Zeit als bestimmendes Thema, so erkennt man, daß in einfachen Worten und Versen ein großer Bogen von Vergänglichkeit gezogen wird, begründet nicht durch »nachdem« und »sodann«, sondern allein durch den Wechsel der Verben (vergeht, verwelkt, entsteht, verdirbt, stirbt).
Der das Liedchen singt oder spricht – im Zweifel also wohl der schnodderig-nachdenkliche Joachim Ringelnatz selbst – hat nun in seine einfach-konkrete Geschichte ein abstraktes Thema einfließen lassen: das Verhältnis von Zeit und Wahrheit. »Die Wahrheit schweigt«, heißt es im sechsten Vers, nachdem Verwelken und Verderben um sich gegriffen haben. Ist damit gesagt, daß die auf die Wahrheit gerichtete Wissenschaft, die Philosophie also, vielleicht auch die Religion, zum Vergehen keine Erklärung hat? Und die Magd – stirbt sie gar, weil sie die Wahrheit nicht erkennen konnte? Noch bleibt der Geiger. Bloß eine Pointe, ein Gag, der seine Wirkung aus dem Kontrast zum Vorausgegangenen bezieht, oder eine Antwort auf Fragen, die das Liedchen unmerklich aufgeworfen hat?
In einem so kurzen lyrischen Gebilde wiegt jedes Wort, jeder Laut schwer. Daher wird man für nicht gering nehmen, daß sich durch die Verse eine Steigerung des Diphthongs *ei* zieht, die von »Zeit« über »Wahrheit schweigt« zum Schlußvers führt, der ganz von ihm getragen wird. Sollte hier der Schlüssel zum Verständnis unseres »Liedchens« liegen? Wirklich schafft er ja so etwas wie einen »philosophischen« Kontrapunkt zur einfachen Moritat. Denn man wird im geigenden Geiger am Schluß nicht nur jenen sehen, der ein Grablied auf den Tod der Kuhmagd

spielt, sondern den Künstler überhaupt. Und sein Spiel stünde dann für die Kunst, die einzig, über Wissenschaft und Philosophie hinaus, der Drift der Zeit widersteht. Aus der Schnoddrigkeit des Bänkelsangs taucht der Schatten Schopenhauers auf.

JOACHIM RINGELNATZ
LOGIK

Die Nacht war kalt und sternenklar,
da trieb im Meer bei Norderney
ein Suahelischnurrbarthaar. –

Die nächste Schiffsuhr wies auf drei.

Mir scheint da mancherlei nicht klar,
man fragt doch, wenn man Logik hat,
was sucht ein Suahelihaar
denn nachts um drei am Kattegat?

LUDWIG HARIG
ÜBERALL IST WUNDERLAND

Eine Art Geschenkbüchlein mit Gedichten von Joachim Ringelnatz, 1947 als frühe Nachkriegspublikation im Saar-Verlag erschienen, ruft in meinem Gedächtnis köstliche Leseaugenblicke hervor. Es sind leichte, heitere Gedichte über die Schwere und Ernsthaftigkeit des Lebens, Blitzlichter aus dem Weltdunkel. Auf dem Buchumschlag zeigen sich, bunt durcheinandergewürfelt, Korallen und Seepferdchen, Krokodil und Flamingo, Flugzeug, Leuchtturm, Kinderdrachen und eine altmodische Handharmonika, ein Bürger mit Zylinder ist mit dem Ballon aufgestiegen, ein Seemann hält seine Nixe mit der Pranke umschlungen. »Überall ist Wunderland« heißt der Titel des Bändchens; in Luftreisen und in Seefahrten scheinen sich üppige Zauberreiche über Wellen und Wolken aufzutürmen, doch schon im zweiten Gedicht rückt der Bänkelsänger jede Art von Großmannssucht zurecht und ruft: »Hohe Türme sind nur Türmchen, wenn ein Adlerauge sieht.«

Ich las wie berauscht. Die Gedichte eröffneten mir: Alles ist relativ, alles fließt. Noch bevor Wissenschaft und Philosophie mich für eine Weile zu interessieren begannen, begriff ich das Absurde der Logik und die Logik des Absurden auf andere Weise als die rationale: Die Poesie lehrte mich die Instabilität der Verhältnisse, und Joachim Ringelnatz war es, der in dieser Hinsicht am fruchtbarsten wirkte.

Sein Gedicht »Logik« legt die Zufälligkeit rational erfaßbarer Ereignisse und die Aussagen darüber als spielerische Verabredungen aus, es belustigt sich über die Ansprüche des Verstands, die Überheblichkeit der Vernunft, indem es sich zum Schein auf ihre Seite schlägt. Der Autor gibt sich für einen logisch denkenden Menschen aus, und in harmloser Hinterhältigkeit fragt er, was ein Suahelihaar in einer Sternennacht um drei in der See bei Norderney zu suchen hat. Oder am Kattegat, was genausowenig Wahrscheinlichkeit besitzt. Schon dieses Austauschen von Norderney und Kattegat verhöhnt die in der Logik für so notwendig erachtete Festlegung des Ortes als Ausgangspunkt und verwirrt die folgerichtige Schlußendlichkeit.
Das Leben von Joachim Ringelnatz war, wie er am 22. April 1917 an seine Braut »Muschelkalk« schreibt, »düster im Bunten«. Er war Seemann, diente als »Vizefeuerwerker« an Bord S. M. S. »Schaarhörn« – und haßte den Krieg. »Wir fingen keine Engländer«, schreibt er, »aber 4000 Häringe«, und nimmt mit raffiniert vertauschten Prämissen das Gedicht »Logik« voraus. Überall ist Wunderland: Bei der scheinbaren Unvereinbarkeit von Gegenstand, Zeit und Ort waltet jedoch eine geheime Plausibilität in den paradox anmutenden Versen. Sie künden von den »Faxen des Seins«, wie E. T. A. Hoffmann die außergewöhnlichen Kollisionen von Wirklichkeit und Phantasie bezeichnet.
Wer die Südseestrände kennt, die sich von Norderney bis Sylt und von dort bis ans Kattegat erstrecken, begreift noch am ehesten ihre Ähnlichkeit mit den Stränden von Somalia und Mosambik. Man braucht sich nur zu bücken: Es ist nichts einfacher zu finden als ein Suahelihaar nachts um drei im Wellengekräusel an Buhne 16 in Kampen.

JOACHIM RINGELNATZ
VORM BRUNNEN IN WIMPFEN

Du bist kein du,
Wasser. – Hättest nicht Ruh,
Mich auszuhören.

Ihr fließet immerzu
Und immer weiter und möglichst weit.

Wie euch der Brunnen aus eisernen Röhren
In den heißen Althäuserplatz speit,
Erdengeläutert und ausgekühlt;
Da ihr alte und neue Zeit
Und den Himmel abkonterfeit –

Siehet mein durstiges Staunen
In euch doch immerzu andre.
Immer wieder mit über den Rand gespült,
Fängt es aus eurem Raunen
Nur eines auf: Wandre!

Von euch möcht' ich trinken.

Ihr würdet lau, wenn ihr stehenbliebt,
Ihr würdet trüb. Ihr würdet verweilend
Faulen und stinken.

Was kümmert's euch, ob ein Mensch euch liebt.
Dauernd zerteilt euch selber enteilend.
Seid ihr getrieben ein treibendes
Ganzes, rein Bleibendes.

PETER RÜHMKORF
IN FLAGRANTI GEFASST

Von Kuttel Daddeldu ist bekanntgeworden, daß er oft zu tief ins Glas gekuckt und dann wahrgesprochen hat. Auch aus dem Meer, dem im ganzen schwer begreiflichen, hat er uns manche bedenkliche Einzelwahrheit herausgefischt. Seltsam, daß er am Schluß des Buches den vertraut schwankenden Boden der Seemannsballade verläßt und tiefsinnig-erkenntnisgierig in einen Binnenlandbrunnen blickt.

Brunnengedichte gibt es zahlreiche und schöne in der deutschen Literatur. Sie haben allesamt einen deutlichen Zug ins Pädagogische, manchmal Kunstpädagogische, gelegentlich Lebenserzieherische. Gegenüber dem dionysischen Meergedicht stellen sie so etwas wie die apollinisch gezügelte Kulturerscheinung dar: das bezähmte Element, an die Leine gelegtes Wasser. Trotzdem sollten wir festhalten, daß es so verschiedene Brunnengedichte wie Brunnentypen gibt: naive und artistisch vertüftelte, tritonisch aufgetriebene und männekenpißhafte, konstruktiv einsichtsreiche und zauberische. Das Ringelnatzsche scheint (vorerst) von der letzten Sorte.

Sibyllinisch raunend auf jeden Fall gleich der Anfang: »Du bist kein du, Wasser« – was soll man davon halten? Davon ist zu halten, daß sich jemand mit jemandem bespricht, der gar kein richtiger Jemand ist. Daß ein – ich sage sogenanntes – Ich sein Gegenüber als haltlos-gestaltlose Unperson anredet. Daß sich ein »Individuum« (in Gänsefüßchen) in einem Etwas bespiegelt, was a) nur im unpersönlichen Plural, b) wechseltierig-unumrissen und c) überhaupt nur in flagranti existiert. Wen wir vor uns haben, ist nicht Narziß, der sich in seinem eigenen Abbild festglotzt, sondern ein ahasverischer Reisegeist, der in den unermüdlich sich versprudelnden Wassern zur flüchtigen Einkehr findet.

»Vom Wasser haben wir's gelernt, das Wandern«, sang schon einmal ein anderer Umhergetriebener, der Dichter der sogenannten »Müller-Lieder«. Allerdings, wo wir den Wilhelm Müller immer hübsch separat neben dem lehrreichen Bach einherspazieren sehen, scheint sich unser Daddeldu alias Ringelnatz alias Hans Bötticher in gefährlicherer Tauchtiefe auf sein Erkenntnismedium einzulassen. Die vielfach zerteilte Person läßt sich von den ziellos enteilenden Wassern nur noch einmal ihre Selbstentäußerung bestätigen. »Durstiges Staunen« hängt unersättlich am Bild eines nicht mehr stillbaren Verrinnens.

Daß wir schließlich doch noch wieder auftauchen und sogar so etwas wie eine Lehre mit nachhaus nehmen können, hängt mit den stets didaktisch-lebensretterischen Absichten des Joachim Ringelnatz *und* mit der heimlichen Funktionsmechanik des Brunnengedichts zusammen. Wie ein gut organierter Brunnen das flüssige Wesen des Wassers erst faßbar und plausibel macht, so der lyrische Brunnenbauer die flüchtige Natur des Menschen. Erst das in Bewegung gehaltene Leben, lesen wir, hat noch Aussicht auf Klarheit, Lauterkeit; das Gegenteil wäre hier, sich setzen wollen bis zur Abgestandenheit. Erst die mit viel Kunst (allerdings! und ohne vermutlich überhaupt nicht mehr) geleitete Verströmungslust darf noch auf Zusammenhalt hoffen.

Die Bilanz heißt dennoch nicht Ruhe. Nicht einfach Klassik. Die Bilanz wird wortwörtlich und grammatikalisch zum Balanceakt zwischen passiv (»getrieben«) und aktiv (»treibend«), zwischen Tätigkeit, Eigenschaft und Substanz (»zerteilt«, »enteilend«), zwischen Dauer und Vollendung (»treibendes Ganzes, rein Bleibendes«). Die Bilanz heißt: ein Leben im Schwebe-Zustand des Partizips, des Mittelwortes, des an allem teilnehmenden, dennoch oder gerade darum ewig infiniten.

ERNST STADLER
FAHRT ÜBER DIE KÖLNER RHEINBRÜCKE BEI NACHT

Der Schnellzug tastet sich und stößt die Dunkelheit entlang.
Kein Stern will vor. Die ganze Welt ist nur ein enger, nachtumschienter Minengang,
Darein zuweilen Förderstellen blauen Lichtes jähe Horizonte reißen: Feuerkreis
Von Kugellampen, Dächern, Schloten, dampfend, strömend .. nur sekundenweis ..
Und wieder alles schwarz. Als führen wir ins Eingeweid der Nacht zur Schicht.
Nun taumeln Lichter her .. verirrt, trostlos vereinsamt .. mehr. . und sammeln sich .. und werden dicht.
Gerippe grauer Häuserfronten liegen bloß, im Zwielicht bleichend, tot – etwas muß kommen .. o, ich fühl es schwer
Im Hirn. Eine Beklemmung singt im Blut. Dann dröhnt der Boden plötzlich wie ein Meer:
Wir fliegen, aufgehoben, königlich durch nachtentrissne Luft, hoch übern Strom. O Biegung der Millionen Lichter, stumme Wacht,
Vor deren blitzender Parade schwer die Wasser abwärts rollen. Endloses Spalier, zum Gruß gestellt bei Nacht!
Wie Fackeln stürmend! Freudiges! Salut von Schiffen über blauer See! Bestirntes Fest!

Wimmelnd, mit hellen Augen hingedrängt! Bis wo die
Stadt mit letzten Häusern ihren Gast entläßt.
Und dann die langen Einsamkeiten. Nackte Ufer. Stille.
Nacht. Besinnung. Einkehr. Kommunion. Und Glut
und Drang
Zum Letzten, Segnenden. Zum Zeugungsfest. Zur Wol-
lust. Zum Gebet. Zum Meer. Zum Untergang.

WERNER ROSS
MYTHISCHE LOKOMOTIVE

Ein Zug donnert durch die Nacht. Im Zeitalter der Bundesbahndefizite wird man darin kaum noch ein lyrisches Motiv entdecken, ganz abgesehen von der Frage, ob Züge nicht ein eher saumseliges Verkehrsmittel sind, in dem man schläft, döst oder sich lesend die Zeit vertreibt.
Das war einmal anders. 1909 veröffentlichte Marinetti das Gründungsmanifest für den Futurismus, für eine Zukunftskunst, die vor allem der Maschine und der Schnelligkeit gewidmet sein sollte. Ernst Stadler, ein junger Lyriker in Straßburg, hielt die Ohren für das Geräusch der Welt weit auf. Sein Gedichtband »Der Aufbruch« von 1913 enthielt für den deutschen Lyrik-Horizont viel Kühnes (das später als »expressionistisch« eingereiht wurde), darunter auch diese Eisenbahnfahrt.
Es ist ein großes mythisches Gemälde, das Stadler in diesem in Langzeilen galoppierenden Gedicht entworfen hat. Mythologisch durch und durch: umtaufend die Eisenbahnfahrt erst in eine Hadesreise (im Bild des Bergwerkstollens), dann in eine Epiphanie. Zu dem einen, dem Eisenbahn-Erlebnis tritt das zweite auch noch ziemlich neue Wunder: die erleuchtete Stadt.
Die Verse, die das schildern, braucht man nicht nur in der Rückerinnerung an jene Aufbruchszeit der Technik zu lesen. Von »Dann dröhnt der Boden wie ein Meer« an haben sie ihren Hallelujaklang bewahrt, vollziehen das, was sie schildern. Die Schauplätze, die hohe Brücke, der

Fluß, der sich zum Meer erweitert, kommen zur Hilfe, um das Ganze so königlich auszustaffieren, wie es ihm gebührt. Daß da mit vielen Ausrufungszeichen gearbeitet wird, atemlos sozusagen, nimmt man gerne hin. Die Parade entfaltet sich überschwenglich, die Bilder flackern wie bei einem Feuerwerk ineinander, eine Klimax wird jubelnd erreicht.

Was sollte, was mußte folgen nach Hades und Auferstehung? Stadler verlor den großen lyrischen Atem wieder, auch den Faden: die Fahrt. Nicht zu verhindern war nach dem Lichtermeer, daß es wieder finster wurde. »Nackte Ufer. Stille. Nacht.« Da wäre es eigentlich zu Ende gewesen. Aber der Dichter holte noch einmal aus, schaffte alles Hochpoetische von »Kommunion« bis »Wollust« heran, setzte Punkte, die man sich als erhabene Pausen vorstellen muß, doch die alte Höhe wurde nicht mehr erreicht. Die Expressionisten nahmen's ihm nicht übel. Ihre Lyrik gefiel sich in solchen bedeutungsschwangeren Vokabeln, die feierlich in den Raum gestellt waren wie schwere Akkorde.

Was die damals neue Form angeht, die am Ende reimenden Langzeilen, so finde ich sie nicht besonders großartig. Sie war als Gegenmittel gegen die Klingklangpoesie gedacht, gesprochene Prosa beinah, der Reim versteckt, aber doch Gebundenheit der Verse herstellend, als eine Art Echo-Klang. Aber in dem Augenblick, wo aus dem taktmäßigen, sozusagen ratternden Sprechen des ersten, des Eisenbahn- und Bergwerk-Abschnittes Gesang wird, verliert das auferlegte Schema seinen Sinn. Es wird weggeschwemmt, und das ist gut so, denn wer sich von diesen Versen tragen läßt, höher hinauf, fragt nicht mehr nach dem Reim von »Wacht« und »Nacht«.

ERNST STADLER
GRATIA DIVINAE PIETATIS ADESTO SAVINAE
DE PETRA DURA PERQUAM SUM FACTA FIGURA

(Alte Inschrift am Straßburger Münster)

Zuletzt, da alles Werk verrichtet, meinen Gott zu loben,
Hat meine Hand die beiden Frauenbilder aus dem Stein
gehoben.
Die eine aufgerichtet, frei und unerschrocken –
Ihr Blick ist Sieg, ihr Schreiten glänzt Frohlocken.
Zu zeigen, wie sie freudig über allem Erdenmühsal
throne,
Gab ich ihr Kelch und Kreuzesfahne und die Krone.
Aber meine Seele, Schönheit ferner Kindertage und mein
tief verstecktes Leben
Hab ich der Besiegten, der Verstoßenen gegeben.
Und was ich in mir trug an Stille, sanfter Trauer und
demütigem Verlangen
Hab ich sehnsüchtig über ihren Kinderleib gehangen:
Die schlanken Hüften ausgebuchtet, die der lockre Gürtel
hält,
Die Hügel ihrer Brüste zärtlich aus dem Linnen
ausgewellt,
Ließ ihre Haare über Schultern hin wie einen blonden
Regen fließen,
Liebkoste ihre Hände, die das alte Buch und den
zerknickten Schaft umschließen,
Gab ihren schlaffen Armen die gebeugte Schwermut
gelber Weizenfelder, die in Julisonne schwellen,

Dem Wandeln ihrer Füße die Musik von Orgeln, die an
Sonntagen aus Kirchentüren quellen.
Die süßen Augen mußten eine Binde tragen,
Daß rührender durch dünne Seide wehe ihrer Wimpern
Schlagen.
Und Lieblichkeit der Glieder, die ihr weiches Hemd
erfüllt,
Hab ich mit Demut ganz und gar umhüllt,
Daß wunderbar in Gottes Brudernähe
Von Niedrigkeit umglänzt ihr reines Bildnis stehe.

KARL LUDWIG SCHNEIDER
HINWENDUNG ZU DEN ERNIEDRIGTEN

Bedeutende Werke der bildenden Kunst haben immer wieder Dichter zur Auslegung und Beschreibung gereizt, und gelegentlich geht es dabei auch um den Versuch einer möglichst genauen Nachbildung des Kunstwerks im Medium der Sprache. Dieser Art von Texten scheint Ernst Stadlers Gedicht über zwei Frauenstatuen vom Straßburger Münster anzugehören, denn es beschreibt die berühmten Portalfiguren der Ecclesia und der Synagoge.
An den beiden äußersten Punkten des südlichen Münsterportals plaziert, sind diese Frauengestalten durch ihre allegorische Bedeutung aufeinander bezogen und stellen den Sieg des Neuen Bundes (Christentum) über den Alten Bund (Judentum) dar. Siegesbewußt ist die *Ecclesia triumphans* der unterlegenen Synagoge zugewandt, deren Lanze zerbrochen ist und deren kraftlos herunterhängende Hand nur noch schlaff die Gesetzestafeln hält.
Wer die faszinierenden frühgotischen Bildwerke aus eigener Anschauung kennt, wird die meisterhafte Treffsicherheit der Verse Stadlers bewundern, allerdings auch feststellen, daß der Autor den allegorischen Sinn dieser Figurenkonstellation weitgehend ignoriert und auf die Gegenüberstellung von Siegerin und Besiegter reduziert hat. Ja, das Gedicht scheint selbst diese vorgegebene Beziehung noch provozierend anzutasten durch die unverhohlene Begünstigung der Besiegten. Ihrer Darstellung nämlich ist der größte Teil der Verse gewidmet, während

die Charakteristik der Siegerin nur wenige summarische Zeilen in Anspruch nimmt.
So sehr nun das Gedicht dazu einlädt, bei der Betrachtung der Figuren zu verweilen, so falsch ist es, sich dieser Perspektive ausschließlich zu überlassen. Es wäre sogar irreführend, weiterhin von einer direkten Beschreibung der Skulpturen durch Stadler zu reden, denn der Autor schildert keineswegs unmittelbar. Er läßt vielmehr den Meister dieser Werke selbst über seine Figuren sprechen. Damit ist neben den Frauengestalten eine dritte und vielleicht die wichtigste Figur eingeführt: der Künstler. Er tritt allerdings nicht gestalthaft in Erscheinung, sondern schildert den Schaffensvorgang, durch den die Figuren »aus dem Stein gehoben« wurden. Er bekennt, daß er seine Seele der Verstoßenen gegeben habe – und bei ihr verweist er auf jedes Detail der Gestaltung. So kommt es in einer den Schaffensprozeß wiederholenden und gleichsam prüfenden Nachgestaltung zu einer umfassenden Vergegenwärtigung dieser »von Niedrigkeit umglänzten« Figur.
Der Name des Meisters wird nicht genannt, doch scheint die als Gedichttitel verwandte »Alte Inschrift« vom Südportal darauf hinzudeuten, daß Stadler den Münster-Sagen folgt und die Figuren der Ecclesia und der Synagoge einer legendären Bildhauerin zuschreibt. Die Übersetzung der während der Französischen Revolution mit vielen Skulpturen zerstörten Inschrift lautet: »Die Gnade Gottes sei mit Sabina, von deren Hand aus hartem Stein gehauen ich als Figur hier stehe.« Die Ermittlung des tatsächlichen Schöpfers der Frauengestalten mag den Kunsthistorikern überantwortet bleiben, denn sicher ist, daß der sein Werk beschreibende Künstler in Stadlers Gedicht nur

eine Maske ist, durch die hindurch der Autor selbst spricht und sein künstlerisches Credo ablegt.

Es ist der Expressionist Stadler, der seine Deutung des Figurenpaares dem mittelalterlichen Meister in den Mund legt und diesem ein »demütiges Verlangen« zu den Erniedrigten als geheimen Antrieb des Schaffens unterstellt. Die verklärende Darstellung der gedemütigten Synagoge durch ihren Schöpfer ist zugleich die Verkündigung des engagierten Künstlertums, für das Stadler selbst sich in seiner literarischen Entwicklung entschied. Seine Anfänge waren den großen Vorbildern des Symbolismus und der Neuromantik bis zur Imitation verpflichtet. In seiner expressionistischen Gedichtsammlung »Der Aufbruch« von 1914 jedoch verwarf er »die Reisen ins Metaphysische« und verschrieb sich dem Leben, dem Alltag und nicht zuletzt der Hinwendung zu den Verfemten und Geschlagenen.

Es handelt sich hier um ein expressionistisches Künstlergedicht, um ein besonders geglücktes, wie man hinzufügen sollte, denn seine Botschaft bricht nicht unverhüllt und programmatisch hervor, sondern entfaltet sich erst mit der Darstellung der Figuren und ihres Schöpfers.

ERNST STADLER
JUDENVIERTEL IN LONDON

Dicht an den Glanz der Plätze fressen sich und wühlen
Die Winkelgassen, wüst in sich verbissen,
Wie Narben klaffend in das nackte Fleisch
der Häuser eingerissen
Und angefüllt mit Kehricht,
den die schmutzigen Gossen überspülen.

Die vollgestopften Läden drängen sich ins Freie.
Auf langen Tischen staut sich Plunder wirr zusammen:
Kattun und Kleider,
Fische, Früchte, Fleisch, in ekler Reihe
Verstapelt und bespritzt
mit gelben Naphthaflammen.

Gestank von faulem Fleisch und Fischen klebt an Wänden.
Süßlicher Brodem tränkt die Luft, die leise nachtet.
Ein altes Weib
scharrt Abfall ein mit gierigen Händen,
Ein blinder Bettler
plärrt ein Lied, das keiner achtet.

Man sitzt vor Türen, drückt sich um die Karren.
Zerlumpte Kinder kreischen über dürftigem Spiele.
Ein Grammophon quäkt auf,
zerbrochne Weiberstimmen knarren,
Und fern erdröhnt die Stadt
im Donner der Automobile.

HANS CHRISTOPH BUCH
POETISCHE FLAMMENSCHRIFT

Dieses Gedicht stammt aus einer Zeit, als das Verhältnis zwischen Deutschen und Juden noch keinen irreparablen Schaden genommen hatte durch millionenfachen Mord. Ernst Stadlers Verse sind weder antisemitisch noch philosemitisch; sie reihen sich ein in die Tradition expressionistischer Großstadtlyrik vor und nach dem Ersten Weltkrieg und sind erfüllt von sozialer Anklage, wie sie eine Generation früher die Naturalisten erhoben hatten. Emile Zolas zorniges »J'accuse!« (gegen den durch die Dreyfus-Affäre aufgewühlten Bodensatz des Antisemitismus) hallt hier ebenso nach wie die Elendsschilderungen in den Romanen von Charles Dickens, dessen Londoner Unterwelt von zwielichtigen Juden beherrscht wird.
Stadlers Gedicht entstand als Frucht einer England-Reise 1913, als der aus Colmar gebürtige, damals in Brüssel lebende Deutsche an der Universität Oxford den Baccalaureus Litterarum erwarb. Das soziale Elend in London scheint den jungen Dichter aus großbürgerlicher Familie (sein Vater war Kurator der Straßburger Universität) nachhaltig schockiert zu haben: »Ihr Anzug roch nach Keller, lichtscheuen Stuben« heißt es in einem dem gleichen Zyklus entstammenden Gedicht mit dem Titel »Kinder vor einem Londoner Armenspeisehaus«; solche Verse hätten der Jugend- und Wandervogelbewegung als Motto dienen können, die der dumpfen Enge der Großstadt Licht, Luft und Sonne als Allheilmittel entgegenhielt.

Was Ernst Stadlers Gedicht von der gängigen Sozialkritik seiner Zeit unterscheidet, ist dessen Dämonie: Der Dichter ist angezogen von dem, was ihn abstößt, fasziniert von Armut und Schmutz des Londoner Judenviertels wie heutige Autoren von den Elendsvierteln der Dritten Welt. Das Dämonische wird faßbar in einem Vers, der nicht von ungefähr in der Mitte des Gedichts steht: »Verstapelt und bespritzt / mit gelben Naphthaflammen.« An dieser Stelle, so scheint mir, transzendiert der Text die pubertäre Lust der frühen Expressionisten an Tod und Verwesung, Blut und Kot, wie sie in den »Morgue«-Gedichten von Gottfried Benn oder in Versen von Trakl zum Ausdruck kommt. Das Gedicht wird zum Menetekel für Künftiges, wie die Flammenschrift im Palast zu Babylon, die Nebukadnezars Tod ankündigt: die »gelben Naphthaflammen« weisen voraus auf den gelben Stern, den die Juden unter der Naziherrschaft tragen mußten, und Naphta heißt der jüdische Intellektuelle in Thomas Manns »Zauberberg«, der Züge von Georg Lukács trägt.

Ist der Text damit nicht überinterpretiert? Ein Dichter ist kein Prophet, der die Zukunft voraussagt, aber sein Gedicht wird manchmal zum Orakel, das, wie ein Seismograph, aus winzigen Vorbeben kommende Katastrophen ankündigt. Zu diesen von Stadler sensitiv registrierten Vorzeichen gehört die Atomisierung der Menschen zu anonymen Massen in der Großstadt – Entfremdung ist ein anderes Wort dafür –, die den sozialpsychologischen Nährboden schuf für die Wahlsiege der Nazis und den Erfolg ihrer antisemitischen Propaganda. Ihr zerstörerisches Potential aber entfaltete die NS-Ideologie erst in Verbindung mit modernster Technik, und auch diese Erkenntnis wird in Stadlers Gedicht vorweggenommen. Das quäkende Grammophon weist voraus auf die Volksempfänger, aus denen zwanzig Jahre später die »zerbrochne Weiberstimme« des Führers bellen wird, und im »Donner der Automobile« kündigt sich der Geschützdonner des Ersten Weltkriegs an, der bald darauf die Städte Europas erdröhnen ließ. Ein Jahr nach Erscheinen seines Gedichts zerriß eine englische Granate bei Ypern den früh vollendeten Dichter, der in einem Brief an Carl Sternheim geschrieben hatte, daß »ich mir schließlich noch eine andere Aufgabe im Leben denke und wünsche, als mich von einer Granate in Stücke reißen zu lassen«.

OSKAR LOERKE
ANS MEER

Der Nebel reißt, der albisch kroch
Aus meinem Blut zum Totenfeld:
Ein Morgen scheint im Wolkenloch
Hoch auf die Welt.

Das Leben kommt von weitem her.
Und es geschieht, was einst geschah?
Mit ihrer Wäsche fährt ans Meer
Nausikaa.

Ein Weg weist nach Byzanz und Rom,
Für mich betritt ihn der Barbar.
Im Stein verwittert schon am Dom
Sein Mund, sein Haar.

Doch wann bin ich? Der Morgen währt,
Ein Rauschen ruft, ein Meer ist nah –
Ans Meer mit ihrer Wäsche fährt
Nausikaa.

SIEGFRIED UNSELD
WAS AUF ERDEN NICHT ZU HAUSE IST

Wer wird nicht einen Loerke loben? Doch wird ihn jeder lesen? Nein! Lessings berühmtes Dictum über Klopstock kommt mir in den Sinn, wann immer der Name Loerke auftaucht, und damit die Trauer, daß dieser so bedeutende Lyriker uns so wenig bedeutet. Die großen Geister der Zeit haben ihn gerühmt: Gottfried Benn, Gerhart Hauptmann, Hermann Hesse, Hans Henny Jahnn, Hermann Kasack, Elisabeth Langgässer, Wilhelm Lehmann (»verglichen mit den beiden anderen Versmeistern, George und Rilke, ist Loerke die große Natur«) und Thomas Mann (»... man muß nur genauer hinsehen, dann öffnet sich eine klare Tiefe«). Drei wesentliche Lyriker unserer Zeit – Eich, Huchel und Krolow – sind ohne Loerke kaum denkbar. Zwei nicht unbekannte Verleger haben sich um sein Werk bemüht, Samuel Fischer und Peter Suhrkamp, beide mit durchschlagendem Mißerfolg. Es bleibt bei Hesses Urteil: »Man kann ohne Übertreibung sagen, daß das Volk der Dichter und Denker in Loerke wieder einmal eine Begabung und einen Charakter höchsten Ranges unerkannt, ungenutzt und ungeehrt hat leben, arbeiten und sterben lassen.«

Das Gedicht »Ans Meer« veröffentlichte Loerke als 45-jähriger 1930 im Band »Atem der Erde«, dem fünften Teil seines »Siebenbuches«. Es zählt mit »Pansmusik«, »Strom«, »Urleid«, »Das Segelschiff des Knaben« und

»Der Wald der Welt« zu den für ihn charakteristischen Gedichten, deren Ruhm freilich lautlos bleibt.

Das Adverb »albisch« findet sich in keinem Wörterbuch, es ist eine Erfindung des Dichters, und doch spielen die beiden ersten Zeilen auf Goethes »Erlkönig« an. »Albisch« geht auf das althochdeutsche »alb« oder »elb« zurück, der Alb oder Erlkönig (wie Goethe dies aus einer falschen Übersetzung Herders aus dem Dänischen übernahm) bringt Unheil und Tod. Das Ich des Gedichts fühlt sich oft albisch dem »Totenfeld« nahe. Doch dann reißt der Nebel ein Loch auf; ein Morgen scheint hoch auf die Welt.

Das Leben kommt von weitem her. Der »Barbar«, der Nicht-Vertraute, sucht den einen möglichen Weg zu den Kirchen von Byzanz und Rom vielleicht zu äußerlich, seine Spuren verwittern deshalb schon. Das lyrische Ich geht den anderen Weg, zum chinesischen Mythos (der »Morgen« im »Wolkenloch« weist auf das Kreiszeichen, auf Himmel und Mitte) und zum griechischen, in dem Liebe, Leben und Tod eine Einheit bilden. Nausikaa, von Athene, der Göttin der Weisheit, aufgefordert, fährt ans Meer, um Wäsche zu waschen und für das Fremde, für die Liebe bereit zu sein (Goethe notiert als sein Grundmotiv für das »Nausikaa«-Fragment: »... die Rührung eines weiblichen Gemüts durch die Ankunft eines Fremden.«) Nausikaas Liebe zu Odysseus bleibt unerwidert. Muß das immer so sein? Geschieht immer, was einst geschah? Dies das erste Fragezeichen des Gedichts.

Das zweite: Doch wann bin ich? Ich bin dann, wenn ich wie Nausikaa meiner Aufgabe nachgehe, meiner Sehnsucht folge: Ans Meer! – denn der Morgen (der im Gedicht zweimal beschworen wird), die Hoffnung *währt.* Das Gedicht, so oft ich es lese, weckt ein Gefühl der Gleichzeitigkeit oder Zeitlosigkeit, die sichere Empfindung, daß im Fernsten das Nächste liegt, daß das Hinfällige zum Dauernden wird (»Beständig ist das leicht Verletzliche«), daß Untergang und Wiederkehr, Wirklichkeit und Phantasie, Tat und Traum, Geschichte und Gegenwart so dicht beieinander liegen wie Licht und Schatten. Loerke, der 1930 sein Dasein als bedrückend empfand, schrieb in diesem Gedicht sein Prinzip Hoffnung. Es gibt ein Immer im Niemals; der Nebel reißt, der Morgen währt.

Der Kunstauffassung von Loerke entspricht der strenge Bauwille von Vers und Strophe (auch aller Gedichtbücher), der musikalische Rhythmus seiner Sprache, die klare, sinnenhafte Vokalisierung und die souveräne Behandlung des Reims, bei dem sich nicht nur Silben und Worte, sondern Gedanken und Dinge reimen (Totenfeld/Welt. Rom/Dom. Währt/Fährt. Geschah/Nausikaa/nah.).

Loerkes altes Wagnis des Gedichts ist Begegnung mit magischer Wirklichkeit. Als er den »Atem der Erde« abgeschlossen hatte, notierte er im Tagebuch: »Mein Gedichtbuch. Das Buch der Wirklichkeiten. Wirklichkeiten in mir und außer mir ... Wir tasten immer nach dem, was auf Erden nicht zu Hause ist.«

OSKAR LOERKE
GRAB DES DICHTERS

Früh sah ich vorne
Vorm Tor, wo der Bauer im Kühlen harkt,
Die feurigen Dorne
Des Morgens zu maßlosem Licht erstarkt.

Der Gott hat Muße.
Andern verblieb es, ein Tagwerk zu tun,
Mir, unter dem Fuße
Der trauernd geschwätzigen Winde zu ruhn.

Wenn die uralte Traube,
Die schwarze, wiederkehrt staubig und warm,
Weckt mich immer der Glaube:
Du sollst nicht schluchzen, der Gott wird nicht arm.

ECKART KLESSMANN
ABBILD DES SEINS

Was geht da in uns vor, wenn wir den Spuren zweitausendjähriger Existenz begegnen? Ist Identifikation nach so langer Zeit überhaupt noch nachvollziehbar? Gewiß nicht, wir füllen die alten Formen mit unserem Bewußtsein, wobei dieses Bewußtsein wiederum Veränderung erfährt durch die überlieferte Form. Nie ist mir das deutlicher geworden als an einem Juninachmittag 1973 an der Gräberstraße in Pompeji. Und dort stellten sich plötzlich Verse ein, ebendiese Verse Loerkes, und ich merkte erstaunt, daß ich sie auswendig konnte.

Oskar Loerke hat am 19. Mai 1914 Pompeji besucht. Sein Tagebuch notiert den uns allen vertrauten Verdruß über die Touristen: »Wenn man die ekelhaftesten Visagen stehen und Notizen machen sieht, mit philiströser Geschäftigkeit, scheut man sich überhaupt zu schreiben. Und wirklich ist alles unbeschreiblich. Soll ich die Tatsachen aus dem Baedeker nachschmieren? Die Sonne, die spielenden Eidechsen nehmen den Urschauer. Nur manchmal in den Tempeln, in einigen ganz verlassenen Winkeln, regt es sich. Die Häuser kamen mir teils wie noch bewohnt vor. In dem einen, dem der goldenen Amoretten, habe ich meine mitgebrachte Mahlzeit verzehrt.«

Pompeji hat Loerke zu einem ganzen Zyklus inspiriert, den er 1921 in seinen Gedichtband »Die heimliche Stadt« aufnahm. Darunter ist »Grab des Dichters«, erstmals 1917 in der Zeitschrift »Marsyas« unter dem Titel »Dichtergruft« publiziert. Ein Jahr später heißt es »Grab des jungen Dichters« und bekommt schließlich den jetzigen Titel. »Eines meiner besten Stücke« nennt Loerke das Gedicht 1918.

Wer spricht? Ist es Loerke selbst oder der tote Dichter? Wohl der letztere: Der Tote ruht »unter dem Fuße / Der trauernd geschwätzigen Winde«. Die erste Strophe bestimmt das Geräusch des Harkens: elfmal das »r«, viermal die Verbindung »or«, ein rauher, aufkratzender Laut; »Kühle« und »feurigen« sind kontrapunktisch gesetzt. Der Klang wechselt in der zweiten Strophe, wo dem fünfmaligen »u« dreimal das betonte »i« entgegensteht. Die dritte gleicht die Lautkontraste aus: Sie wird dominiert durch die Klangfarben »a«, »u« und »au«.

»Der Gott hat Muße«: Das ist – bewußt? – eine deutliche Anspielung auf Vergils 1. Ekloge: »Ein Gott gab uns diese Muße«, und auch dort bleibt dem nicht von Gott Gesegneten »ein Tagwerk zu tun«. Gott, und das bestätigt die dritte Strophe, ist hier die unablässig schaffende Natur in schöpferischer Muße gegenüber der Arbeitswelt dessen, der »im Kühlen harkt«.

Was ist »die uralte Traube«? In einem früheren Gedicht Loerkes begegnet uns »die schwere, warme Hesperidentraube«, also ein Sternbild (Reinhard Tgahrt hat mich darauf hingewiesen). Ist es die ewige Wiederkehr der Gestirne, die uns mit der Unerschöpflichkeit Gottes tröstet? Dem widerspricht aber, daß die Traube »schwarz« und »staubig« benannt wird; zumindest spricht »schwarz« gegen das Licht des Sternbilds. Aber die Traube könnte sehr wohl auch die jährlich wiederkehrende Frucht des Rebstockes sein, und ihr Saft, der Wein, ist seit alters her inspirierendes Dichtergetränk. Auch bei Vergil ist ja die stete

Wiederkehr der Frucht im Kreislauf des Jahres ein Zeichen göttlicher Heilsgewißheit. Aber vielleicht hat Loerke beides im Sinn gehabt: die Traube als Sternbild und als Frucht, göttliche Verheißung am Himmel wie auf Erden.

Und wenn der göttliche Kreislauf, das Gesetz des Kosmos, den toten Dichter »weckt«: Könnte nicht auch so etwas wie die ewige Wiederkehr des Menschengeistes im Sinn der wiederholten Erdenleben gemeint sein?

Das vollkommene Gedicht ist meist vieldeutig und nur selten eindeutig-plakativ. Die in den Versen verknüpfte Trias – Menschenwerk, meditative Muße und unerschöpfliche Hoffnung – ist so etwas wie das Abbild unseres Seins, freilich eines Seins, das noch an seine göttliche Sinnbestimmung glaubt.

OSKAR LOERKE
PANSMUSIK

Ein Floß schwimmt aus dem fernen Himmelsrande,
Drauf tönt es dünn und blaß
Wie eine alte süße Sarabande.
Das Auge wird mir naß.

Es ist, wie wenn den weiten Horizonten
Die Seele übergeht,
Der Himmel auf den Ebnen, den besonnten,
Aufhorcht wie ein Prophet

Und eine arme Weise in die Ohren
Der höhern Himmel spricht:
Das Spielen wankt, im Spielen unverloren,
Das Licht wankt durch das Licht.

Heut fährt der Gott der Welt auf einem Floße,
Er sitzt auf Schilf und Rohr,
Und spielt die sanfte, abendliche, große,
Und spielt die Welt sich vor.

Er spielt das große Licht der Welt zur Neige,
Tief aus sich her den Strom
Durch Ebnen mit der Schwermut langer Steige
Und Ewigkeitsarom.

Er baut die Ebenen und ihre Städte
Mit weichen Mundes Ton
Und alles Werden bis in dieses späte
Verspieltsein und Verlohn:

Doch alles wie zu stillendem Genusse
Den Augen bloß, dem Ohr.
So fährt er selig auf dem großen Flusse
Und spielt die Welt sich vor.

So fährt sein Licht und ist bald bei den größern,
Orion, Schwan und Bär:
Sie alle scheinen Flöße schon mit Flößern
Der Welt ins leere Meer.

Bald wird die Grundharmonika verhallen,
Die Seele schläft mir ein,
Bald wird der Wind aus seiner Höhe fallen,
Die Tiefe nicht mehr sein.

ECKART KLESSMANN
EIN NACHRUF AUF DIESE WELT

Es gibt Verse, die nehmen so sehr Wohnung in uns, daß sie Teil unserer selbst werden, so daß man sich nur schwer vorstellen kann, es hätte einmal eine Zeit ohne sie gegeben. Die Strophen von Oskar Loerkes »Pansmusik« gehören für mich dazu, und wiewohl ich sie nur bruchstückhaft auswendig kann, sind sie als Bild, als Musik stets gegenwärtig, etwa vor Jahren einmal auf einem Schiff in der Ägäis, nachts an der Reling rezitierend: »So fährt sein Licht und ist bald bei den größern, / Orion, Schwan und Bär...«

Dabei hat der mediterrane Pan, der Gott des heißen Mittags und der derben Lust, mit Loerkes Pan nichts gemein. Das 1912 in Graudenz wenn nicht entstandene, so doch empfangene Gedicht ist inspiriert von der Weichsel und der Stromebene, und Pan – im Gedicht nicht namentlich genannt – heißt hier »der Gott der Welt«.

»Pansmusik« ist ein kosmisches Gedicht, dessen Herzworte »Welt«, »Himmel«, »Wind«, »Höhe«, »Tiefe« und »Licht« lauten. Es schreitet seine Dimensionen ab von der Tiefe zur Höhe, von den »weiten Horizonten« zum »leeren Meer«, und dieser Kosmos tönt und musiziert in der Harmonie der Welt. Denn alles Irdische korrespondiert in diesen Versen mit dem Überirdischen, dem Floß auf dem Fluß entsprechen die vom Mythos benannten Zeichen am Himmel, Höhen und Tiefen werden austauschbar und damit »nicht mehr sein«.

Zum Vollkommenen dieses Gedichts gehört auch, daß Bewegung und Stillstand kontrapunktisch ins Bild gesetzt und Sprache werden (»fährt« – »sitzt«), es ist gleicherweise ein sanftes Gleiten und betrachtendes Beharren in den Strophen (»so fährt sein Licht« – »die Seele schläft mir ein«). Die überirdische Musik von Gott und der Welt kommt zunächst leise wie aus unendlicher Ferne (»dünn und blaß«), nähert sich dem Ohr (»mit weichen Mundes Ton«), ist da und gleitet wie eine Phantasmagorie wieder davon: »Bald wird die Grundharmonika verhallen ...«
Dem entspricht auch die Anordnung von jeweils drei Strophen in drei Blöcken, die den Bewegungsvorgang gliedern. Ob bei der Entstehung dieser Verse die Symbolik der göttlichen Dreizahl und der Neun (dreimal drei) Loerke beeinflußt hat, weiß ich nicht. Er war ein eminent musikalischer Autor, Dichter einer Lyrik, in der Diesseits und Jenseits einander widerspiegeln, und da ihm die bedeutungsvolle Siebenzahl seiner Gedichtbücher wichtig gewesen ist, könnte die Zahlensymbolik auch in die neun Strophen eingegangen sein, die er als Achtundzwanzigjähriger schrieb.
Loerkes Gedicht ist 1916 in seine zweite Lyriksammlung »Gedichte« aufgenommen worden (Neuauflage 1929 unter dem Titel »Pansmusik«). Die Melodie der Welt hat sich zwischen Jahrhundertbeginn und Jahrhundertende schauerlich verwandelt. Flüsse und Wälder sterben, der Wind trägt Gift, und die Menschheit bereitet sich mit der ihr eigenen Energie auf ihre lustvolle Selbstvernichtung vor. Ich lese Oskar Loerkes »Pansmusik« wie einen Nachruf auf diese Welt, die erst ihre Götter zerstört, ehe sie sich selber richtet.

OSKAR LOERKE
TIMUR UND DIE SEHERIN

Timur

Du giltst für eine große Seherin
Und tränkst wie eine niedre Magd die Kühe.
Du bist doch alt; verdrießt dich nicht die Mühe?
Und kennst du mich, der ich gekommen bin?

Seherin

Die Wiese blüht, zertritt mir nicht den Klee!
Er gibt für meine Tiere Leckerbissen.
Du bist der Timur Lenk. Was willst du wissen?

Timur

Was meine Macht sei.

Seherin

Die schmilzt hin wie Schnee.

Timur

Mein Reich beschließt die Hitze wie das Eis.
Die Sterne tauchen tags in meine Meere
Und stehn aus ihnen auf wie meine Heere.
Ist das für Größe nicht genug Beweis?

Seherin

Beweis ist mir mein Eimer, der sich füllt.
Beweis ist mir das Vieh in seiner Blöße.

Es trinkt und zeigt mir seines Schöpfers Größe,
Daß es gesättigt ist und keines brüllt.

Timur

Du kannst dem Monde nicht befehlen: geh!

Seherin

Willst du den Mond orangengleich erpressen?

Timur

Ich töte dich, sprichst du mir so vermessen.

Seherin

Das kannst du tun, doch tritt mir aus dem Klee!

UWE PÖRKSEN
DIE MACHT IST UNGLÜCKLICH

»Die Macht an sich ist böse, wer immer sie ausübe«, sagte Jacob Burckhardt in den Basler Vorlesungen, die später als »Weltgeschichtliche Betrachtungen« erschienen. »Sie ist kein Beharren, sondern eine Gier und eo ipso unerfüllbar, daher in sich unglücklich und muß also andere unglücklich machen.«

Es gibt nicht leicht ein aufschlußreicheres Wort über das Wesen der Macht, als daß sie in sich unglücklich sei. Der Timur in Loerkes Gedicht, der den Beinamen »der Lahme« hatte, »Lenk« oder »Leng«, weil er hinkte, ist einer dieser Unglücklichen. Er sucht einen Beweis seiner Existenz und glaubt ihn zu finden, indem er die vernichtet, bei der er ihn sucht.

Der historische Herrscher, meist Tamerlan genannt, eroberte im vierzehnten Jahrhundert von Samarkand aus Persien und danach halb Asien. Er besetzte Moskau, zerstörte Delhi, massakrierte die Einwohner Bagdads. Sein Reich erstreckte sich vom inneren Rußland bis ins nördliche Indien, von der Chinesischen Mauer bis nach Syrien. Er starb neunundsechzigjährig während der Vorbereitung zu einem Zug nach China.

Dieser Welteroberer sucht nach Loerke eine alte Seherin auf, um sich seiner Macht zu versichern. Er gerät in eine Welt, die ihm fremd ist, und hat sofort das Gefühl, etwas ändern zu müssen, fragt, zweifelt, tritt auf ohne den geringsten Takt.

Sie setzt ihm ihren Lebenskreis und die für sie gültige Rangfolge entgegen, in der augenblicklich der Klee die erste Stelle einnimmt. Auf seine Frage, wer er sei und was seine Macht, antwortet sie mit je einer Halbzeile. Es gibt eine wohltuende Würde der Knappheit.

Die Schlußpointe ist dramatisch. Der Timur übertrumpft die Seherin mit der aberwitzigen Phantasie, dem Mond zu befehlen – ein entfesselter Titan –, sie holt ihn mit einer witzigen Alltagsphantasie auf die Erde herunter. Er droht, sie zu töten, sie zweifelt nicht daran, daß er es könne, zeigt ihm aber die Grenze, an der seine Macht endet.

Schön ist, wie in diesem genauen, scheinbar einfachen Gedicht, das aus fünf in einen zunehmend dramatischen Dialog aufgelösten Strophen gebaut ist, der »Beweis« der alten Frau die Farbe der Milch in ihrem Eimer annimmt oder wie das Bild der Weltherrschaft Timurs indirekt durch die Vorstellung eines sich drehenden Globus erzeugt wird. Loerke gibt dabei dem bekannten Wort über das spanische Weltreich, daß in ihm die Sonne nicht untergehe, die Wendung, daß in Timurs Reich die Sterne nicht verschwinden – daß in ihm die Nacht nicht endet.

Es ist ein altes Problem: Wie stellt sich der Künstler der Macht? »Auch der Haß gegen die Niedrigkeit / Verzerrt die Züge«, schrieb Brecht. Loerke, der Brecht nicht nur in der Liebe zum Chinesischen verwandt ist, war das Problem sehr bewußt, er verhält sich aber anders: »Wo deine Nacht nicht ist, sollst du nicht nachten. / Der Fluch wird sonst nach dem Verflucher fassen.«

Der direkte Angriff auf die Macht war während der dreißiger Jahre in Deutschland selbstmörderisch, doch das ist kaum der einzige Grund für Loerkes Ausflug in die Geschichte. Polemisieren in der Dichtung hieß für ihn lokalisieren. Man glaubt zu verstehen: der direkte Angriff wird leicht atemlos, blind vor Wut. Er gestattet nicht die Gelassenheit, die Macht als ein Phänomen unter anderen zu erfassen, nicht den Spielraum für ihr Gegenbild, ihren Kontrapunkt, von dem aus sie zurechtgerückt erscheint. Der Angreifer verfällt der leblosen Physiognomie seines Gegenübers.

Wie über Tyrannen schreiben? Loerke wählt die Form der Einkleidung in eine Anekdote. So lassen sich zwei Welten auseinanderhalten und zeigen. Vielleicht hat er hier die bekannte Geschichte von Alexander und Diogenes abgewandelt, die in der Überlieferung noch nicht bitter klingt: Als Alexander den in einer Tonne lebenden Philosophen fragte, was er für ihn tun könne, sagte der, er könne ihm – aus der Sonne gehen.

Hermann Kasack, der die nachgelassenen Gedichte seines Freundes nach dem Krieg unter dem Titel »Die Abschiedshand« veröffentlichte, schrieb seinerzeit: »Als wir es wagten, dieses Gedicht nach Loerkes Tod 1941 in der Neuen Rundschau zu veröffentlichen, rechneten wir damit, daß nur wenige den an sich leicht faßlichen Sinn begriffen.«

OSKAR LOERKE
WEBSTUHL

Den Berg hinab durch grauen Wald,
Durch lendenhohe graue Steine.
Die Fichten ankern, Lein um Leine,
Straff, dunkel, kalt.

Verankern Schwarzgewirr und Licht,
Zerren Himmel und Erde zusammen,
Daß Sonne und Stein sich stoßen und schrammen,
Gedicht und Gewicht.

Mich trägt und stößt und hemmt eine Scheu,
Ich laufe wie eine kleine Spule
Im schwarzen Tannenwebestuhle:
Er webt mich neu.

RUDOLF JÜRGEN BARTSCH
IN RÜBEZAHLS REVIER

Als Oskar Loerke im Tagebuch seiner Riesengebirgswanderung von 1909 bis zu diesen Versen gekommen war, da hatte er schon Hirschberg (»der Markt mit den schönen, breiten, wuchtigen Lauben«), Krummhübel (»Saturnringe um die Schneekoppe in halber Höhe«), Brückenberg und die Kirche Wang hinter sich. Sodann notiert der fünfundzwanzigjährige Rucksackwanderer: »Bei der Brotbaude ungeheure Granitblöcke. Dieses Gestein scheint sich also vom Kamm soweit herzustrecken ... Eine steile Höhe hinunter, durch grauen Wald voll grauer Felsen. Verwunschen.« Und unmittelbar anschließend: unser Gedicht.

Der junge Autor aus Westpreußen – er kam unweit der Weichsel zur Welt, dort, wo ihr Steilufer zwischen Schwetz und Graudenz am höchsten ist – schreibt seine Wahrnehmungen nach eigenem Bekunden »beim Gehen« auf, bei der Rast oder abends im Gasthaus. Schon für die Harzwanderung, ein Jahr zuvor, hatte er sich vorgenommen, »recht viel neu zu sehen und nicht zu reisen, um zu reisen ... Ich habe außerdem nicht vergessen, daß es mein Amt ist, Ausdruck zu finden für Sehen, Fühlen, Hören – Leben.«

So sind in seinem nicht zur Publikation bestimmten Riesengebirgstagebuch zwölf Gedichte eingestreut, lyrische Notizen, von denen zehn, dem Prosakontext jeweils eingepaßt, an Ort und Stelle niedergeschrieben worden sind, zwei gleich nach der Rückkehr. In »Wanderschaft«, dem ersten seiner sieben Gedichtbücher, werden sie zwei Jahre später bis auf einige Ausnahmen veröffentlicht.

Die aus dem federnden Waldboden herauswachsenden grauen Felsblöcke, die den Händen als Stütze beim steilen Abstieg dienten: Ich glaubte sie nach dem Gedicht wiederzuerkennen, als ich Anfang der siebziger Jahre – ebenfalls zum ersten Mal – im Riesengebirge war.

Loerkes frühe Verse bestechen und irritieren zugleich durch die Optik des Lyrikers, die Spitzen der Fichten als Anker zu sehen, die auf naturmagische Weise Himmel und Erde verbinden, »daß Sonne und Stein sich stoßen und schrammen«. Ein sehr einprägsames Bild. Und wie ein Echo auf Brentanos »Stern und Blume« antworten hier in der gleichen Bewegung von oben nach unten Sonne und Stein, Gedicht und Gewicht. Nicht aus Vergangenem oder aus der Historie, weder aus der Literatur noch aus der bildenden Kunst, sondern einzig aus dem unmittelbaren Wahrnehmungsblitz, dem *coup d'œil*, gewinnt der Autor seine Bilder, fügt sie seinem lyrischen Diarium ein. »Ich sträube mich«, schrieb er, »phantasierend zu erfinden, wo das Dasein stärker ist als jede Erfahrung.« Aber auch: »Man kann aus der Natur nichts aufzeichnen, ohne die Bezüge des eigenen Geistes hineinzuweben.« Eine Maxime, die der dritten Strophe zu ihrem Recht verhilft, wenn man bereit ist, in ihr, auch im Blick auf die Überschrift eine Reminiszenz an den schlesischen Weberaufstand von 1844 zu sehen.

OSKAR LOERKE
WINTERLICHES VOGELFÜTTERN

Schwirren sie von allen Seiten,
die Gereisten, die Gescheiten,
Hör ich sie das Mahl begleiten,
Fabelnd ihre alten Zeiten.

Der von Singenberg war Truchsess,
Der von Landegg war der Schenk,
Und der Kämmerer war Göli,
Wir sind ihrer eingedenk.

Bei dem Abte von Sankt Gallen
Hat es ihnen wohlgefallen,
Und er streute Futter allen,
Seinen Minnenachtigallen.

Aber Walther sehn wir nie.
Wie er sang, ging er zur Ruhe:
»Er ging schleichend wie ein Pfau,
Drückte ein die Kranichschuhe,
Und sein Haupt hing ihm aufs Knie.«
Er versank im Himmelsblau.

WOLFGANG LEPPMANN
HIMMELSBLAUER SCHICKSALSSCHLAG

Hübsche Verse, diese ersten drei Strophen. Der Tiervergleich legt den Gedanken ans Mittelalter nahe, die Aufzählung der Namen und Ämter bestätigt uns in dieser Vermutung, das Reimpaar Sankt Gallen / Minnenachtigallen läßt sie zur Gewißheit werden.

So klar und unbeschwert jedoch diese Strophen dahinplätschern, so tiefsinnig und undurchsichtig klingt die vierte und letzte. Auf diesem Kontrast beruht die Wirkung des Gedichts, das sich um das Wörtchen »Aber« wie auf einem Scharnier dreht. Denn der in der Endstrophe geschilderte Mann ist augenscheinlich kein zwitschernder Vogel, kein schwirrender Almosenempfänger wie die anderen, sondern ein in seinem Selbstvertrauen angeschlagener Einzelgänger.

Walther von der Vogelweide, dessen Name so viel wie »Nistplatz für Vögel« bedeutet, wird denn auch mit würdevollen Wappentieren in Verbindung gebracht, mit dem Kranich und dem Pfau (der nicht wie heute die Eitelkeit, sondern vielmehr die Demut versinnbildlicht: ein Tier, das sein Gefieder auf dem Boden hinter sich herschleppt). Was hat es nun mit dem derartig gekennzeichneten Walther auf sich?

Gelehrte Gedichte sind nicht jedermanns Sache. An dieses werden wir aber mit so leichter Hand herangeführt, als handele es sich tatsächlich um eine bloße Tierfabel. Doch ist bereits die zweite Strophe »gelehrt«, sie stellt eine fast wörtliche Übernahme aus dem bahnbrechenden Aufsatz dar, den Ludwig Uhland 1822, fünf Jahre vor Lachmanns kritischer Ausgabe, unter dem Titel »Walther von der Vogelweide, ein altdeutscher Dichter« veröffentlicht hatte. In einer zweiten, diesmal durch Anführungsstriche markierten Zitat-Paraphrase greift Loerke auf eine noch weiter entfernte Zeitebene zurück, auf Walther selbst, der in dem Spruch »Dô Friderîch uz Ôsterrîch alsô gewarp« die Lage schildert, in der er sich nach dem Tod seines Mäzens befindet: »Als Friedrich von Österreich starb und seine Seele gerettet wurde«, lesen wir in Joerg Schaefers Prosaübersetzung dieses dem »Ersten Philippston« zugeordneten Spruches, »da nahm er meinen kranichstolzen Gang mit sich herab. Schwerfällig wie ein Pfau schritt ich, wohin ich ging, und ließ den Kopf bis auf die Knie hängen.«

Sein Seelenheil hatte Friedrich dem Umstand verdankt, daß er auf einer Kreuzfahrt ums Leben gekommen war (1198). Da sein Bruder und Nachfolger Leopold aber wenig für Walther tat, sah dieser sich schließlich gezwungen, Österreich zu verlassen und nach Schwaben zu ziehen. Dort wurde er von König Philipp so freundlich aufgenommen, daß er den Kopf bald wieder so hoch aufrichtete, »wie's seinem Wert gebührt«.

»Himmelsblau« läßt sich verschieden interpretieren, von der Heraldik über die Theologie bis zur Bezeichnung des Elements, in dem die Vögel zu Hause sind. Wenn sich das in der letzten Zeile beschworene Bild aber von Walthers Porträt in der Manessischen oder Großen Heidelberger Liederhandschrift herleitet, dann verstärkt es noch die Vorstellung vom Dichter, der einen Schicksalsschlag erleidet und sich vor lauter Verletzlichkeit in den himmelblauen Mantel duckt, in dem er dort abgebildet ist. Dann wären wir, fast ohne es zu merken, in wenigen Zeilen vom Froh- zum Tiefsinn, vom Vogelgezwitscher zur »Geworfenheit« des Menschen vorgedrungen.

Loerke schrieb die Verse im Januar 1936. Seine leichte Hand hat die Zeiten überdauert, auch wenn diese Art von Gelehrsamkeit den meisten von uns längst abhanden gekommen ist.

PAUL BOLDT
IN DER WELT

Ich lasse mein Gesicht auf Sterne fallen,
Die wie getroffen auseinander hinken.
Die Wälder wandern mondwärts, schwarze Quallen,
Ins Blaumeer, daraus meine Blicke winken.

Mein Ich ist fort. Es macht die Sternenreise.
Das ist nicht Ich, wovon die Kleider scheinen.
Die Tage sterben weg, die weißen Greise.
Ichlose Nerven sind voll Furcht und weinen.

MARCEL REICH-RANICKI
EIN GESICHT IST AUF DIE STERNE GEFALLEN

Die Dichter des deutschen Expressionismus, hörte ich einmal einen Kollegen spotten, hätten viel im Bauch gehabt und wenig im Kopf. Das ist schnoddrig und natürlich überspitzt; aber ganz falsch ist es nicht. In der Regel jedenfalls möchte das expressionistische Gedicht niemanden belehren oder aufklären, sondern Zustände beschreiben, nicht Gedanken will es formulieren und übermitteln, sondern Gefühle ausdrücken, Ahnungen und Befürchtungen.

Ein Dichter des deutschen Expressionismus war auch der heute nahezu vergessene Paul Boldt, der 1885 in einem kleinen Ort in Westpreußen geboren wurde und 1921 an den Folgen einer Operation starb.

Fast alles, was von ihm überliefert ist, entstand in der kurzen Zeitspanne zwischen 1912 und 1914, als er vorwiegend in Berlin lebte, wo er Philologie studierte – offenbar lustlos und halbherzig, denn er gab das Studium im dreizehnten Semester auf. Sein einziger Gedichtband erschien 1914 bei Kurt Wolff: »Junge Pferde! Junge Pferde!« lautet der Titel.

Boldt gehörte zu den Einzelgängern, zu den Verlassenen und den Ausgestoßenen, und noch im Kreis von Außenseitern blieb er ein Außenseiter. Aber er war beides zugleich und auf einmal – ein kräftiger Naturdichter, seiner heimatlichen Landschaft verbunden, und ein feinfühliger Asphaltpoet, irritiert von der modernen Großstadt, zumal

von Berlin. Er liebte den deutschen Wald und den deutschen Puff. Er rühmte junge Pferde und junge Bäume, das helle Licht und das finstere Laub, den grünen Klee und die blaue Luft, einsame Pappeln und den Duft der Wiesen, fliegende Fische und die Sonne im Wolkenhut.
Er besang die Liebenden am Abend und am Morgen, in der Nacht und am Tag. Von den Wolken und den Winden träumte er – und er meinte die Fräuleins und die Frauen. Das Ewigweibliche zog ihn hinan und hinab und an der Nase herum. Er pries sie alle: die Mädchen vom Lande und die Huren auf der Straße, die Damen aus den Bars und die aus den Salons. Das Sanfte war sein Element und auch das Pralle, das Zarte und auch das Dralle. Boldts Sinnlichkeit war prägnant, seine Prägnanz poetisch. Lauthals verkündete er: »Schön ist die Wollust!« Was immer er schrieb, er war zum Bersten voll mit Empfindungen und Ängsten, mit Bildern und Gesichten. Dieser Überschwang seiner Gefühle war es wohl, an dem er schließlich zerbrach.
Davon ist die Rede in Boldts Gedicht »In der Welt« aus dem Jahre 1913. Welt? Gerade dieses Wort wird in dem Gedicht ausgespart. Das hat schon seinen guten, seinen traurigen Grund: Hier spricht einer, dem die Welt abhanden gekommen ist und der an seiner Ohnmacht und Ratlosigkeit leidet. Er läßt sein Gesicht auf die Sterne fallen. Wie das? Sie, die Sterne, sind doch über und nicht unter uns. Gewiß, ebendeshalb deutet das überraschende Verbum an, daß für jenen, der sein Gleichgewicht verloren hat, die Welt auf dem Kopf steht.
Aber so ganz schlecht ist es um diesen verlorenen Menschen noch nicht bestellt. Denn es gelingt ihm, für seine Verzweiflung die denkbar knappste Formulierung zu fin-

den: »Mein Ich ist fort.« Es hat sich von ihm abgelöst, dieses Ich, es hat sich auf eine Sternenreise begeben. So ist es in eine andere Welt geraten, eine ebenfalls unheimliche und absurde: In ihr hinken die Sterne auseinander, und die Wälder wandern mondwärts.

Um die Spaltung seiner Persönlichkeit und ihren Zerfall auszudrücken, setzt sich Boldt über die Regeln der Grammatik hinweg. Statt »Das bin nicht Ich« dichtet er »Das ist nicht Ich«. Nein, er ist es nicht, den die Menschen zu sehen glauben, er ist anders, er ist nicht das, wovon seine Kleider zeugen, zu zeugen scheinen. Dagegen kann er nichts tun, wehren kann er sich nicht: Er ist ausgeliefert und nicht Herr seiner Nerven. Es sind »Ichlose Nerven«. Sie fürchten sich und weinen. Boldt war einer, der sich zurufen mußte: »Geh durch die Menge, um Lächeln zu stehlen.«

PAUL BOLDT
JUNGE PFERDE

Wer die blühenden Wiesen kennt
Und die hingetragene Herde,
Die, das Maul am Winde, rennt:
Junge Pferde! Junge Pferde!

Über Gräben, Gräserstoppel
Und entlang den Rotdornhecken
Weht der Trab der scheuen Koppel,
Füchse, Braune, Schimmel, Schecken!

Junge Sommermorgen zogen
Weiß davon, sie wieherten.
Wolke warf den Blitz, sie flogen
Voll von Angst hin, galoppierten.

Selten graue Nüstern wittern,
Und dann nähern sie und nicken,
Ihre Augensterne zittern
In den engen Menschenblicken.

PETER HÄRTLING
KENTAURISCHES

Wie Boldts Gedicht, kaum war's geschrieben, die Köpfe seiner Zeitgenossen eroberte, erzählt der Literat Alfred Richard Meyer in seiner 1948 erschienenen »maer von der musa expressionistica«. Es ist eine Anekdote voller Aufbruchstimmung: »Eines Tages, mittags, war der Ruf da, über Jahrzehnte hinaus hell geblieben, zuerst in mein Ohr scharf durch Wolfgang Goetz gestoßen (...) – vor der kleinen Gerold-Stube an der Gedächtniskirche war's, daß der Schrei auf mich lospreschte: ›Junge Pferde! Junge Pferde!‹ – Was war geschehen? Lediglich das eine, fast schon alltägliche: daß ein Gedicht erschien, betitelt ›Junge Pferde‹, von einem neuen Mann, der sich Paul Boldt nannte. Er hatte uns einen herrlichen Morgen- und Abendgruß geschenkt, den wir leidenschaftlich propagierten.«

Genaugenommen muß es am Mittag des 2. Oktober 1912 gewesen sein, als der junge Dramatiker Goetz seinen Freund Meyer, auch Munkepunke genannt, mit der kentaurischen Botschaft überfiel: an diesem Tag nämlich war Franz Pfemferts Zeitschrift »Aktion« mit dem Gedicht Boldts herausgekommen.

Ich frage mich, ob sich die beiden Enthusiasten noch weiter über das Gedicht und seinen Autor unterhielten oder ob sie sich eben nur einen Augenblick von der stiebenden Frechheit der Zeilen mitreißen ließen? Sicher aber spürten sie, daß Boldt auch für sie sprach, ihr Lebensgefühl ausdrückte, dieses gefährliche Gemisch aus maskulinem Hochmut und kindlicher Angst, aus dem sich so viele Verse jener Jahre speisten.

Das Gedicht hat einen herrlichen, an unser paradiesisches Gedächtnis appellierenden Auftakt: »Wer die blühenden Wiesen kennt / Und die hingetragene Herde«, aber es bleibt – kaum auffallend – auch ein unvollendeter Satz. Wen meint das »Wer« des Beginns, wo zielt es hin? Ihm folgt kein »der«. Was ist mit dem, der die blühenden Wiesen kennt? Der liebt. Der hat. Der weiß. Der ist. Nichts davon.

Hat der Dichter unterwegs mit seinen Zeilen vergessen, wohin er wollte? War ihm, im Galopp, die Grammatik egal? Ich bin sicher, er wußte, was er anstellte: Das »wer« hat sein »der« dort zurückgelassen, woher es kommt, woran es denkt. Im Aufbruch, der nicht wiederholt werden kann, denn die Herde läßt sich nicht aufhalten, die Zeit rennt mit. Er weiß, daß die jungen Pferde nur jung bleiben können im Gedicht, das hier nichts anderes als vollkommenes Erinnern oder unendliche Gegenwart sein will. Wenn am Schluß, vor den vier letzten Zeilen, die Kavalkade innehält, die Herde sich nicht mehr als Herde spürt und Tier und Mensch sich gegenüberstehen, messen sich in den Blicken Weite und Enge, Bestand und Verlust und die gemeinsame Erinnerung an die blühenden Wiesen.

Paul Raabe charakterisiert Boldt als »eine der rätselhaften Figuren des deutschen Expressionismus«, und Kurt Hiller nannte ihn »eine Legende«. Eine, von der allerdings nur noch wenige wissen. Was zu beklagen ist, denn dieser Kentaur unter den deutschen Poeten entsann sich nicht nur des Herdenglücks, sondern er brach auch, voller lüsterner Neugier, ins Großstadtleben ein. Er flanierte Unter den Linden, flirtete im Café Josty, ging in Salons und Bordellen ein und aus, unersättlich im Gewinnen und Verlieren – ein großer Erotiker: »Wer weiß seit Fragonard noch, was es heißt / Zwei stracke Beine haben in dem Kleide; / Roben gefüllt von Fleisch, als ob die Seide / In jeder Falte mit dem Körper kreiße.« Seine Sprache spannt sich vor Lust, sagt Landschaften als Leiber und Leiber als Landschaften auf.

Boldt kam aus Westpreußen. 1885 wurde er auf dem Gut seiner Eltern in Christfelde geboren. In Schwetz ging er aufs Gymnasium, danach studierte er in München, Marburg und Berlin Philologie. Franz Pfemfert nahm sich des jungen Mannes an, veröffentlichte regelmäßig seine Gedichte in der »Aktion«, doch irgendwann, während des Ersten Weltkrieges, genügte ihm die Poesie nicht mehr, er hörte auf zu schreiben, fing an, Medizin zu studieren, zog von Berlin nach Freiburg und starb dort 1921 nach einem Schlaganfall. »Tod, stellst du keinen Liebesdichter ein?« hatte er in einem seiner letzten Gedichte gefragt.

INA SEIDEL
TROST

Unsterblich duften die Linden –
was bangst du nur?
Du wirst vergehn, und deiner Füße Spur
wird bald kein Auge mehr im Staube finden.
Doch blau und leuchtend wird der Sommer stehn
und wird mit seinem süßen Atemwehn
gelind die arme Menschenbrust entbinden.
Wo kommst du her? Wie lang bist du noch hier?
Was liegt an dir?
Unsterblich duften die Linden. –

PETER WAPNEWSKI
UM DER HOFFNUNGSLOSEN WILLEN

Ein Gedicht von einer Strophe nur, es wirkt einfach und wie gesungen im Volkston. Ein Lied, und wer es in einer Anthologie sucht, der wird es vermutlich finden unter einem Obertitel wie »Natur« oder »Jahreszeiten«. Damit freilich hätte er nur das halbe Teil, denn es geht um die menschliche Natur, um ihr natürlichstes Teil: ihr Sterben. Und wollte einer diese Verse literarhistorisch einordnen, so würde ihm etwa der Begriff »nachromantisch« einfallen, was ebenso zutreffend ist wie allgemein, denn »nachromantisch« reicht von Storm bis Benn und weiter. Womit lediglich gesagt sein soll, daß hier Töne angeschlagen sind, die – mit allem Vorbehalt – ein Element der Zeitlosigkeit in sich haben. Damit ist das Stichwort gefallen: Zeit.

Hier ist die Rede von der menschlichen Grunderfahrung des Dahingehens – denn alles Fleisch, es ist wie Gras, und alle Herrlichkeit des Menschen wie des Grases Blumen. Ein sensuelles Erlebnis provoziert das bange Bewußtsein der Flüchtigkeit: der Duft der Linden, der in seiner jährlichen Wiederkehr als »unsterblich« empfunden wird. Dieses Wort, schwer am Anfang, provoziert seinen Gegenbegriff – ohne daß er genannt wird.

Vielmehr wird die menschliche Verfassung genannt, die Konsequenz des Gegenbegriffs ist: Bangen. Ein Bangen, gegen das es kein Argument gibt als das der gänzlichen Hingabe an jenes Gesetz, das Bangen auslöst: Vergehen.

Das Wort wird aus der übertragenen Bedeutung in eine konkrete versetzt: Das (Ver-)Gehen hinterläßt die Spur der Füße im Staub; und bald erlischt sie. Mit solchem dauernden Vergehen wird das dauernde Stehen (des Sommers) konfrontiert, Garantie des Bestandes der außermenschlichen Natur und ihrer Mächtigkeit.

Drei Fragen schließlich antworten auf die Frage des Anfangs, ihr rhetorischer Charakter ist deutlich, sie wollen als Frage Gewißheit ausdrücken. Gewißheit, daß an uns nichts liegt, Gewißheit des Belanglosen, des Passageren. Und am Ende, in der endlichen Wiederaufnahme des Eingangsverses, ist wieder der Anfang, Kreislauf, Dauer, Duft der Unsterblichkeit.

Man könnte beim ersten Lesen meinen, hier lägen locker gefügte, im Parlando einer gewissen Formlosigkeit gesprochene Verse vor. Es handelt sich indessen um eine mit höchster Kunstfertigkeit gebaute Strophe, die dem Prinzip der Symmetrie im Sinne der Kongruenz verpflichtet ist. Will sagen: um eine Mittelachse, die des einzigen Paar-Reims (»Doch blau und leuchtend ...« bis »Atemwehn«), gruppieren sich zwei Quartette, und zwar derart, daß der erste Vers des Ganzen metrisch-reimlich dem letzten entspricht, der zweite dem vorletzten und so weiter.

Solches Gebilde artistischen Kunstwillens steht hier als das menschliche Werk gegen den großen, uns alle bewältigenden Prozeß des Vergehens. Die (relative) Dauer menschlichen Tuns in der (absoluten) Dauer des großen Verlaufs. Dauer, die sinnlich erfaßbar ist im Duft des sommerlichen Baumes schlechthin: Der »Linden«-Reim grenzt als »umarmender Reim« jedes der beiden Quartette ab und überführt doch das eine ins andere, da er als einziger der Reime sich durch die ganze Strophe zieht, flüchtige

Dauer andeutend. Als statische Mitte (»Achse«) stellt sich blau und leuchtend der Sommer aus, das Bangen wachrufend wie stillend (und zwar, hier ist der sommerduftende Baum spielerisch fortgesetzt, »gelind«).

Ein Stück bedachter Kunst als humane Antithese zum alles aufhebenden Gang der großen außermenschlichen Welt. Ist Trost darin? Ist Trost im Bewußtsein der eigenen Nichtigkeit und der großen Ordnung? Vielleicht in einem Sinne, der »konservatives« und »progressives« Denken einen Augenblick zur Kongruenz bringt. Im Sinne von Benjamins berühmtem Wort: »Nur um der Hoffnungslosen willen ist uns die Hoffnung gegeben.«

HUGO BALL
INTERMEZZO

Ich bin der große Gaukler Vauvert.
In hundert Flammen lauf ich einher.
Ich knie vor Altären aus Sand,
Violette Sterne trägt mein Gewand.
Aus meinem Mund geht die Zeit hervor,
Die Menschen umfaß ich mit Auge und Ohr.

Ich bin aus dem Abgrund der falsche Prophet,
Der hinter den Rädern der Sonne steht.
Aus dem Meere, beschworen von dunkler Trompete,
Flieg ich im Dunste der Lügengebete.
Das Tympanum schlag ich mit großem Schall.
Ich hüte die Leichen im Wasserfall.

Ich bin der Geheimnisse lächelnder Ketzer.
Ein Buchstabenkönig und Alleszerschwätzer.
Hysteria clemens hab ich besungen
In jeder Gestalt ihrer Ausschweifungen.
Ein Spötter, ein Dichter, ein Literat
Streu ich der Worte verfängliche Saat.

KLAUS-PETER WALTER
SPÖTTER, DICHTER, LITERAT

Als ich, noch Schüler, dieses assoziationsreiche Gedicht entdeckte, war Hugo Ball, der von 1886 bis 1927 lebte, für mich nicht mehr der dadaistische Früh-Jandl der »Karawane« mit seinem verspielten *jolifanto bambla o falli bambla,* sondern ein veritabler Achtundsechziger-Bürgerschreck.

Der Name seines Gauklers, wohl der Stadt Vauvert bei Nîmes entliehen, schien mir auf den Ur-Vaganten François Villon anzuspielen, und so sah ich in diesem antiautoritären Sangesbruder zunächst einen Ahnherrn meiner damaligen Liedermacher-Idole Franz-Josef Degenhardt und Hannes Wader. Erst später entdeckte ich den gesellschaftskritischen Auftrag aller literarischen Tätigkeit unter den originellen Bildern des Gedichts.

Im Schatten des Ersten Weltkrieges entstanden, schildert es eine Zeit des Über- und Niedergangs, in der Neues noch außer Sicht ist, eine Zeit dazwischen, eben ein Intermezzo. Alle vier Elemente scheinen in Bewegung: die Erde (als Sand und Abgrund), das fallende Wasser, die vom *großen Schall* erschütterte Luft und das als hundertfache Flammen und räderrollende Sonne gleich zwiefach lodernde Feuer. Statt Goethes *Brudersphären Wettgesang* Dissonanzen von Pauke und Trompete.

Vauvert nennt sich gleich in der ersten Zeile einen großen Gaukler, und alle drei Strophen beginnen mit den Worten *ich bin*. Wer ist dieses großspurige Ich? Klar: ein Provokateur, der mutwillig an die Tabus einer Welt rührt, deren religiöser Habitus zu bloßer Heuchelei zerronnen ist. Die Sterne auf seinem Gewand karikieren ketzerisch das klerikale Lila. Klar ist auch sein Standpunkt: jenseits der Lichtquelle, im Gegen-Licht, in Opposition. Manches an diesen Zeilen fordert zum Vergleich mit Puschkins Gedicht *Der Prophet* heraus. Bei Puschkin schreitet ein echter, von einem sechsfachgeflügelten Seraphim beseelter Prophet im Bewußtsein seiner göttlichen Sendung gravitätisch in Jamben voran. Sein falscher Kollege Vauvert dagegen hüpft ohne festen Versfuß daher; Puschkins Prophet will durch sein Wort *die Herzen der Menschen entflammen,* Vauverts Wort dagegen zersetzt, es hilft als *verfängliche Saat,* die Widersprüche einer dem Wahn und dem Laster verfallenen Zeit bloßzulegen, lautstark Skandalöses publik zu machen: Die *Leichen im Wasserfall* könnten die sprichwörtlichen »Leichen im Keller« sein. Der, aus dessen Mund *die Zeit hervorgeht,* steht auf jenen Brettern, die bekanntlich diese Zeit bedeuten, ein Vorfahr somit von Wolfgang Neuss, dem legendären, Lärm schlagenden »Mann mit der Pauke« und vielleicht auch ein *alter ego* Balls, wie er 1915 im Züricher »Cabarett Voltaire« auftrat, angetan mit einem bizarren Kostüm aus kubistischen Pappröhren und -würfeln, einen spitzen Gauklerhut auf dem Kopf.

In der Personalunion des Spötters mit dem Dichter und Literaten wird die Aufgabe des Schreibenden auf den Punkt gebracht. Er ist der kritische Deuter der Zeit-Zeichen, der den Menschen auf die Finger sieht, lieber Aufrührer und Störenfried denn langweilender Erfüllungsgehilfe amtlich-erzieherischer Vorführungen. Das galt, als Balls Zeitgenosse Johannes R. Becher in expressionistischem Pathos ausrief: *Oh du mein Schrei: auch Schrei der Zeit!* Es sollte auch heute noch gelten.

GOTTFRIED BENN
ASTERN

Astern – schwälende Tage,
alte Beschwörung, Bann,
die Götter halten die Waage
eine zögernde Stunde an.

Noch einmal die goldenen Herden
der Himmel, das Licht, der Flor,
was brütet das alte Werden
unter den sterbenden Flügeln vor?

Noch einmal das Ersehnte,
den Rausch, der Rosen Du –
der Sommer stand und lehnte
und sah den Schwalben zu,

noch einmal ein Vermuten,
wo längst Gewißheit wacht:
die Schwalben streifen die Fluten
und trinken Fahrt und Nacht.

HERMANN BURGER
DIE KUNST DER SCHWEBE

Vier diagnostische Symptome nennt der Arzt Gottfried Benn in seinem Aufsatz »Probleme der Lyrik«, nach denen beurteilt werden kann, ob ein Gedicht von 1950 identisch ist mit der Zeit oder nicht: das Andichten der Natur, den übertriebenen Gebrauch des Vergleichswortes »wie«, das Prunken mit Farbadjektiven und den seraphischen Ton. »Dieser seraphische Ton ist keine Überwindung des Irdischen, sondern eine Flucht vor dem Irdischen.«
Keine der vier genannten Todsünden wird man in »Astern« finden, dafür das punktuelle Zünden der Welt im lyrischen Subjekt, wie Emil Staiger das Wesen dieser Gattung definiert hat. Es handelt sich um einen Traum von großer Magie, angesiedelt zwischen Sommer und Herbst, meisterhaft in der Balance der a-Assonanzen gehalten, welche das Bild der Waage in der ersten Strophe musikalisch umsetzt.
»Astern« und »Nacht« sind die Pole, zwischen denen sich das septemberleichte Spiel mit der Vergänglichkeit entfaltet, tief im bukolischen Mythos verankert, denn die Frage, was das »alte Werden« unter den sterbenden Flügeln »vorbrüte«, führt uns auf den Fruchtbarkeitskult der Demeter zurück. Der große Dichter belade sich mit Wirklichkeiten, heißt es in »Probleme der Lyrik«, »eine Zikade, nach der Sage aus der Erde geboren, das athenische Insekt«.
Die Götter sind es, die über die Jahreszeiten gebieten, das Wort »alt« meint »archaisch«, und die Fluten, welche die

Zugvögel streifen, sind die stygischen. Der Dichter steht ganz im Bann dieser großen Beschwörung, doch er bescheidet sich mit dem »Vermuten«, wo längst »Gewißheit wacht«. Er nimmt den Zauberstab auf mit dem dreimaligen »noch einmal«.

Das in den »schwälenden Tagen« verhalten glosende Licht – man riecht die Würze von Krautfeuern – weitet sich zu den »goldenen Herden der Himmel«, und beiläufig unterzogen klingt das Glöcknen der Rinder mit. Das Flügel-Motiv kehrt wieder in den Schwalben am Schluß, wahrhaftig ein großer Dichter, der diesem Herbst-Klischee noch eine neue Note abgewinnt. Denn nicht gen Süden wenden sich die Vögel, sie »trinken« Fahrt und Nacht, tauchen ein ins Dionysische.

Es wird ganz kurz angetippt in der dritten Strophe mit dem »Rausch«. Die Rose, in Verknüpfung mit dem Du, wäre die Blume der Unmittelbarkeit, das Zeichen des Entflammtseins. Doch der Gedankenstrich macht diesem Traum ein Ende. Es ist die Zeit der Astern, und die stellt man der Geliebten aufs Grab. Was lichterloh brannte, nun schwält es dahin.

Doch dieser Prozeß vollzieht sich in jener Lautlosigkeit, durch die im September mit seinen messinggehämmerten Stunden der Tod den Sommer unterwandert. Er »stand und lehnte«, stützt sich auf, hat nicht mehr die ungebrochene Kraft wie im Juli und August. Kein Zweifel, das Gedicht, sicher eines von den wenigen, die, wenn sie bleiben in seinem Werk, das Schaffen des Poeten rechtfertigen, ist durchwaltet von einer klassischen Symmetrie und Gelassenheit.

Es veranschaulicht die Kunst der Schwebe, bannt die Stunde des Zögerns, trotzt dem Untergang das lichtdurchflutete »Verweile doch« ab. Hätte man sich ein Werk aus dem Impressionismus dazu zu denken, wäre Claude Monet der Maler, der, auf Lokalfarben verzichtend, seinen schwälenden Dunst hätte einfangen können. Und, man prüfe nach, ein einziges Farbadjektiv: »golden«. Kein einziges »wie«. Alles festgemacht am Irdischen, das Prinzip »Zikade«, athenisch.

GOTTFRIED BENN
EBERESCHEN

Ebereschen – noch nicht ganz rot
von jenem Farbton, wo sie sich entwickeln
zu Nachglut, Vogelbeere, Herbst und Tod.

Ebereschen – noch etwas fahl,
doch siehe schon zu einem Strauß gebunden
ankündigend halbtief die Abschiedsstunden:
vielleicht nie mehr, vielleicht dies letzte Mal.

Ebereschen – dies Jahr und Jahre immerzu
in fahlen Tönen erst und dann in roten
gefärbt, gefüllt, gereift, zu Gott geboten –
wo aber fülltest, färbtest, reiftest du –?

ULRICH KARTHAUS
KEIN GRUND ZUR KLAGE

Benn schrieb dies Gedicht 1954, zwei Jahre vor seinem Tod, zurückgezogen als Hautarzt in der Steinwüste Berlins lebend. Sechs Jahre zuvor hatte er seine Existenz beschrieben als »äußeres Spießertum u. inneres Wachsein ... eigentlich erlebnislos, seelisch unergiebig, als Mensch ganz stumpfsinnig«, er hefte »seine Erlebnisse nicht an sein Leben an, sondern an sein Œuvre«.
In der Bozener Straße, inmitten der Trümmer des Zweiten Weltkriegs, träumt er von Forsythien und Rosen, vom Garten seines Elternhauses »östlich der Oder, wo die Ebenen weit«, vom März in Meran und von Ebereschen. Aus diesen Träumen entsteht keine neuromantische Naturlyrik, denn sie meinen etwas anderes als die Landschaftskulisse einer Sommerfrische oder den Schmuck des Tisches. Programmatisch formulierte er 1951: »Hinter einem modernen Gedicht stehen die Probleme der Zeit, der Kunst, der inneren Grundlagen unserer Existenz weit gedrängter und radikaler als hinter einem Roman«. Einmal dichtete er: »Doch alles blieb erlitten durch die ewige Frage: wozu?« Manche seiner späten Gedichte erliegen dieser Gefahr einer allzu direkten, das Sentimentale streifenden Aussage einer Bekenntnisdichtung.
Es gibt eine Schallplatte, auf der er selbst zu hören ist, und für manche Ohren klingt das heute schwer erträglich. Aber er hat einmal gesagt: »Keiner auch der großen Lyriker unserer Zeit hat mehr als sechs bis acht vollendete

Gedichte hinterlassen.« »Ebereschen« gehört für mich dazu.
Das Gedicht spricht von der Zeit, die, faßbar nur im Augenblick, vorübereilt zu Herbst und Tod. Das Ende der ersten Strophe nennt dies Wort, und damit könnte das Gedicht enden. Daß dies nicht geschieht, hat seinen Grund in der Verfaßtheit dessen, der spricht: dem Tod steht der Versuch entgegen, den Augenblick festzuhalten, diesen vergänglichen und deshalb so intensiven Punkt zwischen dem Einst des Früher und dem Einst des Später, zwischen Geburt und Herkunft, Tod und Zukunft. Was dem Augenblick an Weite mangelt, gewinnt er an Tiefe. Kein Grund zur Klage, allenfalls zur Melancholie; das Bild des Baumes sagt, wie natürlich dies Schicksal ist – es vollzieht sich dies Jahr und Jahre immerzu.
Hier spätestens beginnt meine Faszination: wie dies Adverb aus dem Berliner Dialekt »immerzu« in ein Gedicht verwoben ist, das dadurch nichts von seiner Vollendung verliert, wie andere Wörter die lyrische Balance zwischen Unverständlichkeit und metaphysischem Sinn aushalten: »halbtief«, »Nachglut« – das ist hinreißend, und man darf sich dieser Empfindung hingeben, weil das Persönliche und Metaphysische artistisch, also allgemein geworden ist.
Auf die letzten Fragen der menschlichen Existenz gibt es keine objektiv erkennbare Antwort. Man kann sich deshalb vor diesen Fragen in Ideologien und Bekenntnisse flüchten oder sie ignorieren und verdrängen, wie man den Gedanken an den Tod verdrängt. Benn leidet an ihnen und an ihrer Unbeantwortbarkeit, und sein Gedicht stellt dies Leiden dar. Vielleicht sind unsere Zeiten so säkularisiert, daß wir das metaphysische Bedürfnis des Pfarrerssohnes

nicht mehr teilen. Aber wonach dies Gedicht fragt, gehört zum Menschen wie Geburt und Tod, und ohne den gäbe es keine Dichtung und keine Kunst. Es macht den Zauber dieses Gedichtes aus, daß es sich eine Antwort in Gestalt einer Botschaft versagt.

Ein Dreizeiler, ein Vierzeiler und ein Fünfzeiler – so könnte es aufgebaut sein. Doch die fünfte Zeile fehlt der dritten Strophe. Ihr vierter Vers endet mit einem Gedankenstrich und einem Fragezeichen. Was das Fragezeichen wissen will, vermag die fünfte Zeile nicht zu sagen. Deshalb fehlt sie. Die gute alte Schulmeisterfrage: »Was will uns der Dichter sagen?« – das Gedicht beantwortet sie mit einem Gedanken, der ganz Form geworden ist.

GOTTFRIED BENN
EIN SCHATTEN AN DER MAUER

Ein Schatten an der Mauer
von Ästen, bewegt im Mittagswind,
das ist genügend Erde
und hinsichtlich des Auges
genügend Teilnahme
am Himmelsspiel.

Wie weit willst du noch gehn? Verwehre
doch neuen Eindrücken
den drängenden Charakter –

stumm liegen,
die eigenen Felder sehn,
das ganze Rittergut,
besonders lange
auf Mohn verweilen,
dem unvergeßlichen,
weil er den Sommer trug –

wo ist er hin –?

WOLFDIETRICH RASCH
ZWEIFELHAFTE ALTERSWEISHEIT

Ein spätes Gedicht, das das Bewußtsein der Spätzeit des Lebens zu seinem Thema macht, Herbstlichkeit als Reduktion zu bejahen sucht, kann vielleicht am ehesten den nach dem Zweiten Weltkrieg so schnell zu neuem, spätem Ruhm gelangten, dann um so schneller fast vergessenen Gottfried Benn als einen dennoch Überlebenden erkennen lassen. Denn der Anfang ist sehr stark, diese an ein Haiku erinnernden ersten drei Zeilen, und auch die weiteren drei Zeilen, die die Anfangsstrophe zu Ende bringen, sind souverän hingesetzt, sparsam im Wort, prägekräftig.

Für die Kommunikation des Ichs mit der Welt genügt ein winziges Stückchen an Gegenständlichkeit, an »Erde«, ja eine bloße Spiegelung von Gegenständlichem im Schattenbild, das das »Himmelsspiel« des Lichtes an die Mauer wirft. Dieser Schatten vermittelt das Feste, Erdhafte sowohl wie das Unkörperliche des Lichtes, das »Himmelsspiel«.

Daß ein winziges Stückchen Wirklichkeit für den totalen Weltbezug genügt, wird in der ersten Strophe noch nicht als spezifische Erfahrung des Alters bezeichnet. Doch in der zweiten Strophe wird die Alterssituation angedeutet: »Wie weit willst du noch gehn?« Der nüchtern prosaische, sich dem Melos verweigernde Ton, der mit dem »hinsichtlich« angeschlagen war, wird aufgenommen in der Selbstermahnung des Alternden, sich neuen Eindrücken nicht gerade ganz zu verschließen, aber sie doch nicht sehr nahe

kommen zu lassen, ihren »drängenden Charakter« abzuwehren. Hier wird spürbar, daß das, was in der ersten Strophe als Überlegenheit erscheinen konnte, auch eine Schwäche ist, verminderte Aufnahmekraft, ein ermüdetes Sensorium, das der Bedrängnis durch die Fülle neuer Erfahrungen nicht mehr gewachsen ist.
Es macht die Qualität des Gedichts aus, daß Benn die Altersreife nicht einfach als Vorzug behauptet. Die Fähigkeit, im unscheinbarsten Stückchen Wirklichkeit den totalen Weltbezug zu gewinnen, wird als Kehrseite eines Mangels fühlbar, und es bleibt in der Schwebe, ob der Gewinn größer ist als der Verlust.
Die Fülle, so Strophe drei, läßt sich nicht mehr angemessen neu aufnehmen, sondern nur noch wiedererkennen als das, was man sich bereits früher zugeeignet hatte: »stumm liegen, / die eigenen Felder sehn«. Leise wechselt die Tonart in Moll, der Besitz wird nicht eben mit Zufriedenheit empfunden, auch wenn sich der Besitzende so zu geben scheint. Ironie fällt ein: »das ganze Rittergut«. Woher kommt das im Kontext befremdliche Wort? Wahrscheinlich aus einem beliebten Schlager der zwanziger Jahre, in dem es (rhythmisch identisch) hieß: »Ich hab' kein Rittergut.« Auch der Alternde hat kein Rittergut; wenn er seinen Erlebnisbesitz so nennt, verspottet er ihn als fiktiv. Der Blick auf die »eigenen Felder«, auf den Mohn nimmt nicht mehr dessen gegenwärtiges Dasein auf wie früher, sondern nur noch die Erinnerung an dieses Früher. Das sichtbar Wirkliche verwandelt sich auf fatale Weise in nur Erinnertes. Aber das Erinnerte ist verloren, kein besessenes Rittergut. Der Mohn ist unvergeßlich, »weil er den Sommer trug«. – Hier erscheint erstmals das Imperfektum, hart, endgültig.

Das Ende des Gedichtes scheint sehr viel schwächer als der bezwingende Anfang; die Formspannung hat nachgelassen, die letzte Strophe mündet in einen der ältesten Topoi herbstlicher Vergänglichkeit, schon hinabgesunken in Trivialtexte (»Sag mir, wo die Blumen sind?«). Die mißtrauischen Benn-Leser werden wohl sagen: Da ist wieder dieser Beiklang von Dehmel oder Liliencron, den Benn bei aller Artistik nicht los wird.

Aber solche Kritik würde das parodistische Element überhören, den kalkulierten Einsatz des allzu gängigen Topos, der damit einen Ausdruckswert gewinnt. Er besagt etwa: Wenn der Altgewordene sich stark machen möchte für weise Reduktion der Welterfahrung, für den Wert der Bescheidung auf das unscheinbarste Stückchen Wirklichkeit und auf den Rückblick – gerade dann entgeht er nicht der Sentimentalität.

GOTTFRIED BENN
EINSAMER NIE –

Einsamer nie als im August:
Erfüllungsstunde – im Gelände
die roten und die goldenen Brände,
doch wo ist deiner Gärten Lust?

Die Seen hell, die Himmel weich,
die Äcker rein und glänzen leise,
doch wo sind Sieg und Siegsbeweise
aus dem von dir vertretenen Reich?

Wo alles sich durch Glück beweist
und tauscht den Blick und tauscht die Ringe
im Weingeruch, im Rausch der Dinge –:
dienst du dem Gegenglück, dem Geist.

ECKART KLESSMANN
ABSEITS VOM RAUSCH DER DINGE

Zu den Favoriten lyrischer Zuwendung gehörte der Monat August noch nie; dem Höhepunkt sommerlicher Vollendung konnten die Dichter nur wenig abgewinnen. Auch dieses Gedicht besingt nicht den Sommer und seine Bilder; die drei Strophen variieren den Kontrast von gereifter, farbenfroher Landschaft und der asketischen Kühle geistiger Einsamkeit, die sich von Blüte und Frucht ausgeschlossen weiß. Zweimal wird angesichts der visuellen Erscheinungspracht die skeptische Frage gestellt, die mit »doch wo« anhebt, eine Frage, die aber die Antwort längst weiß.

Die Einsamkeit des Geistes ist die Einsamkeit einer Persönlichkeit, die von den schlichten Freuden der Gemeinschaft ausgeschlossen bleibt. Der Mensch, der an sich, an seiner Arbeit und an seinen Einsichten zweifelt und sich dabei täglich in Frage stellt, kann sich weder »durch Glück« beweisen noch sich dem »Rausch der Dinge« naiv anheimgeben.

Ist Glück etwas Zufälliges (was ist »Zufall«?), Einmaliges, Flüchtiges, Unwiederbringliches, letztlich Ungerechtes – Fortunas schimmernde Kugel? Aber der Liebende etwa, der sich glücklich wähnt, versteht sein Glück als etwas sehr Dauerhaftes. Benns »Gegenglück« ist der von den Wechselfällen des materiellen und zufälligen Lebens unabhängige Geist. Jener Geist, der mächtig ist, das schauende Individuum zu befragen, in Frage zu stellen, skeptisch zu machen angesichts einer glückverheißenden Natur und einer sich harmonisch gebenden Gemeinschaft. Das kritische, sich selber mißtrauende Ich bewahrt sich als Trost die Erkenntnis, daß sein »Gegenglück« dauerhafter und reiner ist als die »Wonnen der Gewöhnlichkeit«, um die Tonio Kröger jene beneidete, die ihn davon ausschlossen. Das Gedicht wurde, bezeichnend genug, »auf einem Hügelgasthof auf einem der kleinen Höhenzüge bei Hannover« geschrieben oder konzipiert, »Nachmittag, Ernteende«, so Benn 1954.

Die Entstehung dieser Strophen ist von den äußeren Umständen ihrer Entstehung nicht zu trennen. Benn, vom NS-Regime geächtet und als Militärarzt in der Provinz, schickte es unter dem Datum des 4. September 1936 an seinen Briefpartner F.W. Oelze mit dem lakonischen Vermerk: »Bedarf keiner besonderen Antwort!« Vorangegangen war ein Brief an Oelze vom 28. Juli mit dem Satz: »Immer einsamer wird es, menschenleer. Wohin führen die Jahre, wohl nirgends hin.«

Das Jahr 1936 sah die Olympiade in Berlin. Das Hitler-Reich triumphierte und erntete die Anerkennung der Welt. Wer nicht mitjubelte, sich nicht dem »Rausch der Dinge« überließ, abseits stand, machte sich verdächtig und blieb unendlich allein. Benn war als Dichter zum Schweigen verurteilt, als Mensch vereinsamt. Das »Gegenglück« wurde aus Bitterkeit gewonnen. Ich habe diese Verse kennengelernt als junger Mensch, als mir selbst der Kontrast von verwehrtem Glück und dem erfahrenen Gegenglück zu schaffen machte. Später kaufte ich eine Schallplatte, auf der Benn dieses Gedicht, das zu seinen liebsten gehörte, vorträgt und die ich gerade dieser Strophen wegen wieder und wieder hörte. Nein, das Gedicht bot keinen Trost, es bestätigte die eigene Position und erwies sich als eine lyrische Ermutigung: *Tua res agitur.* Gewiß ist das nicht der Sinn eines Gedichtes, aber wenn Verse so teilhaben am eigenen Dasein: Wer fragt da noch nach einer lebensabgewandten Ästhetik.

GOTTFRIED BENN
EURE ETÜDEN

Eure Etüden,
Arpeggios, Dankchoral
sind zum Ermüden
und bleiben rein lokal.

Das Krächzen der Raben
ist auch ein Stück –
dumm sein und Arbeit haben:
das ist das Glück.

Das Sakramentale –
schön, wer es hört und sieht,
doch Hunde, Schakale
die haben auch ihr Lied.

Ach, eine Fanfare,
doch nicht an Fleisches Mund,
daß ich erfahre,
wo aller Töne Grund.

HARALD HARTUNG
DIE ANDERE MUSIK

Gottfried Benn liebte Musik, doch er wollte nie als großer Musikkenner erscheinen. Ihm sagte »Tosca« mehr als »Die Kunst der Fuge«, und beim Schreiben schätzte er ein wenig Hintergrundsmusik. »Ein Schlager von Rang«, meinte er, »ist mehr 1950 als 500 Seiten Kulturkrise.« Ihm war aber wichtig, daß er noch Pablo de Sarasate auf seiner Geige gehört hatte und Caruso in der Met. Für Hindemith schrieb er den Text eines Oratoriums, eines seiner statischen Gedichte reklamiert Chopin für den Begriff der Artistik, und die letzte Einzelpublikation – 1955, ein Jahr vor Benns Tod erschienen – prägt den Begriff »Aprèslude«. Hier erschien erstmals unser Gedicht, das in jeder seiner Strophen auf Musik anspielt.
Aber ist Musik überhaupt sein Thema? Oder ist es bloß Motiv oder gar Vorwand für etwas ganz anderes – etwa für die Frage nach dem Glück? »Dumm sein und Arbeit haben:/ das ist das Glück«, dies zynische Bonmot erscheint gleich im ersten Entwurf des Gedichts. Es verrät den Intellektualisten, der »dem Gegenglück, dem Geist« dient und doch von offenkundiger Glückssehnsucht erfüllt ist. Daher der ironisch-sarkastische Ton, mit dem das Gedicht beginnt. Daher die Geste der Distanzierung. »Eure Etüden«, so setzt sich der Sprechende ab – aber von wem? Und was hat er ihnen entgegenzusetzen?
Es ist der Rundumschlag, um den es ihm geht. Jedes Stichwort ist ihm recht, um sich einen bösen Reim darauf zu

machen. Etüden ermüden, und der Dankchoral bleibt lokal – »ist nicht das ganze Lied«, wie es in den Entwürfen heißt. Aber was ist das ganze Lied? Auch die Kreatur sucht nach Ausdruck, nach Erlösung – die Raben, die Hunde, Schakale, »die haben auch ihr Lied«. Doch der freche, der lästerliche Reim, der das »Sakramentale« provoziert, führt nur in eine neue Aporie: in die Sackgasse des Nichtglaubenkönnens. »Glauben«, sagt Benn in »Doppelleben«, »stellt mich schon außerhalb der Substanz, in der ich arbeite« – gemeint ist die Sphäre von Kunst und Artistik.

Doch nun, wo nach Benns Artistenreligion das Bekenntnis zur erlösenden Funktion der Kunst fällig wäre, die obligate Maxime à la »Form nur ist Glaube und Tat« – nun geschieht etwas völlig Unerwartetes. Ein tiefer Seufzer, der Sehnsuchts- und Schmerzenslaut »Ach« leitet es ein, und dieser Ton eröffnet eine ganz andere Sphäre: nach der forcierten Munterkeit ein wahrhafter Ausbruch von Erlösungssehnsucht, fast die Evokation der Erlösung: »Ach, eine Fanfare,/ doch nicht an Fleisches Mund,/ daß ich erfahre,/ wo aller Töne Grund.«

Das ganz andere ist in das kleine Gedicht eingebrochn, im Bibelton des Alten Testaments und der Offenbarung Johannis (Benn von Jugend an vertraut). Aber nicht plump und das Format sprengend. Zu bewundern ist, wie kunstvoll der Autor es anspielt und zusammenfügt. Die weltliche Fanfare, nicht die biblische Posaune ist das Instrument dieser anderen Musik. Dafür läßt »doch nicht an Fleisches Mund« keinen Zweifel an Bibelton und -kontext und ersetzt das blasse »Menschenmund« des Entwurfs. Schließlich, als wär's von Paul Gerhardt, scheint die Strophe daraus den Reim und die fromme Lehre zu machen. Ich sage:

scheint. Denn die Evokation der göttlichen Fanfare ist an das »Ach« gebunden, ist Wunsch-Bild, Wunsch-Musik, nicht Erfüllung.

Ist also der Pfarrerssohn, der sich einst als »armen Hirnhund, schwer mit Gott behangen«, empfand, zum Glauben der Väter heimgekehrt? Er hat ja immer am »Fanatismus zur Transzendenz« festgehalten, aber diese Transzendenz blieb ihm rein verbal. Gott galt ihm als schlechtes Stilprinzip. Andererseits gibt es vom alten Benn Bezeugungen der Demut, Distanz als »reine Ehrfurcht vor dem großen Wesen« und – im letzten Brief an den Freund Oelze – die Hoffnung: »Wir werden nicht fallen, wir werden steigen.«

GOTTFRIED BENN
GEDICHTE

Im Namen dessen, der die Stunden spendet,
im Schicksal des Geschlechts, dem du gehört,
hast du fraglosen Aug's den Blick gewendet
in eine Stunde, die den Blick zerstört,
die Dinge dringen kalt in die Gesichte
und reißen sich der alten Bindung fort,
es gibt nur ein Begegnen: im Gedichte
die Dinge mystisch bannen durch das Wort.

Am Steingeröll der großen Weltruine,
dem Ölberg, wo die tiefste Seele litt,
vorbei am Posilipp der Anjouine,
dem Stauferblut und ihrem Racheschritt:
ein neues Kreuz, ein neues Hochgerichte,
doch eine Stätte ohne Blut und Strang,
sie schwört in Strophen, urteilt im Gedichte,
die Spindeln drehen still: die Parze sang.

Im Namen dessen, der die Stunden spendet,
erahnbar nur, wenn er vorüberzieht
an einem Schatten, der das Jahr vollendet,
doch unausdeutbar bleibt das Stundenlied –
ein Jahr am Steingeröll der Weltgeschichte,
Geröll der Himmel und Geröll der Macht,
und nun die Stunde, deine: im Gedichte
das Selbstgespräch des Leides und der Nacht.

WALTER HINCK
DIE DINGE MYSTISCH BANNEN

Immer wieder wird das Lesen von Gedichten abenteuerlich dadurch, daß ich beim Eindringen in den Text an eine Stelle komme, wo plötzlich die Fangarme des Gedichtes zupacken, um mich nun nicht mehr freizugeben. In diesem Gedicht von Benn geschah es am Ende der ersten Strophe: »im Gedichte / die Dinge mystisch bannen durch das Wort«. Es war eine Reminiszenz, die mich elektrisierte, die Erinnerung an Eichendorffs Vierzeiler »Wünschelrute«: »Schläft ein Lied in allen Dingen, / Die da träumen fort und fort, / Und die Welt hebt an zu singen, / Triffst du nur das Zauberwort.« Eichendorff deutet einen mystischen Zusammenhang zwischen dem Kern der Dinge und der dichterischen Sprache an: der Dichtermagier hebt ins Lied, was in den Dingen noch verborgen ist, noch ungeweckt.

Spricht Benn von einer ähnlichen mystischen Erweckung? Genaues Lesen läßt der Vermutung keine Chance. Es ist ja etwas Zerstörerisches, Kaltes, Bindung und Ordnung Zersprengendes, dem das Gedicht begegnet. Und nun zeigt sich, wie sehr frühere Textvarianten das Verständnis des Gedichtes klären helfen. In der ursprünglichen Fassung hieß es: »Es gibt nur eine Abwehr: im Gedichte / die Dinge mystisch bannen durch das Wort.« Das Gedicht stellt sich also der Erfahrungswelt entgegen; es ist nicht Wünschelrute, sondern Zauberspruch, der den bösen Zauber der Dinge bannt, unschädlich macht.

Der Text gehört zur Gruppe der sogenannten »Biographischen Gedichte« Benns. Entstanden ist er 1941, im dritten Kriegsjahr. Und die Kriegserfahrung war nicht dazu angetan, Benns Deutung der Weltgeschichte als eines Zerstörungsprozesses zu erschüttern. Auch unser Gedicht stellt den Zeitenlauf als ruinös (»Steingeröll« der »Weltruine«) und als Leidensgeschichte dar. Große Beispiele werden genannt: der betende Christus, an dem der Kelch nicht vorübergehen wird, dem die Passion bevorsteht, und Konradin, der letzte Staufer, der auf Befehl Karls von Anjou 1268 in Neapel enthauptet wurde. Wo aber das Gedicht sein Urteil spricht, fließt kein Blut, würgt kein Strang; sein »Gericht« ist Schicksalsgesang.

Gott wird bei der Berufung auf den Namen dessen, der »die Stunden spendet«, nicht benannt, weil er nur »erahnbar« und sein »Stundenlied« unausdeutbar bleibt – dem bloßen »Geröll« der Weltgeschichte, der Machtherrschaft und der Transzendenz ist kein Sinn abzulesen. Wieder erweist sich eine frühere Textstufe als hilfreich: »Kein Himmelstrost, / kein Trost aus der Geschichte, / Die Unschuld fällt, der Mord ergreift die Macht ...«

Und diesem Zustand setzt die Vorfassung des Textes die »Tröstung« im Gedicht entgegen, die »Biographie des Leides und der Nacht«. In der endgültigen Textgestalt, im »Selbstgespräch des Leides und der Nacht«, grenzt sich aber das Gedicht selbstsicherer von der Lebenswelt ab. Gegen das geschichtliche Dasein setzt sich das ästhetische autonom. Sogar die Trost-Funktion wird von der endgültigen Textfassung preisgegeben. Nur noch Monolog ist das Gedicht. Die Eichendorff-Reminiszenz war also eine Fehlzündung, doch erhellt sie Benns Gedicht. Es ist nicht die Sprache der Dinge selbst, die das Gedicht entbindet;

das tiefe sympathetische Einverständnis des Lieds mit der Schöpfung ist bei Benn längst verlorengegangen. Das dichterische Wort bannt die Dinge, indem es sie unwesentlich werden läßt. Diese Gegenkraft des Gedichts aber bleibt Zauberkraft wie bei Eichendorffs Lied, und etwas von ihr wird erlebbar in der Form dieses Bennschen Gedichts, in der Musik der Reime und Wiederholungen, in dem Vers- und Satzschranken unterlaufenden Rhythmus, der auf die Gegenwendung am Strophenende hinlenkt, in dem Facettenreichtum der Schlüsselbilder und dem fremdartigen Reiz des »Südworts« (wie »Posilipp der Anjouine«), der Bennschen Droge.

GOTTFRIED BENN
HERR WEHNER

Dies ist meiner
dieser Herr Wehner
der bei uns Hauslehrer war
früh an Lungenphtise verschied
nachdem er meinen jüngsten Bruder
angesteckt hatte,
der starb an meningitis tuberkulosa.

Stammte aus Lissa
Sohne eines Schmiedes
ging immer in Holzpantinen
was bei uns unüblich war,
seine Braut Liska
war einen Pfingsten bei uns
Tochter eines Polizeimajors
also was Besseres
sie kicherten oft abends
wenn die Mücken summten
und wir schlafen gehn mussten
aber, wie ich später hörte,
war es wohl doch nichts Rechtes.

Dieser Herr Wehner
ist insofern meiner
als er irgendwo begraben liegt,
vermodert in polnischem Kombinat,

keiner der Gemeindemitglieder
wird seiner gedenken,
aber vor mir steigt er manchmal auf
grau und isoliert
unter geschichtlichen Aspekten.

HANSPETER BRODE
BILDNIS VOM HAUSLEHRER

Ein unauffälliges Gedicht zunächst, eher Neben-, beinahe Abfallprodukt aus der Werkstatt eines Großen, der seinerseits jedoch stets Interesse bekundete an liegengebliebenen Formen, an den Sackgassen der evolutionären Entwicklung. Leichtgewichtig gewiß und dennoch ein Schlüssel zur biographischen und poetischen Existenz des Dichters.

Wie häufig bei alternden Menschen – das Poem stammt aus der letzten Lebenszeit, Benn nähert sich den Siebzigern – wendet sich die Erinnerung zurück zu Kindheit und primärer Erfahrung. Eine ländlich-östliche Impression aus den neunziger Jahren des vergangenen Säkulums entrollt sich vor unserem Auge. Benn war Sohn eines Dorfpfarrers aus der Neumark. Das Sozialisationsschicksal des Heranwachsenden im Rahmen der frühesten Gruppe, jener »Gemeindemitglieder« der protestantischen Kirchenkommune, ist Thema des Gedichtes. Darüber können auch die »geschichtlichen Aspekte« der letzten Zeile nicht hinwegtäuschen; sie deuten weniger auf welthistorische Umwälzung hin, eher ist Lebensgeschichte gemeint, biographischer Rückblick dessen, der sich über die großen Umbrüche der Zeit hinweg bereits als historisch begreift.

Die erste Strophe, falls diese Bezeichnung angesichts der freien Kompositionsform von Zeilengruppe und Vers überhaupt am Platze ist, lenkt den Blick auf den alten Hauslehrerstand und damit auf die Würde einer literari-

schen Tradition deutscher Vergangenheit, die von Unterdrückung und pathetischer Selbstbehauptung mittelloser Schriftsteller gegenüber großbürgerlichem Standesdünkel zeugt: Lenz und sein »Hofmeister«, Hölderlin im Hause des Bankiers Gontard. Der Bennsche Blickwinkel setzt gleichfalls ganz unten an: Der Vater steht als Kirchenvorstand, man kann das in Benns Autobiographie nachlesen, vermögensmäßig der armen Landbevölkerung sehr nahe, die ihn zu Festtagen mit Eßbarem versorgt.
Am anderen Ende der sozialen Rangordnung befindet sich der grundbesitzende Adel, die »Ostelbier«, die gesellschaftlich den Ton angaben und in wilhelminischer Zeit die politischen Zügel straff in der Hand hielten. Ist im vorliegenden Text von ihnen auch nicht die Rede, so sind sie doch gegenwärtig als Urheber und Nutznießer jenes zähen Standesbewußtseins, das dem Gedicht zugrunde liegt und seinen nahezu tragischen Tenor ausmacht.
Benn erinnert sich des »Hauslehrers« als einer Figur, die noch ärmer dran war als die elterliche Familie. Jedoch bleibt die Distanz von Pfarrhaus zu dörflichem Handwerk, zu jenem »Sohn eines Schmiedes«, denkbar gering; Tuberkulose ist Signal elender Wohnung und Ernährung, ein Bruder des Dichters fällt der Ansteckung zum Opfer. Ebenso verweisen die »Holzpantinen« des Lehrers auf Bedürftigkeit, Lederschuhwerk scheint ihm unerschwinglich. Die Braut des Pädagogen hingegen, so empfindet es das geschärfte Sensorium des bereits auf die Klassengesellschaft hin gedrillten Kindes, ist »was Besseres«, nämlich »Tochter eines Polizeimajors«. Dem bescheidenen Hauslehrer, materiell beengt, physisch unterhöhlt, gelingt nicht einmal der knappe Sprung vom agrarischen Handwerk über das schlichte, doch bildungsstolze Pfarrhaus in

den kleinen Beamtenstand; sein gescheiterter Liebesversuch war »wohl doch nichts Rechtes«.
Diese Verse haften letztlich nicht so sehr im Gedächtnis als Rückschau auf Wilhelminisches oder als biographisches Dokument. Vielmehr prägt sich eine schlichte menschliche Aussage ein: Leiden ist nicht umsonst gewesen, solange es noch jemanden gibt, der sich seiner entsinnt. Möglicherweise geben vor allem die lyrische Form und die fast frei assoziierenden Zeilen das geeignete Gefäß ab, um solche Menschlichkeit über historisch benennbare zeitliche und räumliche Entfernungen hinweg festzuhalten.
Der »Hauslehrer« des Kindes Benn ist zunächst Projektionsgestalt eigener Schmerzen des Dichters: »dies ist meiner«. Er wird aber auch dem gegenwärtigen Leser des Gedichtes zur Beziehungsfigur: diese Ängste, diese sozial und individuell bedingten Depressionen, dieses Bewußtsein, es sei ja doch alles vergeblich, diese Furcht vorm endgültigen Scheitern – darin finden auch wir uns wieder.

GOTTFRIED BENN
KLEINE ASTER

Ein ersoffener Bierfahrer wurde auf den Tisch gestemmt.
Irgendeiner hatte ihm eine dunkelhellila Aster
zwischen die Zähne geklemmt.
Als ich von der Brust aus
unter der Haut
mit einem langen Messer
Zunge und Gaumen herausschnitt,
muß ich sie angestoßen haben, denn sie glitt
in das nebenliegende Gehirn.
Ich packte sie ihm in die Brusthöhle
zwischen die Holzwolle,
als man zunähte.
Trinke dich satt in deiner Vase!
Ruhe sanft,
kleine Aster!

UWE KOLBE
ABGESANG UND HOHESLIED

Kurt Pinthus' Anthologie »Menschheitsdämmerung«, genauer die zweite Auflage in der DDR 1972 (Reclam jun. Leipzig), war mir von einer Freundin zur Lektüre empfohlen worden. Der Fünfzehnjährige riß das Maul auf in den sozialistisch-realistischen Dunst hinein: »Der Sturm ist da, die wilden Meere hupfen ...« rief er mit van Hoddis, mit einem zuvor ungekannten Johannes R. Becher: »Unsere Leiber zerfallen, Graben uns singend ein ...« Dem »Gott der Stadt« Georg Heyms war er ja längst begegnet in den Straßen der Kindheit, in diese grindigen Schluchten hatte der seinen anhaftenden Odem von Nachkrieg gegeben, obendrauf den Verwesungsgestank vom Zentralviehhof an der Leninallee.
Doch all das langte noch nicht hin zur Initiation. Es mußte noch der mit dem größten Ekel in den Reigen treten, der mit der größten Klarheit: Benn. An seiner Hand direkt in die Gerichtsmedizin (»Morgue« war der Titel von Benns erster Sammlung, erschienen 1912, zu der auch die »Kleine Aster« gehörte), an seiner Hand »durch die Krebsbaracke«. Da stand dieses Kind und war von jetzt an keines mehr, beim Blick auf die Hände in den Gummihandschuhen, als Zuschauer bei einer seltsamen Sektion, die Ritual war. Was für ein kleiner Text! Was für ein ... Beinahe-kein-Gedicht mit seinen zwei Reimen, die aus der Prosa der Zeilen ragen, mit seinem assonanten Dahingleiten, das leicht zu überhören ist. Und es führt vor eine

unmögliche Sektion oder eine unmögliche Anatomie. Statt des Skalpells wird das lange Messer benutzt. Die Szene wird zu einer der Nacht. Eine schwarze Messe wird zelebriert. Das Opfer wird dargebracht (dem Baal, dem Gott der Stadt?). Und gerade dabei dieser kalte Ton: ein Professioneller drückt hier höchstmögliche Anteilnahme aus. Der trockene, der ausgeleerte und ausgestopfte Körper die Vase. Wovon wird sich die »dunkelhellila Aster« denn nähren, woran wird sie sich sattrinken? An einem Rest von Seele vielleicht, an einem Etwas, das nicht zu entweichen vermochte beim Ersaufen.

Aber der eben Initiierte dachte nicht darüber nach. Diese kleine Aster, sie war schon sein Zeichen, und sie wurde es nur noch mehr. Diese Herbstblume, dieses verbreitete und unscheinbare Gewächs, wucherten sie und ihresgleichen nicht in jedem noch so tristen Schrebergarten? Und war sie nicht schon dadurch Blume der Stadt schlechthin, mit ihrer unbestimmbaren, kalten Farbe Gleichnis eines Gefühls und einer Atmosphäre nur hier, nur in diesen Großstädten, denen ihr schnelles Wachstum zwar Mietskaserne um Mietskaserne bescherte, dabei jedoch nicht den Charakter eines Provisoriums, eines Zwischenlagers im Irrwitz nahm? Wohl zu glauben, daß »Morgue« dem damals sechsundzwanzigjährigen Benn den Ruf »eines infernalischen Snobs und des typischen ... Kaffeehausliteraten« eingebracht hatte. So reagiert das meinungsbildende Publikum, wenn Abgesang und Hohelied ein und dasselbe sind.

GOTTFRIED BENN
KOMMT–

Kommt, reden wir zusammen,
wer redet, ist nicht tot,
es züngeln doch die Flammen
schon sehr um unsere Not.

Kommt, sagen wir: die Blauen,
kommt, sagen wir: das Rot,
wir hören, lauschen, schauen.
wer redet, ist nicht tot.

Allein in deiner Wüste,
in deinem Gobigraun–
du einsamst – keine Büste,
kein Zwiespruch, keine Fraun,

und schon so nah den Klippen,
du kennst dein schwaches Boot–
kommt, öffnet doch die Lippen,
wer redet, ist nicht tot.

HARTMUT VON HENTIG
DAS GEFÄLLE ZUM TODE

Der ist ein schlechter Interpret, der meint, sagen zu müssen, was ein Gedicht sagt. Das tut dieses selbst. Der »critic«, so habe ich in den Vereinigten Staaten gelernt, nein erfahren, erklärt, wie die Wirkung des Gedichts zustande kommt. Aber es kann nicht schaden, sich zu vergewissern. Das gute Gedicht wird es ertragen: Es ist die genaueste Aussage über seinen Gegenstand.

Das Gedicht »Kommt–« handelt von Einsamkeit. Ich kenne drei Arten von Einsamkeit: wenn mich der Mensch verlassen hat, der mir alles bedeutet – dann flehe ich »Komm!«; wenn Fortunas Wagen an mir vorübergefahren ist, ich mich in »ungenügender Selbstsucht« von den Menschen trenne, das Abseits suche, damit sie mich suchen – dann sage ich »Bleibt mir vom Leibe!« und denke: nun werden sie wohl von allein kommen; wenn es mich in die »Wüste« verschlagen hat, an den abschüssigen dunklen Rand meines Lebens – dann möchte ich rufen »Kommt!«, aber ich tue es nicht, es macht diese Einsamkeit aus, daß man es nicht kann, daß man fürchten muß, sie sei endgültig.

Aus den ersten beiden Einsamkeiten entstehen die großen Gedichte: das Lied der Sehnsucht, das dem Schmerz Schönheit verleiht – das könnte den anderen rühren; das Lied des Mutwillens, das »dem Geier gleich« über den Morgenwolken schwebt und nach Beute schaut – da könnte am Ende die elende Einsamkeit des Menschen in den herrlichen Einsamkeiten der Welt aufgehen, was sie in Goethes »Harzreise« überschwenglich tut. Aber aus der Leere tönt kein Lied. Da kann nichts mehr ersungen, nichts mehr herbeigezaubert werden. Die Schwäche und das Schweigen fallen uns in den Rücken.

Gottfried Benn hat gleichwohl ein Gedicht daraus gemacht: aus der Unentrinnbarkeit dieses Zustands. Viermal ruft er das an niemanden, an einen wesenlosen Plural gerichtete »Kommt!«. Dreimal wirft er die allzu kurze Rettungsleine aus: »wer redet, ist nicht tot«. Mit jedem Wort vollzieht er eine Bescheidung, unterbietet er noch die dürftige Wirklichkeit: zusammen reden, um zusammen zu reden; das Banalste sagen: die Blauen – die von Schalke 04, die xy-Partei, eine Käfersorte; das Abstrakteste sagen: das Rot, einen Begriff vom Unbegreiflichen machen; hören, lauschen, schauen – ohne Objekt! Alles, alles ist er bereit hinzunehmen, nur das nicht: tot sein und also allein. Oder: allein sein und also tot.

Von den drei geläufigen Tröstern – dem Ruhm (keine Büste), der Freundschaft (kein Zwiespruch), der Liebe (keine Fraun) – ist nichts mehr zu erwarten. Das Einsamste hat begonnen: das Selbstgespräch. Das Ich muß mir auch Du sein. *Gobigraun* ... Mein Vater hat im Ersten Weltkrieg die Wüste Gobi zu Fuß durchmessen. Das Wort hätte ihm gefallen, er hätte gemeint, es zu verstehen: weitermarschieren müssen in dem Bewußtsein, daß man nirgends ankommen wird, daß man immer tiefer in die Rettungslosigkeit, die Unauffindbarkeit, die Vergessenheit gerät.

Ein Gedicht, das die unsagbare endgültige Einsamkeit in dem letzten Augenblick davor aufscheinen läßt, in dem Aufschub, den die ohnmächtige Logik liefert, »wer redet, ist nicht tot«, in dem letzten aufflackernden Widerstand.

Ein Gedicht, dessen wichtigste Wörter die unscheinbarsten sind, das zweifache »schon« und das zweifache »doch« – das Beschwören der Gefahr, die Ungeduld der Erwartung, die Inständigkeit des Bittens. Ein Gedicht als Vollzug: es ist selbst das Gefälle zum Tode. In den Sammlungen der Bennschen Gedichte steht es unter den letzten, die er geschrieben hat. Kommt! – Ich glaube nicht, daß er geglaubt hat, es werde einer kommen. Das macht das Gedicht so ergreifend.

GOTTFRIED BENN
LETZTER FRÜHLING

Nimm die Forsythien tief in dich hinein
und wenn der Flieder kommt, vermisch auch diesen
mit deinem Blut und Glück und Elendsein,
dem dunklen Grund, auf den du angewiesen.

Langsame Tage. Alles überwunden.
Und fragst du nicht, ob Ende, ob Beginn,
dann tragen dich vielleicht die Stunden
noch bis zum Juni mit den Rosen hin.

WALTER BUSSE
ORPHEUS IM HINTERZIMMER

Ein Selbstgespräch; denke keiner, er sei gemeint. Zwar fragt Benn immer und immer wieder bei Freunden auf dem Lande an, welche Blumen blühen, welche Sträucher wachsen, welche Stauden gepflanzt seien, aber er will nicht hin, sondern sich in der Not mit dem Unkraut der Schrebergärten begnügen. Die Sträuße, die Ilse Benn mit kluger Hand in die Vasen ordnet, haben Besucher mitgebracht, oder sie kommen aus dem Laden an der Ecke – niemals wieder »Emigration« aus Berlin.

Alles, was Benn nun schreibt, zehntausend Jahre Mythos und die Belle-Alliance-Straße im Herzen, entsteht in der finsterlichen Hinterstube der Praxis mit dem Blick durchs einzige Fenster auf Wäsche, die im Hof von der Leine tropft. Die Sträucher, die der Ptolemäer vom Bayrischen Platz für seinen letzten Frühling benennt, blühen auch ohne Pflege in den Trümmergärten der Nachbarstraßen, die gelben Forsythien der allerersten Frühlingstage, die eben nicht anzuhalten sind, bis die nachwachsenden grünen Blätter die Anmut verderben, die weißen und lila Dolden an halbverdorrten Fliederbüschen, die blassen Blüten der Rosensträucher im Juni. Es sind die Signale der Jahreszeit für den Großstädter, der sich notwendig den feinsten Sinn für die Natur bewahrt und, er wäre anders nicht Benn, im Blut hat, daß der Euphemismus Natura auch durch den Begriff Mortura ersetzt werden kann (Schopenhauer).

Die Welt hatte er seit eh zur Verachtung den Eliten freigegeben, die Menschennatur dazu (»schon eine Pille nimmt dich auf den Arm«), Bäume, Pflanzen, Blumen aber nicht. »Wir alle erkennen mit Goethe in der Natur das große Mittel der Beschwichtigung für die moderne Seele«, schrieb Nietzsche. Die sehr moderne Arztseele aus der Bozener Straße, die sich für den letzten Frühling des ungeliebten »Aprèlude« (1955) mit dem Blick in die Vorgärten beschwichtigt, kennt also das Rezept aus Weimar. Aber Benn modifiziert nun deutlich den dortigen Orpheus der ewigkeitlichen Urworte (»... nach dem Gesetz, wonach du angetreten. So mußt du sein ...«) mit der Erfahrung seiner Ausdruckswelt: »... mit deinem Blut und Glück und Elendsein, dem dunklen Grund, auf den du angewiesen.«

Die Juni-Rosen, vorm Tod 1956 hat Benn noch sehen können. Trost bei Rilke, im vorhinein: »Errichtet keinen Denkstein. Laßt die Rose nur jedes Jahr zu seinen Gunsten blühn. Denn Orpheus ists. Seine Metarmorphose in dem und dem.« Bei Benn geht das so: »Ein Strauch mit Blüten in einer Stadtstraße – das genügt ... Wir sind aus Riesenstädten, in der City, nur in ihr, schwärmen und klagen die Musen.«

GOTTFRIED BENN
MANN UND FRAU
GEHEN DURCH DIE KREBSBARACKE

Der Mann:
Hier diese Reihe sind zerfallene Schöße
und diese Reihe ist zerfallene Brust.
Bett stinkt bei Bett. Die Schwestern wechseln stündlich.

Komm, hebe ruhig diese Decke auf.
Sieh, dieser Klumpen Fett und faule Säfte,
das war einst irgendeinem Mann groß
und hieß auch Rausch und Heimat.

Komm, sieh auf diese Narbe an der Brust.
Fühlst du den Rosenkranz von weichen Knoten?
Fühl ruhig hin. Das Fleisch ist weich und schmerzt nicht.

Hier diese blutet wie aus dreißig Leibern.
Kein Mensch hat so viel Blut.
Hier dieser schnitt man
erst noch ein Kind aus dem verkrebsten Schoß.

Man läßt sie schlafen. Tag und Nacht. – Den Neuen
sagt man: hier schläft man sich gesund. – Nur sonntags
für den Besuch läßt man sie etwas wacher.

Nahrung wird wenig noch verzehrt. Die Rücken
sind wund. Du siehst die Fliegen. Manchmal
wäscht sie die Schwester. Wie man Bänke wäscht.

Hier schwillt der Acker schon um jedes Bett.
Fleisch ebnet sich zu Land. Glut gibt sich fort.
Saft schickt sich an zu rinnen. Erde ruft.

PETER RÜHMKORF
EIN MODERNES LIEBESGEDICHT

Nehmen wir einmal an, dies wäre ein Liebesgedicht. Die Disposition spricht schon einmal nicht dagegen: ein Mann vom Bau, Arzt, Kenner der Verhältnisse und Örtlichkeiten führt eine Zweiteperson-Einzahl, das heißt ein weibliches Du, in seinen Wirkungsbereich ein, scheinbar gelassen, scheinbar zynisch und von oben her: hier dies, hier das, eine stinkende Vorhölle, ein schwelendes Fegefeuer, eine bettengesäumte Friedhofsauffahrt: *mein Spezialrevier!*
Um an dieser frühen Stelle nur ja keine Mißverständnisse aufkommen zu lassen. Natürlich leiht der Gestus von Chefvisite mit Falldemonstration hier nur das äußere Gewand, das Schutzkleid, nur den gefühlsundurchlässigen Klinikkittel her, um zu Demonstrationen völlig anderer und gewiß ernsterer Art hinzuleiten.
Zwischen dem hämmernden »Hier« und dem drängenden »Komm« der ersten vier Strophen wird ein Geheimnis gelüftet, das – »Komm, hebe ruhig diese Decke auf« – von Zeile zu Zeile an Mysterium verliert und schließlich als erbarmenslose Grauenswahrheit auf dem Seziertisch liegt: Die Hinfälligkeit und Zersetzlichkeit allen Fleisches und mit ihm all seiner tieferen Empfindungen oder höheren Ideale. Was das Gedicht dabei als Liebesgedicht verdächtig macht – und sei es als schwefligste Kontrafaktur alles dessen, was einmal romantisches Liebeswerben hieß –, das ist die durchgehende Präsenz des Sexuellen oder Ge-

schlechtlichen, das gerade dort so markant hervortritt, wo es verabschiedet wird.

Wenn wir den für die gesamte Expressionismusforschung überaus fruchtbaren Begriff Kontrafaktur noch einmal aufgreifen dürfen, dann sehen wir allerdings, daß ein Jahrtausendtopos des Liebeslockens und der Minnebalz (»Komm heraus, komm heraus, du schöne Braut« – »Komm zu mir in den Garten, komm zu mir ins Gras«) methodisch als Stimmungsscheuche und Verschrecksignal eingesetzt wird (»Komm, hebe ruhig diese Decke auf. Sieh dieser Klumpen Fett und faule Säfte« – »Komm, sieh auf diese Narbe an der Brust«): Appellationen weniger zum geneigten Nähertreten als zum entsetzten Zurückschaudern.

Trotzdem steht die Verkehrung des Lockmittels zum Schockmittel, wie gesagt, nicht für sich allein. Zerfallene Schöße und zerfallene Brüste lenken den Blick nicht bloß allgemein auf die geringe Beständigkeit des menschlichen Baumaterials – sie zeigen das Geschlecht als das bevorzugte Einfallstor und den Empfängnis- und Austragungsort der tödlichen Krankheit, eine ziemlich verkniffen protestantische Zwangsoptik, deren gesammeltes Interesse an Geschlechtlichkeit dieselbe nur mehr als Degenerationserscheinung wahrzunehmen vermag.

Das von uns so bezeichnete »Liebesgedicht« wäre also ein poetischer Rapport vom Verlöschen der Liebe und der menschlichen Leidenschaften, auch der Nächstenliebe, der seelischen Anteilnahme; denn zwischen den gesichtslosen Verarztungskräften (teils unpersönlich-sachlich »Schwestern«, teils einfach »man« genannt) und den anonym dahindämmernden Patientinnen bestehen nur mehr diese aufs äußerste verdinglichten Beziehungen, die die ei-

nen zu »Bänken«, die anderen zu Wäschern und Wärtern degradieren.
Erst mit der Ausgangsstrophe und ihrem ultimativ akzentuierten »Hier« kommt dann noch einmal so etwas wie eine neue Qualität in das schwärende Idyll. Wenn wir nämlich zu Anfang sahen (und jetzt erst wieder bemerken), daß dem Gedicht ein nicht ganz unauffälliges »Der Mann« vorangestellt ist (wohinter sich ja wohl ein »Der Mann spricht:« verbirgt), dann tut sich wirklich erst am allerletzten Schluß der Sinn dieser einseitigen Dialoganweisung auf. Stumm wie eine Statistin haben wir die fortwährend angesprochene Partnerin ein Totenhaus durchwandern sehen. Kein Sterbenswort auch haben Patienten oder Personal zum höllischen Exerzitium beitragen dürfen.
Erst mit der Endzeile, praktisch erst mit den letzten beiden Wörtern enthüllt sich nun ein scheinbarer Monolog als Zwiegespräch. Als ein unendlich gespannter und wahrhaft infernalische Abgründe überbrückender Wechselgesang mit Anrede und Rückruf, Beschwörung und Echo: der Apostrophe des Geschlechtlichen und der forderndeinfordernd nachhallenden Antwort eines Elements.

GOTTFRIED BENN
MELODIE

Ich sterbe an diesem Sommer,
sein wolkenvoller Verlauf,
nur wenige Tage glomm er
etwas glühender auf.

Mein Herz schlug so zerschlagen,
dass es am Ende war,
wenn die Radios immer sagen
ihre Sprüche von millibar.

Nun kommen die Raben geflogen;
– mit Odin flogen sie hell,
dunkel nach Norden gebogen,
schwarze undeutbare Wogen,
noch nie geschaute – farwell.

WOLFGANG ROTHE
DIE FERNE IST GUT

Erlebnislyrik? Oder ein Jahreszeitengedicht? Klage über einen verregneten Sommer, dessen Niedrigdruck dem Herzen des Achtundsechzigjährigen zu schaffen machte? Nein, diese Strophen entstanden am zweiten Novembertag 54, anderthalb Jahre vor Benns Tod, der dann tatsächlich in einen Sommer fiel.
Benn als Lieddichter? Wer erwartet ausgerechnet von ihm den Volksliedton? Aber es ist so. Dahin der einst verkündete »substantivische Stil«, keine blitzenden Wortgeschmeide mehr, keine narkotisierende Sprachmagie und keine waghalsigen Neologismen, also nicht mehr »Asphodelentrust«, »Rosenschwangerschaft« und »Amati-cello«, das Bennsche »Sprachbordell« ist geschlossen, die Verben haben mit den Substantiven gleichgezogen. Das früher den kostbaren Vokabeln innewohnende Pathos, so oft bis zu Feierlichkeit, Manier und Bombast gesteigert, hat ausgedient. Auch das bedeutet einen Abschied.
Zuerst zwei kreuzgereimte Vierzeiler – konventionell wechseln weibliche und männliche Reimfügungen ab –, sogenannte Volksliedstrophen. Die Zeilen simple Dreiheber, lose gefüllt, trochäisch einsilbig oder daktylisch zweisilbig. Der sechste Vers – »dass es am Ende war« – rührend volksliedhaft, der Reim des dritten gibt sich ungeschickt, als halbwegs unreiner Reim, ist jedoch wohlkalkuliert, kunstvoll. Selbst die einfache Melodie soll (und muß in einer Endzeit) hochästhetisch sein.

Die dritte Strophe schließt mit dem unauffälligen »Nun« und dem bekannten Märchenmotiv des Raben scheinbar bruchlos an die leichtfüßige Elegie an. In Wahrheit ist in ihr alles anders als bisher. Daß der Wechsel zum Fünfzeiler das Reimschema zerbricht, ist nur äußerliches Anzeichen hierfür. Was zwischen Gedankenstrichen, in Parenthese, beiläufig gesagt wird, bildet die zentrale Aussage. Der Liebhaber der Mythen winkt uns noch einmal zu, der pessimistische Geschichtsphilosoph ruft im »hell« letztmals die Menschheitsfrühe auf, das Licht des Aufgangs, die mythische Urzeit, um in der harten Zäsur des Zeilenbruchs ein »dunkel« folgen zu lassen, das nun aber primär auf die Existenz des Sprechenden bezogen scheint.

»Norden« steht nicht mehr, wie im Frühwerk, kulturkritisch für die Verstandesdiktatur eines wissenschaftlichen Zeitalters, den Triumph der »Stirn«, vielmehr für des Dichters Herkunft aus einem Dunkelland der oberen Erdhälfte und zugleich für die Dunkelheit des eigenen nahen Endes. Der skandinavische Odinn, südlicher Wodan geheißen, war nicht nur Krieger-Priester und Weiser, der die Vogelsprache verstand, sondern er vereinte Geist mit Kraft – Benns nietzscheanisches Lebensthema –, er war Dichter, *vates*, Herr des Zaubers, und er vermochte die Runen zu lesen.

Benn liest vergebens die schwarze Rune am Himmel. Aus dem Märchenvogel und den beiden Schwarzgefiederten auf Odinns Schultern wird bei ihm ein ganzes Heer von Todesvögeln. Sie geben das einzige Bild in diesem Poem ab – ein machtvolles Bild, die Sprachbewegung drängt unaufhaltsam vorwärts, diese Daktylen hüpfen nicht heiter, wie sie sollen, das Niezuvorerblickte wirkt drohend, ja strömt leises Grauen aus. Der Vogelzug bleibt unausdeutbar – mit solchem »Ich weiß es nicht« enden auch andere Poeme des spätesten Benn. Er ist bescheiden geworden.

Und das allerletzte Wort? Ein Schreibfehler? Mangelhafte Englischkenntnis? Ein phonetisches Wortspiel à la Joyce? Sofern dieses, wäre ein »Fahr wohl«, »Gute Reise« gemeint. Vielleicht dürfen wir es aber sogar mit »Das Ferne ist gut« oder »In der Weite wird mir wohl sein« eindeutschen. Das bleibt offen, dennoch ist der Sinn klar: es ist ein Lebewohl.

Entfernung eines Dichters, eine Melodie singend – oder eines Ich, *sich* singend? Wohl beides.

GOTTFRIED BENN
MENSCHEN GETROFFEN

Ich habe Menschen getroffen, die,
wenn man sie nach ihrem Namen fragte,
schüchtern – als ob sie gar nicht beanspruchen könnten,
auch noch eine Benennung zu haben –
»Fräulein Christian« antworteten und dann:
»wie der Vorname«, sie wollten einem die Erfassung
erleichtern,
kein schwieriger Name wie »Popiol« oder
»Babendererde« –
»wie der Vorname« – bitte, belasten Sie Ihr
Erinnerungsvermögen nicht!
Ich habe Menschen getroffen, die
mit ihren Eltern und vier Geschwistern in einer Stube
aufwuchsen, nachts, die Finger in den Ohren,
am Küchenherde lernten,
hochkamen, äußerlich schön und ladylike wie
Gräfinnen –
und innerlich sanft und fleißig wie Nausikaa,
die reine Stirn der Engel trugen.

Ich habe mich oft gefragt und keine Antwort gefunden,
woher das Sanfte und das Gute kommt,
weiß es auch heute nicht und muß nun gehen.

GÜNTER BLÖCKER
DAS MENSCHENBRÜDERLICHE TIMBRE

Mit einer Betroffenheit, die anzeigt, wie anders es sonst in der Welt zugeht, stellt der Dichter fest, daß es auch dieses gibt: die Zurücknahme der eigenen Person bis an die Grenze der Selbstverleugnung; eine Bescheidenheit, die es als unzart, ja als anmaßend empfindet, auch nur auf dem eigenen Namen zu bestehen. Es ist ein fast anekdotischer Gedichtanfang oder könnte es sein, wäre er nicht von jenem Ton bewegten Staunens durchwirkt, der ihm die lyrische Qualität verleiht und das besondere, fast möchte ich sagen: menschenbrüderliche Timbre. Auch das gehört zu Benn, mehr, als das Klischee vom egomanischen Intellektualisten es wahrhaben will; und ebendeshalb habe ich mich für dieses späte Gedicht aus dem Jahre 1955 entschieden.

Die zweite Strophe mit dem nachdrücklich wiederholten »Ich habe Menschen getroffen« vermittelt gesteigerte Betroffenheit. Stärker noch als in den Anfangszeilen wird deutlich, daß es sich um eine Irritation besonderer Art handelt: nicht um ärgerliches Befremdetsein, sondern um einen Akt produktiver Beunruhigung, um Wesenserweiterung. Steht hinter der ersten Strophe ein leises Kopfschütteln, dem die aufgelockerte Bauweise mit ihren eher gedichtfremden Konversationselementen entspricht, so hat die zweite Konsistenz und eine festere Gangart.

Jetzt geht es nicht mehr um Zartgefühl, das sich als – noch so liebenswerte – Schwäche äußert; es geht um Zartheit, die sich gegen eine widrige Umgebung behauptet, ohne dem eigenen Gesetz untreu zu werden. Drastisch und unkonventionell wird der soziale Aspekt herausgestellt: die überfüllte Stube, das Lernen am Küchenherd mit zugehaltenen Ohren. Wir erfahren, wogegen das Zarte sich zu behaupten hat; und wir erfahren, daß es dennoch das Zarte bleibt. Das ist sein Triumph. Die Verwunderung des Autors wird Bewunderung.

Dementsprechend gewinnt sein Vortrag an Intensität, das poetische Vokabular erweitert sich: Nausikaa und die reine Stirn der Engel, aber auch das mondäne »ladylike«. Benns lyrischer Stil ist universell, er überfliegt Zeit und Raum – wobei Satzbau und Zeichensetzung nicht kleinlich gehandhabt werden. Doch der Autor ist souverän genug, den Flug millimetergenau an dem Punkt abzubrechen, wo es gefährlich werden könnte. Behutsam begibt er sich aus der metaphorischen Gefahrenzone (Engel, Gräfinnen und die homerische Heldin) zurück in die Realität der lyrischen Erfahrung. Er blickt nach innen, um dort Antwort auf die Frage zu finden, »woher das Sanfte und das Gute kommt«.

Es versteht sich, daß dies eine Frage ist, die jenseits aller Antworten liegt. Auch das »lyrische Ich«, das vielzitierte, oft beschworene, kann nicht mehr tun, als unsere Empfänglichkeit für das im Unbeantwortbaren eingeschlossene Wunder zu wecken und zu stärken. Die letzte Zeile mit dem wehmütig-dunklen »Und muß nun gehn« ist das Eingeständnis einer Ohnmacht – einer Ohnmacht freilich, die dadurch, daß sie sich artikuliert, sich auf *diese* Art artikuliert, mehr in uns bewirkt, als selbst die beste Antwort es könnte.

GOTTFRIED BENN
NACHTCAFÉ

824: Der Frauen Liebe und Leben.
Das Cello trinkt rasch mal. Die Flöte
rülpst tief drei Takte lang: das schöne Abendbrot.
Die Trommel liest den Kriminalroman zu Ende.

Grüne Zähne, Pickel im Gesicht
winkt einer Lidrandentzündung.

Fett im Haar
spricht zu offenem Mund mit Rachenmandel
Glaube Liebe Hoffnung um den Hals.

Junger Kropf ist Sattelnase gut.
Er bezahlt für sie drei Biere.

Bartflechte kauft Nelken,
Doppelkinn zu erweichen.

B-Moll: die 35. Sonate.
Zwei Augen brüllen auf:
Spritzt nicht das Blut von Chopin in den Saal,
damit das Pack drauf rumlatscht!
Schluß! He, Gigi! –

Die Tür fließt hin: Ein Weib.
Wüste ausgedörrt. Kanaanitisch braun.
Keusch. Höhlenreich. Ein Duft kommt mit. Kaum Duft.

Es ist nur eine süße Vorwölbung der Luft
gegen mein Gehirn.

Eine Fettleibigkeit trippelt hinterher.

MARIAN SZYROCKI
DIE UMKEHRUNG DER LIEBE

Als 1912 Benns schmaler Gedichtband »Morgue« in der von A. R. Meyer in Berlin herausgegebenen Reihe »Flugblätter« erschien, war die Schockwirkung seiner fünfhundert durchnumerierten Exemplare perfekt. Ein Kritiker, geprägt – wie viele andere – von der ästhetizistischen Poesie eines George, Hofmannsthal und Rilke, quittierte das Buch mit dem Ausruf »Pfui Teufel!«.

»Nachtcafé«, das letzte Gedicht dieser den physiologischen Zerfall und existentiellen Ekel des Menschen reflektierenden Sammlung, gilt der verkrüppelten Liebe. Merkwürdigerweise gingen die Interpreten bislang an diesem Gedicht vorbei. Vielleicht ist die Zahl 824, mit der das Gedicht eröffnet wird, schuld daran. Weder die verfügbaren Ausgaben noch andere Quellen geben über sie Auskunft.

Der Paragraph 824 des BGB hat nichts mit »Der Frauen Liebe und Leben« zu tun. Erst eine Einsichtnahme in Benns stellenweise schwer lesbare Manuskripte machte die Hypothese wahrscheinlich, daß es sich bei dieser Zahl um einen Lesefehler des Setzers handelt. Einen zweiten Fehler im gedruckten Gedicht, ein »H-Moll«, verbesserte Benn in der späteren Ausgabe zu »B-Moll«. Die Zahl 824 aber hielt sich hartnäckig, obwohl es um den Paragraphen 825, die »Bestimmung zur Beiwohnung«, den außerehelichen Beischlaf, gehen dürfte. Dieser Paragraph würde auf die im Nachtcafé sich vollziehende Pervertierung der

Liebe hindeuten, zusammengestellt mit der Identität der Titel »Frauen Liebe und Leben« eines damals gerade neuen Walzers von Franz von Blon und von Schumanns berühmtem Zyklus.

Die Stimmungsmacher des Cafés, die Musiker, sind an »hoher Kunst« wenig interessiert. Ihre Auswechselbarkeit macht Benn dadurch sinnfällig, daß er sie nach den Instrumenten bezeichnet, die sie ohne inneres Beteiligtsein traktieren. Die direkte Umkehrung »hoher Kunst« ist das Rülpsen des Flötenspielers »drei Takte lang«, hervorgerufen durch das »schöne Abendbrot«.

Das Publikum des Nachtcafés samt seinem Gebaren wirkt ekelerregend. Abstoßende männliche Kreaturen werben um verkommene Frauen. Benn demonstriert dies an vier Paaren, indem er mit medizinischer Sachlichkeit deren physische Versehrtheit offenbart. Anstelle der Personen nennt der Dichter, *pars pro toto,* einzig Symptome des Zerfalls oder Namen verunstaltender Krankheiten.

In der auf das Triebhafte reduzierten Atmosphäre des Nachtcafés wirkt jener Anhänger mit Kreuz, Herz und Anker, den Sinnbildern des christlichen Glaubens, der Liebe und Hoffnung, am Hals einer Prostituierten mit »offenem Mund« und »Rachenmandel« wie eine Gotteslästerung. Als eine andere Art von Blasphemie wird das Herunterspielen der Sonate Opus 35 von Chopin an diesem Ort empfunden. Der Protest verbalisiert sich jedoch nicht. Lediglich »Zwei Augen brüllen auf«.

Wurde dem Leser bis hierher das Nachtcafé-Publikum allein durch einzelne Merkmale des Häßlichen und Kranken präsentiert, so tritt jetzt eine Person in den Saal: »Ein Weib«. Mag auch sie allgemeinem Schönheitsideal widersprechen, so wirkt sie doch auf das lyrische Ich, diese

»ausgedörrte«, exotische, kanaanitisch braune Frau. Sie scheint ihm keusch und glückversprechend zu sein. Faszinierend durch das, was ihr vorausweht: »Kaum Duft. Es ist nur eine süße Vorwölbung der Luft ...«.

Die von der Frau ausgehende Faszination wird jedoch im Nachsatz ironisch gebrochen. Sie kommt nicht allein, eine »Fettleibigkeit trippelt hinterher«.

Das nun assoziierte Bild vom ungleichen Paar, der großen Dürren und dem kleinen Dicken, widerlegt die Vermutung von der Keuschheit jenes »Weibes«, dessen Gunst jetzt gleichfalls käuflich erscheint. Somit finden »der Frauen Liebe und Leben« des Walzers und des romantischen Liederzyklus in Benns Gedicht ihre Widerrufung: Nicht Liebe, sondern Geschlechtstrieb beherrscht die Szene.

GOTTFRIED BENN
NUR ZWEI DINGE

Durch so viel Formen geschritten,
durch Ich und Wir und Du,
doch alles blieb erlitten
durch die ewige Frage: wozu?

Das ist eine Kinderfrage.
Dir wurde erst spät bewußt,
es gibt nur eines: ertrage
– ob Sinn, ob Sucht, ob Sage –
dein fernbestimmtes: Du mußt.

Ob Rosen, ob Schnee, ob Meere,
was alles erblühte, verblich,
es gibt nur zwei Dinge: die Leere
und das gezeichnete Ich.

HELMUTH KIESEL

REIM ALS BOTSCHAFT

Das Gedicht »Nur zwei Dinge« wurde erstmals 1953 in der »Neuen Zeitung« veröffentlicht. Es gehört also zu Benns späten Gedichten. Aber auch wenn man dies nicht wüßte, sähe man, daß es sich um ein Gedicht eines älteren, erfahrenen, man kann ruhig auch sagen: gereiften Menschen handelt. Dazuhin um das Gedicht eines vollendeten Virtuosen, dem die Kunst so sehr zur zweiten Natur geworden ist, daß die Metrik und die Reime seines Gedichts völlig mühelos und wie selbstverständlich wirken. Dabei schrieb er in einer Zeit, in welcher der Reim durch die unheilvolle geschichtliche Erfahrung gründlich diskreditiert war, und was er zu sagen hatte, hätte vermutlich die meisten seiner Dichterkollegen bewogen, vor allem auf den Reim zu verzichten.

Der da spricht, blickt auf ein Leben zurück, das offensichtlich ein durch viele »Formen« wie Individualismus, Kollektivismus und Partnerschaftlichkeit führender Versuch war, Erfüllung zu finden und eine Antwort auf die Frage nach dem Sinn dieses Treibens zu erlangen. Doch eben diese unabweisbar scheinende Frage ließ das Leben zu einem andauernden Leiden werden, das im Rückblick auch noch als unnötig oder zumindest als unnötig groß erscheint. Denn es resultiert aus einer Frage, die zwar unabweisbar oder »ewig« und mithin unbeantwortbar zu sein scheint, nun aber, wenn auch »spät«, als eine »Kinderfrage« erkannt ist –: als eine Frage, welche die Menschen nur bis zu einem gewissen Alter umtreiben und peinigen darf, danach durch die Einsicht neutralisiert sein sollte, daß die Antwort auf sie darin besteht, daß es eine sichere und befriedigende Antwort nicht gibt. In diesem Sinn hat Benn am 17. Februar 1949 an seinen vertrauten Briefpartner F. W. Oelze geschrieben, es entspreche der Erfahrung und Einsicht eines bewußt modernen Intellekts, daß er »nicht nach den letzten Dingen fragt, er wird schon mit den vorletzten nicht fertig«. Was ihm bleibt, ist die Ungewißheit eines letzten Sinns, diese »Leere«, wie es am Ende des Gedichts heißt, als unaufhebbares Schicksal ohne Jammer »männlich« zu »ertragen«, wie es vor Benn schon der nüchternste Diagnostiker der modernen Erkenntnissituation, Max Weber, in der berühmten Rede »Wissenschaft als Beruf« verlangt hat. Benn hat diese Maxime buchstäblich zum Zentrum seines poetischen Lebensberichts gemacht: Das »ertrage« beschließt sehr pointierend jene siebte Zeile, die in dem insgesamt dreizehnzeiligen Gedicht eine Art Symmetrieachse und Gravitationszentrum bildet.

Für dieses erkenntnismäßig und lebenspraktisch desillusionierende Fazit scheinen Metrik und Reime, die gleichermaßen eingängig wirken, zunächst einmal ein Mittel der Milderung und Bekömmlichmachung zu sein. Als solches hat man den Reim gerade in jenen Jahren vorzugsweise betrachtet und verworfen. Darüber sollte man aber nicht vergessen, was der Reim zuvor ist: Ausdruck des Versuchs, etwas schön zu sagen, um in dem, was gesagt wird, Schönheit zur Erscheinung kommen zu lassen. Schönheit aber ist, wie Stendhal gesagt hat, »une promesse de bonheur«: eine Verheißung von Glück und Erfüllung. So könnte es sein, daß dieses Gedicht neben der desillusionierenden Erkenntnis, die es wörtlich mitteilt, unausgesprochen noch eine zweite, anders lautende und konkurrierende Botschaft hat. Sie läge in der Gereimtheit, die der Nüchternheit und Härte der Worte widerspricht, und wäre vielleicht die eigentliche Botschaft des Künstlers. Gottfried Benn hat dieses Gedicht in der letzten von ihm selbst mitgestalteten Ausgabe seiner Gedichte vor den »Epilog« an die vorletzte Position gestellt. Es gehört zu seinem poetischen Testament.

GOTTFRIED BENN
REISEN

Meinen Sie Zürich zum Beispiel
sei eine tiefere Stadt,
wo man Wunder und Weihen
immer als Inhalt hat?

Meinen Sie, aus Habana,
weiß und hibiskusrot,
bräche ein ewiges Manna
für Ihre Wüstennot?

Bahnhofstraßen und Rueen,
Boulevards, Lidos, Laan –
selbst auf den Fifth Avenueen
fällt Sie die Leere an –

Ach, vergeblich das Fahren!
Spät erst erfahren Sie sich:
bleiben und Stille bewahren
das sich umgrenzende Ich.

DIETER E. ZIMMER
WARNUNG VOR TOURISMUS

Sehr verehrter Herr Benn,
wenn Sie mich so fragen (und ich hatte ja nun fast drei Jahrzehnte Gelegenheit, darüber nachzudenken): nein. Ich meine nicht, Zürich *sei eine tiefere Stadt*. Das Wort *tief* im Zusammenhang mit egal welcher Stadt erscheint mir überhaupt unpassend. *Wunder und Weihen*, gar ständige, vermute ich in dieser Bankenmetropole schon gar nicht. Bei *Wunder und Weihen* fiele mir eher Lourdes ein, und die dort praktizierte *Tiefe* ist mir so wenig geheuer, daß ich den Ort immer sorgsam gemieden habe.
Was Habana angeht: wenn auch kein *ewiges Manna*, so doch Ermutigungserlebnisse haben einige dort letzthin gesucht; aber daß keinerlei *Wüstennot* dort gelindert würde, hätte ich gleich gewußt. Am stärksten aber mußte ich einmal auf der 5th Avenue an Ihre Frage denken: Wie kamen Sie zu der Vermutung, ausgerechnet dort falle einen *Leere* an? Ich weiß schon, Sie meinten die andere, die innere; aber so leer kann sich einer allein gar nicht fühlen, daß er dort nicht vor allem den Eindruck hätte, von Fülle überfallen zu werden.
Darum, möchte ich jetzt sagen, war die Frage nicht ganz die richtige, und auf unrichtige Fragen gibt es selten richtige Antworten. Unsereins reist nicht, weil er ein *ewiges Manna* sucht, sondern weil die Welt voll ist von Unterschieden, auch unterschiedlichen Anblicken. Wer inmitten der endlosen grauen Wochen beispielsweise am Baye-

rischen Platz in Berlin zu leben gezwungen ist (als Schüler und Student bin ich dort manchmal mit dem Fahrrad ergriffen an Ihrem Haus vorbeigefahren), könnte doch auch ganz ohne Wunderhoffnungen das Bedürfnis verspüren, seinen Sinnen einen anderen, einen heftigeren, einen ansprechenderen Eindruck zuzuführen.
Sie wußten das natürlich ganz genau. Sonst hätten Sie, damals in den fünfziger Jahren, als das Volk nach den Capri-Fischern schmachtete und die große Reiseraserei anhob, sich und uns nicht so gebieterisch dieses »Hiergeblieben« zugerufen. Schon die Art, wie Sie die *Bahnhofstraßen und Rueen*, die *Boulevards, Lidos, Laan* in aller Welt so genußvoll und kosmopolitisch aufzählen, zeugt von langen touristischen Gedankenspaziergängen in den armseligen Jahren großdeutschen Eingesperrtseins, und *weiß und hibiskusrot* war und ist Berlin-Wilmersdorf nun wahrhaftig nicht. Es war gewiß nicht notwendig, eine simple Fahrt nach Zürich zu einer Alles-oder-Nichts-Angelegenheit zu machen, sich den zwar nicht alle Seelennot behebenden, aber in dem einen oder anderen Licht doch wohltuenden Anblick des Limmatquais zu versagen.
Kurz, Ihr Gedicht hat niemanden und auch mich nicht aufgehalten, und doch ist es mir überallhin nachgegangen. Immer, wenn ich es mir wiederhole, kriecht mir eine tiefe Rührung am Brustbein entlang in die Kehle. Nach all den lyrischen Ichs und Dus diese unvertrauliche *Sie*-Anrede: die mußte einmal gefunden sein! Dann diese leichten Imperfektionen, die *Rueen* und diese sonderbaren deutsch-französisch-amerikanischen *Fifth Avenueen* bei Ihrem sonst so hochentwickelten Sinn für unpeinliche Reime, auch Ihre exzessiven Erwartungen ans Reisen: es

macht Sie sehr menschlich, es nimmt Ihnen einiges von dem Air des gestrengen Hüters von Zucht und Form, als der Sie sich sonst so oft jede Anteilnahme verbitten (aber: »Was schlimm ist« oder »Wenn ein Gesicht, das man als junges kannte ...«).

Und wenn ich auch meine, daß Sie all den fremden Straßenzügen Unrecht taten, als Sie sie von vornherein verschmähten, so hatten Sie doch auch wieder recht. Mit uns fremd gewordenen Vokabeln (*Tiefe, Wunder, Weihe, Manna*) deuten Sie auf ein unbefriedbares Verlangen hin, das in der Tat den Motor unserer Ortsveränderungen bildet. Wir wissen nicht, worauf dieses Verlangen eigentlich hinauswill, wir gäben sofort zu, daß wir die eigene Haut auch an den fremden Orten nicht abstreifen werden ... und trotzdem, irgendwie ... wäre es nicht möglich, daß uns eine andere Umgebung geradezu *wunder*bar befreite von den zuweilen so schwer erträglichen Festlegungen zu Haus? Ohne den beharrlichen Druck dieses Verlangens: wir studierten kaum je einen Fahrplan, eine Straßenkarte.

GOTTFRIED BENN
REISEN

Meinen Sie Zürich zum Beispiel
sei eine tiefere Stadt,
wo man Wunder und Weihen
immer als Inhalt hat?

Meinen Sie, aus Habana,
weiß und hibiskusrot,
bräche ein ewiges Manna
für Ihre Wüstennot?

Bahnhofstraßen und Ruen,
Boulevards, Lidos, Laan –
selbst auf den Fifth Avenuen
fällt Sie die Leere an –

Ach, vergeblich das Fahren!
Spät erst erfahren Sie sich:
bleiben und stille bewahren
das sich umgrenzende Ich.

HORST KRÜGER
VERGEBLICH DAS FAHREN?

Das Gedicht ist bekannt. Es wird gelegentlich, wenn im kleinen Kreis vom Glanz und Elend des Unterwegsseins die Rede ist, gern und genußreich zitiert. Dabei ist charakteristisch, daß der Zitierende fast regelmäßig schon in der dritten Zeile ins Stocken gerät. Wie geht der Text jetzt weiter?
Dies liegt nicht daran, daß Zeile drei und vier schwächer waren. Auch sie sitzen sehr präzise. Sie stehen nur zu tief im Schatten der strahlenden Aufbruchsbewegung der Eröffnungssequenz. Einmal gelesen, haftet sie unvergeßlich: »Meinen Sie Zürich zum Beispiel / sei eine tiefere Stadt?« In provozierend direkter Anrede und kühn mit einem Reizwort der klassischen Fremdenindustrie verbunden, wird kurzerhand eine traditionelle, blaue Reiseromantik außer Kraft gesetzt.
Trotzdem geht es hier nicht um traditionelle Tourismuskritik. Wenn das Gedicht überhaupt einen Adressaten hat (was die Anrede nahelegt, aber was ich bezweifle), so wäre der exklusive, großbürgerliche Einzelreisende von einst gemeint, der, der sich die Welt noch etwas kosten lassen kann: »Bahnhofstraßen und Ruen, / Boulevards, Lidos, Laan – / Selbst auf den Fifth Avenuen (wieso eigentlich ›selbst‹?) gerade dort fällt Sie die Leere an.« Wer unterwegs auf großer Reise würde nicht diese Augenblicke der Vergeblichkeit kennen?
Aber offenbar geht es hier um ein viel spezielleres Problem

– der Einsame, der Leidende, und man darf hier wohl einsetzen: der Dichter unterwegs. Ausgangslage ist die »Wüstennot« des Reisenden, tiefe Unerlöstheit, die sich durch Flucht nach außen zu heilen hofft. Das Thema heißt: Gibt es Selbsterlösung durch Extraversion? »Meinen Sie, aus Habana ... / bräche ein ewiges Manna?«

Sachlich gesehen (und aus eigener Erfahrung gesprochen) kann ich Benns großer Verneinung: »Ach, vergeblich das Fahren!« zunächst so nicht zustimmen. Natürlich sind Neugier und Welthunger immer auch produktive Triebfedern der menschlichen Existenz und Entwicklung gewesen. Auch spielt im Leben sehr vieler Schriftsteller das Reiseerlebnis, vor allem in Krisenmomenten, eine wichtige Rolle, die innerlich weiterführte. Das gilt von Goethes italienischer Reise bis zu Gide, Camus, Malraux und anderen. Wäre Rilkes »Malte Laurids Brigge« je ohne seine erschreckende Paris-Erfahrung zustande gekommen? Die Reise als Materialsuche des Künstlers hat es immer gegeben, wird es auch weiter geben.

Sachlich gesehen? Benn, meine ich, spricht hier in Wahrheit gar nicht zur Sache. Er spricht – wie sollte es beim Lyriker der monologischen Existenz anders sein? – einzig über sich selbst, über sein Verhältnis zum Reiseexperiment, seine eigene Trauer und Unfähigkeit, seine Verschlossenheit. Lyrische Existenz ist für ihn hermetische Existenz. In den letzten zwei Zeilen ist Benn dann ja auch ganz bei sich, seiner immerwährenden Thematik, seinem Glockenklang: »bleiben und stille bewahren / das sich umgrenzende Ich«.

»Reisen« ist, so gesehen, ein Abtasten seiner inneren Lage am Beispiel der Reise. Für seine »Wüstennot« gibt es da nichts zu erhoffen. Es ist nur eine kleine Paraphrase zu seinem herrlichsten Gedicht. Es heißt einfach »Gedichte« und formuliert kontrapunktisch und ins Positive gewendet, was er mit »Reisen« nur indirekt umschreibt: »Es gibt nur ein Begegnen: im Gedichte / die Dinge mystisch bannen durch das Wort.«

GOTTFRIED BENN
SCHÖNE JUGEND

Der Mund eines Mädchens, das lange im Schilf gelegen hatte,
sah so angeknabbert aus.
Als man die Brust aufbrach, war die Speiseröhre so löcherig.
Schließlich in einer Laube unter dem Zwerchfell
fand man ein Nest von jungen Ratten.
Ein kleines Schwesterchen lag tot.
Die andern lebten von Leber und Niere,
tranken das kalte Blut und hatten
hier eine schöne Jugend verlebt.
Und schön und schnell kam auch ihr Tod:
Man warf sie allesamt ins Wasser.
Ach, wie die kleinen Schnauzen quietschten!

SIBYLLE WIRSING
DIE AUTORITÄT

Gottfried Benns frühes Gedicht »Schöne Jugend« aus dem Zyklus »Morgue« (1912) schildert einen merkwürdigen Fall aus der anatomischen Praxis, den Fall eines lebenden Leichnams. Der Körper, den man vor sich hat, weist bei der Obduktion ein gesundes Innenleben auf.

Das Erlebnis, das schaurig und außergewöhnlich ist, wird konsequent in der Vergangenheitsform mitgeteilt. Indessen statuiert der Gedicht-Bericht im Widerspruch zu dem Schock die Gleichgültigkeit der zugrundeliegenden Person. Das freie Versmaß hätte es durchaus erlaubt, von dem Mund »des Mädchens« zu erzählen, dem Mund eben dieser und keiner anderen Toten. Aber der Dichter wählt den unbestimmten Artikel und beschreibt den Mund »eines Mädchens«, irgendeiner jungen Person, nicht der ersten oder letzten, die im Schauhaus endet, und riskiert um der Verallgemeinerung willen sogar den Verstoß gegen die Logik seines Vortrags. Denn zur Charakterisierung eines unpersönlichen, typischen Sachverhaltes gehört, streng genommen, das Präsens: »Der Mund eines Mädchens, das lange im Schilf gelegen hat, sieht angeknabbert aus.«

Benn wollte beides: den gemeinen und den ungemeinen Vorfall. Das Ereignis sollte einerseits möglichst spektakulär erscheinen und andererseits so trivial, daß das tote Mädchen nicht einmal durch die individuelle Besonderheit seines Verwesungszustandes etwas Besonderes ist. Die stilistische Unsicherheit des Anfangs weist jedoch darauf

hin, daß die Liquidierung der menschlichen Perspektive schwerfällt. Der Dichter schafft es erst nach der zweiten Gedichtzeile, den Menschen ganz und gar zu leugnen.
Von nun an kommt die Tote nur noch im Detail vor: die Brust, die Speiseröhre, das Zwerchfell. Die Leiche dient als Hohlform für eine virtuose Schilderung. Glatt, wie der Anatom das Innere freilegt, meißelt der Arzt und Poet die Bedeutungsvielfalt seiner Sprache heraus. Mit der sachlichen Information, daß die Brust aufgebrochen wurde, und mit dem hochartistischen Einsatz der Wörter »Laube« und »Nest« stellen sich die Assoziationen einer gewaltsamen Ruhestörung und eines eben noch traulichen Interieurs ein.
In der sechsten Zeile erreicht das Gedicht den Gipfel seiner Anzüglichkeit: »Ein kleines Schwesterchen lag tot« – die Frucht im Mädchenleib als tote Ratte, das menschliche Embryo rattenhaft neben seinesgleichen. Mit der Annonce dieses Fundes ist auch der Schicksalshinweis gegeben. Unter der Überschrift »Schöne Jugend« reimen sich die Schwangerschaft und der Wassertod des Mädchens kommentarlos zusammen.
In den folgenden sechs Schlußzeilen ist die Menschenhülle noch deshalb erwähnenswert, weil sie das Ungeziefer ernährte und behauste. Folgerichtig gilt das Mitleid am Ende nicht derjenigen, die sich ertränkt hat, sondern denjenigen, die beim Ersäufen quietschten.
Das Gedicht geht mit expressionistischer Radikalität aufs Ganze, aber es bezeugt dabei den Willen zum klassizistischen Ideal der Formvollendung: Das menschliche Äußere als Larve des bestialischen Inneren – die Totenklage als Rattenrequiem. Daß der Schock-Effekt der Perversion keine soziale Anklage bezweckt, sondern die formale Per-

fektion, den perfekten Zynismus, verrät allein der winzige Makel des ersten Satzes. Hier fällt mit einer immerhin spürbaren Irritation die Entscheidung zugunsten der unmenschlichen Neutralität.

Obgleich die Situation danach verlangte, daß der Körper auch für die Person einsteht, kommt die Tote nur als Form in Betracht. Ihre einzige überlieferte Bedeutung ist es, ein Behälter gewesen zu sein.

GOTTFRIED BENN
STILLEBEN

Wenn alles abgeblättert daliegt
Gedanken, Stimmungen, Duette
abgeschilfert – hautlos daliegt,
kein Stanniol – und das Abgehäutete
– alle Felle fortgeschwommen –
blutiger Bindehaut ins Stumme äugt –:
was ist das?

Die Frage der Fragen! Aber kein
Besinnlicher
fragt sie mehr –
Renaissancereminiszenzen,
Barocküberladungen,
Schloßmuseen –

nur keine weiteren Bohrungen,
doch kein Grundwasser,
die Brunnen dunkel,
die Stile erschöpft –

die Zeit hat etwas Stilles bekommen,
die Stunde atmet,
über einem Krug,
es ist spät, die Schläge verteilt
noch ein wenig Clinch und Halten,

Gong – ich verschenke die Welt
wem sie genügt, soll sich erfreun:

der Spieler soll nicht ernst werden
der Trinker nicht in die Gobi gehn,
auch eine Dame mit Augenglas
erhebt Anspruch auf ihr Glück:
sie soll es haben –

still ruht der See,
vergißmeinnichtumsäumt,
und die Ottern lachen.

GERSHOM SCHOCKEN
WELT IN TRÜMMERN

Die Kulturkulisse ist zusammengebrochen. Es ist eine Situation des allgemeinen und persönlichen Bankrotts (»abgeschilfert« = in Schuppen abgefallen). Eine schwerbeschädigte menschliche Gestalt wird eingeführt, der alle Felle, selbst das eigene, fortgeschwommen sind, da sie auch ihres ersten – und letzten – Schutzes beraubt ist: ihrer Haut, wie Bartolomäus (Michelangelo hat sich so im Letzten Gericht gemalt). Aber der Geschundene Benns – dessen Beschreibung an Bilder von Francis Bacon erinnert – ist kein gläubiger Heiliger, der in den Himmel hinauffährt, sondern ein hoffnungsloser Nihilist, der blutenden Auges um sich nur eine zerstörte Welt sieht. Aus einem Brief des Dichters an F. W. Oelze vom 27. Juli 1950 geht hervor, daß er sich weitgehend mit der geschilderten Gestalt identifiziert hat.
Die Frage nach dem Sinn des Ganzen drängt sich auf, wird aber sofort als unzulässig abgewiesen. Die Kulturwelt liegt in Trümmern. Übrig sind nur Reste aus vergangenen Perioden – Renaissance, Barock –, die uns nichts mehr zu sagen haben und die heute nur museale Objekte sind. Alles ist nur Oberfläche, seicht und flach. Es lohnt sich nicht, in die Tiefe zu gehen, nach Quellwasser zu graben. Der Kulturvorrat ist verbraucht. Ein neuer Stil kann nicht mehr entstehen.
Eine eigenartige Stille ist eingetreten. Die Zeit atmet über einem Hohlraum (das Komma nach »atmet« scheint mir

fragwürdig). Es ist spät. Die großen Kämpfe sind beendet. Nichts von Wert, nichts Belangvolles geschieht mehr. Was noch da ist, kann daher getrost für sofortige, leichte Genüsse verbraucht werden. Den Leichtlebigen gehören die Reste der Welt, dem Spieler, dem Trinker, der glückshungrigen »Dame mit Augenglas« (offenbar einem Werbetext entnommen). Aber die Spieler und Trinker und die leichtlebige Dame können den Fortbestand der Menschheit nicht sichern. Daß sie repräsentative Erscheinungen geworden sind, deutet auf das kommende Ende hin.

Die Schöpfungsgeschichte der Welt wiederholt sich, jedoch in umgekehrter Richtung. Die Welt wird wieder leer. Der Mensch stirbt aus. Seine Erben sind die primitiven Geschöpfe, die die Welt hundert Millionen Jahre vor seinem Erscheinen bevölkert haben, die Ottern. Gemeint ist die Schlange aus der Genesis. Sie feiert ihren Endsieg.

Für die Dichtung des Pfarrersohnes Benn war die Bibel sein Leben lang eine wichtige Quelle. Wortformen des ursprünglichen Luthertextes finden sich schon in den ganz frühen Gedichten seiner wildesten expressionistischen Periode. In dem vorliegenden Gedicht – wie auch in anderen – klingt ein Bibelthema an.

In seinem Brief an Oelze schreibt Benn über dieses Gedicht: »Mein altes Lied: ›überall der tiefe Nihilismus der Werte, doch darüber die Transzendenz der schöpferischen Lust‹ ... Vergessen Sie nicht: die edle einfältige Lyrik faßt das Heute in keiner Weise. Selbst Wiegenlied (von Goethe, 1818), selbst Orplid wären, ins Heute projiziert, nicht ehrlich und echt. Wir sind böse und zerrissen, und das muß zur Sprache kommen.«

GOTTFRIED BENN
TURIN

»Ich laufe auf zerrissenen Sohlen«,
schrieb dieses große Weltgenie
in seinem letzten Brief –, dann holen
sie ihn nach Jena –; Psychiatrie.

Ich kann mir keine Bücher kaufen,
ich sitze in den Librairien:
Notizen –, dann nach Aufschnitt laufen: –
das sind die Tage von Turin.

Indes Europas Edelfäule
an Pau, Bayreuth und Epsom sog,
umarmte er zwei Droschkengäule,
bis ihn sein Wirt nach Hause zog.

HANS J. FRÖHLICH
SPRECHEN DURCH EINE MASKE

Nicht die im Titel (und in der zweiten Strophe) genannte Stadt wird angedichtet, nicht der Süden, der »ligurische Komplex« durch einen Ortsnamen beschworen. Turin ist eine Chiffre, sie steht für Nietzsches gezählte Tage in dieser Stadt nach seinem Herzen, für seinen körperlichen und geistigen Zusammenbruch im Januar 1889.
Benn hat dieses Gedicht, zusammen mit den berühmten »Sils-Maria«-Versen, in seinem März 1936 veröffentlichten Band »Ausgewählte Gedichte« aufgenommen, der ihm die unflätigsten Angriffe im »Schwarzen Korps« eintrug. Er berichtet darüber im »Doppelleben«. Auf Anweisung der NS-Zensur mußte die Sammlung für eine zweite Ausgabe im Mai 36 »gereinigt« werden. 1938 erhielt Benn Schreibverbot und wurde aus der Reichsschrifttumskammer ausgeschlossen.
Das Gedicht »Turin« gehörte offenbar nicht zu den beanstandeten Texten, obwohl es einem Sakrileg gleichkommen mußte, den von den Nazis zu ihren »Ahnen« idolisierten Nietzsche, auch wenn sein Name nicht genannt wird, als »Weltgenie« zu apostrophieren, was schon fast nach Internationalismus klingt. Noch weniger Zustimmung dürfte es eigentlich gefunden haben, daß Benn in seinem Gedicht ausgerechnet an den schwächsten Moment dieses den Übermenschen predigenden Philosophen erinnert: an jene dem Zusammenbruch vorausgegangene rührend-sentimentale Episode auf der Piazza Carlo Alberto,

wo Nietzsche am 3. Januar 1889 Zeuge wird, wie ein Kutscher sein altersschwaches Pferd brutal mißhandelt. Nietzsche, von Mitleid überwältigt, fällt dem Tier schluchzend um den Hals und bricht dann zusammen. Overbeck bringt eine Woche später seinen Freund nach Basel in die Nervenklinik. Am 13. Januar trifft Nietzsches Mutter in Basel ein und überführt ihn in die Irrenanstalt zu Jena.

Benn stellt in seinem Gedicht die bekannten Vorgänge gleichsam in umgekehrter Reihenfolge dar, wodurch die Kausalität zwar nicht aufgehoben, aber verschleiert ist. Nach dem Zitat in der ersten Verszeile, dem in der zweiten und halben dritten Verfasser und Quellenangabe folgen, liest man das temporale ›dann‹ wie ein begründendes: als hätten ›sie‹ das Weltgenie aufgrund dieses letzten Briefes nach Jena geholt, wobei man an die Universität denkt, deren philosophische Fakultät später seine berüchtigte Schwester zum Doktor h.c. gemacht hat. Die Wirklichkeit freilich, wie man weiß, sah anders, schauriger aus. Um Psychiatrie auf Weltgenie zu reimen, brauchte Benn kein Lexikon. Dieses Reimpaar entsprang seiner Überzeugung, die er 1930 in dem Essay »Das Genieproblem« expliziert hatte.

Auf die Vorgeschichte, Nietzsches Zusammenbruch, der mit dem Schickeria-Treiben an europäischen Modeorten in zeitliche Koinzidenz gebracht wird, spielt das Gedicht erst in der vorletzten Zeile an: ›umarmte er zwei Droschkengäule‹. Doch wieso verdoppelt Benn die Pferdestärke? Ein Plural des Reimes wegen?

Die irritierende Mittelstrophe, wo plötzlich in der ersten Person referiert wird, allerdings – und darum irritierend – ohne Anführungszeichen (im Unterschied zu dem als Zitat gekennzeichneten Eingangsvers), legt die Deutung nahe, daß dieses Ich ein anderes als das des Briefschreibers ist, ein zweites Ich, das sich die Tage von Turin durchaus nicht glücklich, wie Nietzsche sie seinen Freunden schildert, sondern arm, verzweifelt und gehetzt ›nach Aufschnitt laufen‹ vorstellt, daß dieses Ich nicht über, von oder als Nietzsche spricht, sondern als exemplarische Künstlergestalt, als Mensch, »ohne moralischen und philosophischen Inhalt, der den Form- und Ausdrucksprinzipien lebt«. Also nicht Identifikation, sondern Sprechen durch eine Maske, aber von Ich und »Ich«. Die scheinbar willkürliche Verdoppelung in der vorletzten Zeile konkretisiert dieses Aufspalten einer Persönlichkeit in einem Bild, das zur Metapher für Benns Existenzmodell wird: dem »Doppelleben«.

Ich ahne nicht, ob Benn »Turin« zu jenen sechs oder acht vollendeten Gedichten gezählt hat, die, wie er meinte, ein Lyriker unserer Zeit überhaupt nur hinterlassen könne. Doch ist es – und nicht nur von denen, die auf Nietzsches Lebensumstände anspielen oder ihn mal offener, mal versteckter zitieren – für mich eines der persönlichsten Gedichte Gottfried Benns und in seinem Werk eines der ganz zentralen.

GOTTFRIED BENN
VON BREMENS SCHWESTERSTADT
BIS SILS MARIA

von Bremens Schwesterstadt
bis Sils Maria –
ich hab das Alles satt,
die Vita mia,

weiß Gott, ich weiß nicht mehr,
was ich geschrieben,
ein Zug von d'outremer
hat mich getrieben,

doch jetzt kein Hafenglück,
man kehrt nicht wieder,
man sieht aufs Meer zurück
und senkt die Lider.

HERMANN KUNISCH
SCHMERZLICHES BEKENNTNIS

Keins der »abgeschlossenen, hinterlassungsfähigen Gebilde«, denen Benn zumutete, »Immortalität« über »versunkenen Metropolen und zerfallenden Imperien« zu verwirklichen, keines jener »artistischen« Gedichte, die »innerhalb des allgemeinen Verfalls der Inhalte sich selber als Inhalt erleben«. Ein Briefgedicht: also Mitteilung, Bekenntnis als Inhalt, am 22. Februar 1951 an den Bremer Gönner und Vertrauten Wilhelm Oelze ohne jeden weiteren Zusatz geschickt.

In dem Ausdruck der Resignation, des Überdrusses an Leben und Arbeit ist dieses Gedicht verwandt mit den Versen der voraufgehenden Jahre: »Zerrissenheit, Unsicherheit, ja Haltlosigkeit ... nur problematisch u. fragmentarisch«. Sie erschienen als »Fragmente« 1951 in einem schmalen Heft. Warum es in keine seiner Gedichtsammlungen, auch nicht in die endgültige Ausgabe der »Gedichte« von 1956 aufgenommen wurde, ist schwer zu entscheiden. Vielleicht weil Benn sich seiner nicht mehr erinnerte (es besteht keine zweite Abschrift), vielleicht auch, weil er es für zu augenblicklich, zu wenig durchgeformt hielt. Aber es ist dennoch anziehend und von reizvoller Eigenart: ein unvergeßlicher Klang bleibt einem im Ohr schon nach dem ersten Lesen; bezaubernd der kaum merkliche Übergang von dem nonchalanten Parlando der ersten Zeilen in den dunklen Verzicht des Schlusses.

Was ist das? Augenblickliche Mitteilung seiner Not einem

Eingeweihten gegenüber; ein der Öffentlichkeit verborgen bleibender Widerruf des sonst gegen eigene und fremde Infragestellung behaupteten Glaubens an das Überstehen aller Zweideutigkeit des persönlichen und geschichtlichen Daseins in der »letzten Transzendenz innerhalb des großen europäischen Nichts«, als welche die Kunst ist, die »Artistik«.

Unartistisch, ganz persönlich die Anfangszeilen mit der noblen Geste dem Bremer Freund gegenüber, wenn er Berlin »Bremens Schwesterstadt« nennt. Dann die berlinisch saloppe Absage an sein bisheriges Dasein und Arbeiten: »Ich hab das Alles satt, die Vita mia«. Er will das alles nicht mehr wahrhaben: von Berlin bis Sils Maria, von Benn bis Nietzsche, das heißt, sein Schreiben und Dichten, das von dem »Artisten-Evangelium« Nietzsches, dem »Olymp des Scheins«, dem Primat der Form vor dem Inhalt bestimmt war. Dieses Eingeständnis widerruft sein bisheriges Werk und die Sicherheit, die ihm einmal aus dem Vermächtnis des Einsamen von Sils Maria gekommen war, den Gewinn langer Jahre, den Glauben an die Kunst, die aus ihm erwachsenen bleibenden Gebilde, die »Statuen«, in denen die Saat unendlicher Mühsal (»Ein Gedicht entsteht überhaupt sehr selten – ein Gedicht wird gemacht.«) endgültig geborgen ist.

Unser Gedicht ist die bittere Verleugnung dessen, von dem er im letzten weiß, daß es dennoch bestehenbleibt, und daß er es wird nicht aufgeben können. Der Grund für solche sich selbst widerlegende Absage an das ihm Eigenste, die Kunst, war die Furcht, die sein ganzes Leben bis in das schwere Ende bestimmte: er würde sich einmal begnügen, der Härte, dem Dunkel ausweichen, ein »Hafenglück« suchen, »aus seiner Mördergrube ein Herz machen«, nachdem er ein Leben lang »aus seinem Herzen eine Mördergrube gemacht« habe. So lautet eines seiner letzten Worte.

Was er im Augenblick dieses Gedichts noch für möglich hält, ist die trauernde Rückwendung zu dem *d'outremer*, dem Drüben, aus dem der Trieb zum Gestalten gekommen war, und das müde Senken der Lider. Nichts mehr; kein Glück, kein »Glaube an Form und Tat«. Schmerzliches Bekenntnis eines großen Künstlers, dessen unabweislicher Drang zum Gestalten des Bleibenden immer wieder in Zweifel und Trauer mündet: »Ich sehe in ein fernes Land, wo die Schatten weinen.«

GOTTFRIED BENN
WAS SCHLIMM IST

Wenn man kein Englisch kann,
von einem guten englischen Kriminalroman zu hören,
der nicht ins Deutsche übersetzt ist.

Bei Hitze ein Bier sehn,
das man nicht bezahlen kann.

Einen neuen Gedanken haben,
den man nicht in einen Hölderlinvers einwickeln kann,
wie es die Professoren tun.

Nachts auf Reisen Wellen schlagen hören
und sich sagen, daß sie das immer tun.

Sehr schlimm: eingeladen sein,
wenn zu Hause die Räume stiller,
der Café besser
und keine Unterhaltung nötig ist.

Am schlimmsten:
nicht im Sommer sterben,
wenn alles hell ist
und die Erde für Spaten leicht.

WERNER ROSS
BIER LYRISCH

Wein ist Poesie, Bier Prosa, das ist der alte Brauch. Wenn der Dichter ihn durchbricht, steigt er von seinem Sockel, macht sich mit dem kleinen Mann gemein, für den ein Glas Bier im Sommer, goldgelb und blütenweiß, durchaus etwas Hochpoetisches hat. Wie alles Poetische steigert es seinen Wert dadurch, daß man es nicht bekommen, in diesem Falle: nicht bezahlen kann. Geldnot ist womöglich noch lyrikferner als Bier; aber der Arme-Leute-Doktor Benn, der die Berliner Kneipen und ihre Insassen liebte, konnte sich leicht hineinversetzen, hatte selbst auch akut daran gelitten. Da gewinnt Bier bei Hitze den Schimmer einer großen Vision.

Die anderen Übel, die das Gedicht aufzählt, betreffen weniger den Berliner Kneipeneinsitzer als den neugierigen Leser und abenteuernden Denker Benn. Gemeinsam ist ihnen das Tantalische: da sind greifbar das Bier, der Krimi, der gute Kaffee, die Stille des Zimmers, aber dem Zugreifenden entziehen sie sich. Auch der neue Gedanke ist ein solcher neckender Kobold: man muß ihn in der Falle der Formulierung fangen, kann ihn nicht kaufen und einwickeln lassen im Altwarengeschäft für abgelegte Lyrik, auch nicht neu aufgebügelt bei der Wissenschaft. Die nächtlichen Wellen schließlich, kein Fehlen, sondern ein Zuviel, deuten auf etwas Verschwiegenes hin: ihrem Immer entspricht das Nicht-Mehr, die Vergänglichkeit der Existenz.

Benn hat dieser Vergänglichkeitsmelodie gern die Dauer

der gestalteten Form gegenübergestellt. Von der, so scheint es, kann in diesem Gedicht nicht die Rede sein. Es kommt salopp und lässig daher, in Parlando-Manier, reiht Augenblickseinfälle, koppelt den Biertrinkerwunsch mit Ewigkeitsgedanken, den Krimi mit Hölderlin. Hier scheint nicht gemeißelt, eher umgangssprachlich geschlampt. Aber der erste Eindruck ist irrig; man muß durch vorgetäuschte Lässigkeit hindurch das Formgesetz aufspüren, das den Beliebigkeiten der Reihung die Struktur gibt.

Katalogpoesie, die Übel oder Güter reiht, ist so alt wie die Lyrik selbst. Sie mobilisiert den Wunschtraum wie den Angsttraum: zwei ursprüngliche Seelenlagen. Ihre Form findet sie schon bei den Griechen in dem, was die Literaturwissenschaftler Priamel nennen: einer Häufung, die beliebig weiterlaufen könnte, wenn sie nicht durch eine überraschende Schlußpointe abgebrochen oder abgerundet würde. Das Kunterbunt der Einzelzüge gehört zur Gattung: es nimmt der Aufzählung die Pedanterie.

Benn hat die Form gekannt oder neu entdeckt. Er gehorcht ihrem Rösselsprunggesetz. Bei jedem seiner Übel wird die Bühne gewechselt. Jedesmal wechselt die strophische Form, wechseln Verslänge und Rhythmus. Nur die beiden letzten Strophen ordnen sich – man könnte sagen: sonettartig – einem Parallelgesetz unter. Sie enthüllen zugleich – mit »sehr schlimm« und »am schlimmsten« – das Baugesetz des Gedichts, die Steigerung.

In der vorletzten Strophe wird noch einmal ein Überraschungseffekt angesteuert. »Sehr schlimm«, das wäre eigentlich, nach dem Vergänglichkeitsecho der Wellen, die von Benn oft beschworene Einsamkeit. Aber mit fast snobistischer Wendung wird aus Einsamkeit Eingeladensein, und das stille Zuhause erscheint im Vergleich dazu wie ein epikuräischer Lustort. Ausdrücklich wird die Metaphysik verlassen, zugunsten des guten Kaffees, der doch nur *eine* Stufe über dem Bier bei Hitze rangiert.

Erst aus dieser Unordnung, diesem dissonanten, auch im Rhythmus hart prosaischen Gepolter blüht die lyrische Melodie der letzten Strophe auf – als reine Entfaltung, als Lied. Wie bei den Vätern der modernen Musik, Hindemith oder Strawinsky, ist die Melodie dem Chaos schließlich abgerungen. Das Übel zieht sich zurück, hockt nur noch in dem kleinen »nicht«. Strahlend steigen aus allen Widrigkeiten die Schönheit der Erde, das Mitgefühl mit dem anderen, der die Grube gräbt, und tröstlich der leichte Tod. »Sommer«, »hell«, »leicht« sind die tragenden Töne dieser wunderschönen Todesstrophe.

GOTTFRIED BENN
WIRKLICHKEIT

Eine Wirklichkeit ist nicht vonnöten,
ja es gibt sie garnicht, wenn ein Mann
aus dem Urmotiv der Flairs und Flöten
seine Existenz beweisen kann.

Nicht Olympia oder Fleisch und Flieder
malte jener, welcher einst gemalt,
seine Trance, Kettenlieder
hatten ihn von innen angestrahlt.

Angekettet fuhr er die Galeere
tief im Schiffsbauch, Wasser sah er kaum,
Möwen, Sterne – nichts: aus eigener Schwere
unter Augenzwang entstand der Traum.

Als ihm graute, schuf er einen Fetisch,
als er litt, entstand die Pietà,
als er spielte, malte er den Teetisch,
doch es war kein Tee zum Trinken da.

MICHAEL ZELLER
WIRKLICHKEIT?

Benns Verse verherrlichen den Mann, als Mann und als Künstler. Sie tun das mit einer bedenkenlosen Sicherheit, die man heutzutage nicht mehr zu äußern wagt, die man gerade noch in einer starken schwachen Stunde zu bewundern sich getraut. Zu kritisch sieht man seine eigene Rolle als Sozialwesen Mann, zu plausibel sind die Forderungen engagierter Frauen nach Gleichberechtigung in jedem Sinn, als daß da noch der Rausch phallischer Allmacht sich ungebrochen feiern ließe. Aber die Minierarbeit des Bewußtseins, die Anstrengung zu gesellschaftlicher Sensibilität – sie bleiben gefährdet durch eine untergründige Sehnsucht nach dem, der seine Existenz nur durch sich selbst beweisen kann, der ohne Sozialversicherung und Bausparvertrag Werke schafft.
Diese Sehnsucht kann auch durch ein selbstauferlegtes Sprechverbot nicht weggenommen werden. Sie läßt sich nur verdrängen, und damit wächst sie sich zu einer unkontrollierbaren Gefahr aus: sie wird zur Angst und liefert sich dem politischen *Sex-Appeal* des »starken Mannes« ebenso wehrlos aus wie in der Unterhaltungsindustrie den Batman, Bronson, Wayne und Reinhold Messmer.
Die einzige Möglichkeit, daß sich Männlichkeit weder sozialfreundlich zurücknimmt noch dem unkontrollierbaren Machtrausch verfällt, sieht Benn im selbstinszenierten Spießrutenlauf des Künstlers, in der freiwillig auferlegten Askese des Malens, Schreibens, Komponierens, im Dienst

an einer Form. Nur dort – im »Urmotiv der Flöten« – ist der Überschuß phallischer Kraft aufgehoben, in dem Sinn, daß sie zu sich selbst kommt und sich selbst begrenzt: Sie richtet ihre Energie nach innen, zerstörerisch und fruchtbar, wird zum Regisseur der Wirklichkeit an der Grenze zwischen Ich, Traum und Welt: »Aus eigener Schwere / unter Augenzwang entstand der Traum«. Dieser Mann hat keine Wirklichkeit zu fürchten, nur die jener »starken Männer«, die zu einer schwachen starken Stunde sich entschließen, »Politiker zu werden«. Dann kann es kommen, daß die »Kettenlieder« jenseits eines Stacheldrahtverhaus erklingen.

Doch Benn wäre kein großer Poet, wenn er die Apotheose des Mannes als Mann und als Künstler mit ebenjener Wirklichkeit, die doch gar nicht mehr »vonnöten« schien, nicht ins Handgemenge brächte. In der letzten Strophe setzt er den männlichen Machttraum auf den harten Boden der Tatsachen. In drei Zeilen wirft Benn dabei die Kulturgeschichte dessen, was man Abendland nennt, aus dem Ärmel, mit Grandezza »Teetisch« auf »Fetisch« reimend.

Der Kraftüberschuß des Mannes und die Kunstbemühung waren da in mythischen Vorzeiten und entluden sich in den Fetischen der Höhlenmalerei; das religiöse Zeitalter personifizierte das »Urmotiv der Flairs und Flöten« im leidenden Menschen, dem gestürzten Ikarus (»Pietà«), abgelöst von den ernsten Spielen eines Ästhetizismus, der kein metaphysisches Sinn-System mehr hinter sich wußte. Ob Phidias, Michelangelo, ob Cézanne – sie alle gaben die phallische Dämonie an Kunstwerke ab, unter »Augenzwang«, sie schufen Welten, die ihren Existenzbeweis in sich tragen. Sie formulieren Träume, die

den Betrachter noch nach Jahrhunderten beschämen, und doch: die Mägen, ihre, unsere, blieben und bleiben leer dabei.
Mit berlinischer Schnoddrigkeit, die den westpreußischen Pastorensohn Benn zum Dichter machte, entläßt das Gedicht den Leser mit der Frage: »Was heißt 'n dann noch Wirklichkeit?«

HERMANN BROCH
DIEJENIGEN, DIE IM KALTEN SCHWEISS

Diejenigen, die im kalten Schweiß der Hinrichtung
täglich, nächtlich erbleichten,
die höllenhaft Fiebernden
hätten heute ein Recht zu singen,
und wenn sie es täten,
sie täten es in fürchterlich neuer Sprache,
in der kein Wort dem andern
mehr ähnelt.

Aber sie schweigen; sie tragen
den Knebel des Schicksals
weiter in ihren Mündern zwischen den
schmerzenden Kiefern,
denn was sie zu sagen hätten wäre uns
stumm, ein schrilles Glucksen der Zerstörung;
darum hat uns, die wir es hören müßten,
das Schicksal die Ohren verstopft.

Wir starren sie an, sie starren uns an:
die Augen, die ihren, die unsern,
vermögen noch zu blicken
und sich vorzulügen,
daß sie die Menschengestalt sehen.

Wehe, wenn einer spricht.

PAUL MICHAEL LÜTZELER
DIE SPRACHE DER OPFER

New York 1940: Zwei Jahre war es her, daß Broch – trotz anfänglicher Haft – aus dem anschlußberauschten Wien nach England und wenige Monate später in die Vereinigten Staaten entkommen konnte. Über die Todesängste und die Verzweiflung, die ihn während seiner Gefängniszeit und der Fluchtvorbereitung überkamen, hat er nur in Andeutungen berichtet, aber sein gesamtes Exilwerk ist indirekter und direkter Ausdruck davon, sich dieser Ängste und – das vor allem – ihrer Ursachen zu erwehren. Dieses Gedicht entstand Jahre vor Auschwitz und spricht doch schon vom Holocaust. Broch hatte seit 1933 vorausgesehen, worauf Hitlers Politik hinauslief. Das zeigen nicht nur seine Briefe, sondern auch sein Roman *Die Verzauberung* (1935) und seine *Völkerbund-Resolution* (1936/37). Seit Mitte der dreißiger Jahre befand er sich in dem Dilemma, als Schriftsteller zu erkennen, daß Literatur und Kunst unangemessene Mittel im Kampf gegen den Hitlerismus waren (daher seine zahlreichen Arbeiten zur Theorie der Demokratie, zum Massenwahn des Faschismus, zu den Menschenrechten). Aber gleichzeitig weiß er, daß nur die dichterische Sprache in der Lage wäre, den Schmerz, die Verzweiflung, das bisher ganz unvorstellbare Grauen in Hitlers Kerkern und Konzentrationslagern auszudrücken. Nur in der authentischen Sprache der Dichtung vermag man – mit Broch zu sprechen – die »neuen Realitäten« zu artikulieren, Realitäten, denen mit zweckrationalen Sprachmitteln (etwa denen der Wissenschaft) nicht beizukommen ist.

Doch gelangt auch die Dichtung angesichts des Terrors und des Mords der Hitlerzeit an die Grenzen ihrer Möglichkeiten. *Aber sie schweigen:* die Ängste und Qualen der Hingerichteten können von den Lebenden oder den Überlebenden niemals vermittelt werden. Brochs Gedicht erinnert an die Opfer. Er sucht nicht, das Unsagbare ihrer Leiden sprachlich »angemessen« zum Ausdruck zu bringen. Das *Wehe, wenn einer spricht* am Schluß ist doppelsinnig: es bezieht sich auf die Opfer, deren Sprache den Lebenden unerträglich wäre, aber es meint auch die Versuche der Überlebenden, die Leiden der Opfer dichterisch erfaßbar zu machen. Seinen eigenen Todesängsten hat Broch im Roman *Tod des Vergil* Ausdruck verliehen, aber er hätte es als vermessen bezeichnet, die Sprache der hingerichteten Opfer sprechen zu wollen. Dantes *Inferno* ist Literatur einer vergangenen Zeit. Anspielungen darauf in diesem Gedicht wie auch im *Tod des Vergil* vermögen nicht annähernd zu verdeutlichen, was eine Sprache ist, *in der kein Wort dem andern / mehr ähnelt*.

Es ist wohl nur Paul Celan gelungen, die Stimmen der Toten des Holocaust zu hören und eine Ahnung ihrer *fürchterlich neuen Sprache* zu vermitteln. Wer sich darauf mit seiner ganzen Existenz einläßt, wird zum Grenzgänger zwischen Tod und Leben, steht in der ständigen Gefahr, *sich vorlügen* zu müssen, den Menschen noch in *Menschengestalt* zu sehen.

HERMANN BROCH
KULINARISCHES LIEBESLIED

Weißt du's noch? damals aßen wir
zart-jungen Mais
mit Butter; die Spitzen waren weich
und die Kolben ganz weiß.

Weißt du's noch? damals aßen wir
Shishkebab mit Reis,
und nachher verlangtest du
Himbeereis.

Weißt du's noch? damals aßen wir
indianische Götterspeis
voller Curry, und wir tranken und tranken,
und die Welt glühte heiß.

Weißt du's noch? damals aßen wir
in laut-festlichem Kreis –
war's Geburtstag? war's Hochzeit?
im Herzen war's leis.

Oh, ich weiß, ich weiß:
wen's freut den andern essen zu sehn,
des Liebe wird täglich und nächtlich aufs neue erstehn
und nimmer vergehn.

Für L. L. 1947

HEINZ POLITZER
DAMENFÜTTERER

»Hier sitzt mit seiner Allerschönsten ein Verliebter beim Souper«, singt der Ochs im »Rosenkavalier« und obwohl er selbst ein barocker Grobian und sein Gegenüber ein junger Herr aus gutem Haus ist, gehört er doch – zumindest der Absicht nach – der uralten Sekte der Damenfütterer an.

Kulturmorphologisch blühten die Damenfütterer in den *belles époques.* Noch um die Jahrhundertwende waren die *chambres séparées* die Schauplätze der Damenfütterung, das *cabinet particulier* etwa, in dem in Schnitzlers »Reigen« der Ehemann mit dem süßen Mädel sein Stelldichein zelebriert. Einer doppelten Moral diente der Liebesakt der Fütterung als Vorspeise. Im Alkoven stand, wie im dritten Aufzug des »Rosenkavalier«, kaum verborgen das Bett.

In den Hungersnöten des Ersten Weltkriegs starben auch die Damenfütterer dahin. Das Gedicht Hermann Brochs ruft sie wiederum herauf: in der verklärten Gestalt der Erinnerung.

Nicht um die Verführung eines Mädels, sei es so süß wie immer, geht es in diesen Versen, sondern um einen geliebten Menschen, dem der Liebende jeden Herzenswunsch, auch den des Magens, von den Augen abliest und auf dem Tischlein-deck-dich seiner Phantasie aufs freigiebigste erfüllt.

Das Gedicht ist im Exil geschrieben: zu Hause hieße der zarte Mais Kukuruz und das Schischkabab schriebe sich

anders. So exotisch ist die Küche, aus der hier mit Geisterhand serviert wird, daß sich das indische Curry-Gericht in eine indianische Götterspeis verwandelt und nur das zeilenfüllende Himbeereis den heimatlichen Klang behält.
Die Fütterung, die hier das lyrische Ich einem wählerisch-geliebten Du bereitet, ist an kein *cabinet particulier* gebunden. Freunde haben sich eingestellt, Mitfütterer und Mitgefütterte. Freude- und auch sonst trunken sind sie alle Brüder. Der festliche Anlaß ist vergessen, nicht aber die Gelegenheit, die durch alle die Jahre weitergeschwungen ist, bis sie sich in den Worten artikuliert, die um dieses Ich und Du eine Minnegrotte ganz aus Lieblingsspeisen bilden: »im Herzen war's leis«. Die Verbindlichkeit dieser Liebeserklärung wird nur durch ihre Diskretion übertroffen. Sie vergeht erst mit der Erinnerung, der sie sich anvertraut hat und die sie im Gedicht bewahrt.
Die Stille im Herzen, in *Beider* Herzen, ist so spielerisch wie sie anspielungsreich ist. Das Menü ist zur privaten Mythologie avanciert. Und dennoch hängt Abschied, ein Nicht-mehr-wieder, ein Vorbei und Ade über dieser Zeitlosigkeit, die sich nicht mehr zu erinnern vermag, ob's der Geburtstag war, die Hochzeit oder sonst ein Anlaß, dem die solenne Mahlzeit galt. Der letzte Tropfen im Glas ist bitter: Zwei Jahre vor der Niederschrift dieses »Liebeslieds« war der »Tod des Virgil« erschienen.
Die Form des Gedichtes ist streng, sozusagen ritualisiert. Aus der Gegenwart: »Weißt du's noch?« wird fünfmal die Vergangenheit beschworen: »damals aßen wir«. Die dritten Zeilen bleiben – mit Ausnahme der letzten Strophe – ungereimt; die zweiten und vierten Zeilen des Gedichts reimen auf das »Ich weiß, ich weiß« des Endes. So findet die Initialfrage »Weißt du's noch?« ihre Antwort.

Findet sie Antwort? Das lyrische Ich antwortet sich selber, während das wählerisch-geliebte Du schweigt, offenbar in die Erinnerung an den gewesenen Genuß versunken. Die drei letzten Zeilen sprechen, untereinander gereimt, aus, was die Speisekarte vorher angedeutet hatte, sie sprechen von der Liebe, zu deutlich und feierlich vielleicht (das »des«, das die vorletzte Reihe einleitet, besitzt geradezu den Ton des Psalmisten), und sind doch nötig, weil die tägliche und nächtliche Auferstehung dieser Liebe nicht die Nachspeise darstellt, die ein Genießer zu sich nimmt, sondern die Lust an jener Nahrung des Lebens, die nur demjenigen zuteil wird, der imstand ist, sie zu teilen.

ALBERT EHRENSTEIN
DU MUSST ZUR RUH

Wird dir sogar die Liebe zu fad,
Alpen, Wälder und das blaue Meer:
Willst du nur Ruh –
Deckt dich der alte Himmel
Mit der großen Tuchent zu
Und du bist stad.

PETER ENGEL
GRABSCHRIFT MIT HEIMATWÖRTERN

Am Ende eines trostlosen Briefes vom 10. November 1947 teilt Albert Ehrenstein, der einmal ein Wortführer des literarischen Expressionismus gewesen war und nun bettelarm und krank im New Yorker Exil lebte, einer alten Freundin im zerstörten Nachkriegsdeutschland mit: »Da ich Dir leider keine deutschsprachigen Bücher schicken kann, schreib ich ein, zwei, drei hier entstandene Gedichte auf die nächste Schmalseite.« Er muß da schon vergessen oder verdrängt haben, daß er die etwas zittrig notierten sechs Zeilen von »Du mußt zur Ruh« mehr als 14 Jahre zuvor in der ersten Phase seiner Schweizer Emigrationsjahre verfaßt und sogar in einer Zeitung seiner Heimatstadt Wien veröffentlicht hatte, wo er in kärglichem jüdischen Milieu am 23. Dezember 1886 geboren worden war.

Diese fast dürftig erscheinenden Zeilen stellen die komprimierteste Form jener grabschriftartigen Gedichte dar, von denen sich mehrere im lyrischen Werk Ehrensteins finden. Das Motiv des antizipierten eigenen Todes ist zentral in seinem Schaffen und begegnet schon im Erstlingsband »Die weiße Zeit« von 1914 – der Autor ist da ganze achtundzwanzig Jahre alt. Das darin enthaltene Gedicht »Leid« mit den einprägsamen Eingangszeilen »Wie bin ich vorgespannt/den Kohlenwagen meiner Trauer!« endet mit der Traumvision, wie aus dem eigenen Totenschädel Gras schießt und der Kopf »aus schwarzer Erde« ist.

Nachdem der Autor am 8. April 1950 in einem New Yorker Armenspital vom Dahindämmern seiner letzten Tage erlöst worden war, sagte Kurt Pinthus, der Mentor der Expressionisten, bei der Trauerfeier, Ehrenstein habe die »leidvollsten Verse deutscher Dichtung« geschrieben. Er dürfte dabei vor allem an jene todessüchtigen Gedichte gedacht haben, die wie selbstverfaßte Epitaphien anmuten und von denen »Du mußt zur Ruh« das letzte gültige Beispiel ist. Nichts mehr von Pathetik und polemischer Überspitzung, die bei ihm immer eine gewisse Gefahr waren, nichts mehr vom stark entwickelten Selbstmitleid, das manche seiner Zeilen schwer erträglich macht. Auch die Melancholie, die Ehrenstein in der schwärzesten Einfärbung im Wappen führte, ist in dem späten Text einer Schicksalsergebenheit ohne Klageton gewichen.
Das stückweise Sterben mitten im Leben, das Gefühl, eigentlich schon längst tot zu sein, hat den Dichter von früh auf verstört, hat auch die Texte des streitbaren Pazifisten und Aktivisten, des später von seinen sozialistischen Überzeugungen Enttäuschten immer grundiert. »Ich starb vor vielen Jahren schon,/Meine Leiche lebt noch, schwer und leer«, heißt es in einem Gedicht von 1919. Die Zweifel am eigenen Lebendigsein, das tiefwurzelnde Mißtrauen der eigenen Existenz gegenüber verschärften sich noch, als der Autor, der schon 1932 von Berlin in die Schweiz gegangen war, nach der »Machtergreifung« der Nazis seine literarischen Auftraggeber in Deutschland und seinen Freundeskreis verlor.
Da saß er nun in Brissago am Lago Maggiore in dem Häuschen eines Mäzens, um sich eine der schönsten Ferienlandschaften, aber fast mittellos und vereinsamt. Da mochte ihm der Gedanke an Liebe, die sein misanthropi-

sches Gemüt so selten aufgehellt hatte, schon fad vorkommen. Stärker als je mochte er da an die Ruhe denken, die unter dem alten Himmel einer längst verlorenen Wiener Kindheit in all den kleinbürgerlichen Schrecknissen schließlich das abendliche Zudecken mit der großen Tuchent, wie man in Österreich die Bettdecke nennt, bedeutet hatte.

Da tuschte er all diese Dinge mit breitem Pinsel hin, wie er es bei seinen Übersetzungen der alten Chinesen gelernt hatte, die Alpenberge, die Wälder und das blaue Meer, darüber den Kindheitshimmel wie eine große weiße Bettdecke, alles ganz einfach und wie selbstverständlich. Und da stand dann im fernen Exil plötzlich das heimatliche Wiener Idiom wieder zur Verfügung, das lebenslang empfundene Gefühl der Fadheit, die große Tuchent und das Wort »stad«, worauf die schon ruhig gewordenen Zeilen wie auf ein Ziel zulaufen. Es war nur eine erschriebene Ruhe, denn noch war er nicht stad, nicht so ruhiggestellt, wie es auf dieser umtriebigen Erde nur möglich ist – in die ganz große Ruhe wurde er erst 17 Jahre später heimgeholt.

MAX HERRMANN-NEISSE
DIE BLESSIERTEN

Mit langsam tastenden, besorgten Schritten
gehn die Blessierten in dem abgeschieden
schattigen Klostergarten, als erlitten
sie wie entfremdet diesen Abendfrieden.

In langen, grauen Mänteln, gleich Gespenstern,
humpeln sie durch die düstren Baumalleen,
bis hinter allen kleinen Zellenfenstern
wieder die milden Fieberlämpchen stehen.

Dort liegen sie wie Leichen und versuchen
zu lächeln, und sie fühlen die Grimasse,
die grausam ihr Gesicht verzerrt, und fluchen.

Und möchten schlafen und von nichts mehr wissen,
und träumen Morden, bis der herbstlich blasse
Morgen mit seinem Lorbeer kränzt die Kissen.

HORST BIENEK
DIE ZEIT DER MÖRDER

Max Herrmann hat Exil-Gedichte geschrieben, als er noch gar nicht im Exil war, und als er, ein durchaus anerkannter, wenn auch nicht gerade besonders erfolgreicher Schriftsteller, 1933 das Land seiner Sprache verlassen mußte, da schrieb er fortan nur mehr Exilgedichte: Um uns die Fremde.

So ist er uns überliefert als ein Dichter, den das Los der Emigration besonders tief verwundet hat, und in zahlreichen meditativen Strophen, mehr klagend als anklagend, hat er bis zu seinem einsamen Tod in London im Jahre 1941 davon Zeugnis abgelegt: »Doch hier wird niemand meine Verse lesen, / ist nichts, was meiner Seele Sprache spricht; / ein deutscher Dichter bin ich einst gewesen, / jetzt ist mein Leben Spuk wie mein Gedicht ...«. Es gibt Autoren, die schreiben auf ihr Schicksal hin.

Im schlesischen Neiße 1886 geboren, im Umkreis und in der Tradition eines Eichendorff aufgewachsen, hat er sich in den Gedichten eine liedhafte Einfachheit erobert und bewahrt, die nur bei ihm glaubwürdig und überzeugend blieb. Die Provinz wurde ihm bald zu eng, zu dumpf, er ging nach Berlin, stürzte sich in den Literaturbetrieb, veröffentlichte in avantgardistischen und pazifistischen Zeitschriften, hielt Vorträge vor Arbeiterclubs, schrieb Theaterstücke, wirkte darin auch als Schauspieler mit – und doch nannte er seinen Gedichtband bei S. Fischer im Jahre 1919 »Verbannung«, wobei er seinem Namen die Stadt seiner Kindheit anfügte: Max Herrmann-Neiße. Das Gedicht »Die Blessierten« ist im ersten Kriegsjahr 1914 entstanden; gemeint sind damit die Opfer, die Verwundeten dieses Krieges, gleichwohl könnte es sich aber auch um die geistig Verletzten in einem Irrenhaus mitten im Frieden handeln. Der Anfang atmet Ruhe, die ersten Zeilen schmeicheln sich noch sprachmelodisch ein, ein Zustand wird beschrieben, der Abend in einem Kloster, das jetzt ein Lazarett ist. Aber die Idylle trägt nicht, es ist bereits ein »entfremdeter« Abendfrieden. Schon in der zweiten Strophe häufen sich die Wörter des Schreckens und des Fiebers; jetzt ist nichts mehr, was Trost gibt, die Blessierten sind Verfemte, Verbannte, Ausgeschlossene von diesem, unserem Leben ...

Zeile für Zeile enthüllt der Verfasser das Psychogramm dieser Verwundeten, Versehrten. Sie werden hier nicht mehr heil herauskommen, blessiert sind sie nicht nur am Körper, auch in den Seelen, in den Herzen, in den Hirnen. Sie möchten schlafen und von nichts mehr wissen – aber aus diesem Paradies sind sie längst vertrieben, sie »träumen Morden«, ja, müssen immer wieder von Morden träumen, auch wenn ein neuer Tag sie das vergessen machen will. Die Nacht wird kommen und mit ihr die Zeit der Mörder, der Wahn, das Nichtvergessen ... sie werden ewig Blessierte sein. Max Herrmann-Neiße war einer von ihnen.

Das Gedicht ist ein Sonett in fünffüßigen Jamben, das ist so ziemlich die strengste Form in der Lyrik. Man spürt beim Lesen förmlich den Widerstand des Inhalts gegen die »schöne« glättende Form, hier und da sind Hebungen verschoben, quergestellt. Ein gut Teil der somnambulen Schönheit, der seltsamen Faszination dieses Gedichts rührt von der Anspannung her, mit der hier dieser »Wahn-Text« in jener strengen klassischen Versform gezügelt – und geläutert – wird.

MAX HERRMANN-NEISSE
EIN LICHT GEHT NACH DEM ANDERN AUS

Ein Licht geht nach dem andern aus,
und immer dunkler wird das Haus.
Ich bin allein beim Lampenschein,
ein Leuchtturmgeist in all der Nacht,
der in dem Schlaf der andern wacht
und Angst hat, auf dem Meer zu sein.

Von fern und nah umflattern blaß
der andern Liebe mich und Haß,
gelockt von meinem späten Licht;
ihr Stöhnen tönt mit Lust und Leid
in meine große Einsamkeit,
ihr Gram weht kühl um mein Gesicht.

Schon liegen sie, wie Tote tun,
als probten sie, im Grab zu ruhn,
und nur ihr Atem flackert sacht.
Ich fürchte dieses Schlafes Bann,
der mich für immer halten kann,
und bleibe wach in all der Nacht.

Für immer schloß vielleicht das Tor,
von dem der Schlüssel sich verlor,
bin ich vom Feind umstellt.
Verfallen ist mein Vaterhaus,
ein Licht geht nach dem andern aus,
und immer dunkler wird die Welt.

GÜNTER KUNERT
POETISCHE PROGNOSE

Ein blinder und eilfertiger Optimismus macht es sich gegenwärtig zur Gewohnheit, jede literarische Äußerung von Besorgnissen und Befürchtungen als lächerliche Unheilspredigt abzutun. Dieser Optimismus ist aber nicht nur blind in Hinblick auf die Zukunft, er ist es auch, was die Vergangenheit betrifft.

»Ein Licht geht nach dem andern aus« entstand vor genau vierzig Jahren, also noch am Anfang eines Krieges, dessen Ausweitung und Auswirkung zu dieser Zeit kaum ganz überschaubar waren. Das Gemetzel sollte erst noch beginnen. Freilich: In Europa waren die Lichter schon 1939 ausgegangen. Die schlimmsten Befürchtungen einsichtiger Intellektueller waren bestätigt worden. Viele von ihnen hatten schon 1933 Deutschland verlassen müssen: nicht so der aus Schlesien stammende und aus Anhänglichkeit an seine Vaterstadt seinem Namen den ihren hinzufügende Max Herrmann. Er gehörte zu den wenigen, die freiwillig emigrierten.

Dieses sein im letzten Lebensjahr geschriebene Gedicht erweitert eine Schreiberfahrung zur Allegorie. Die Ausgangssituation, deren Realität angedeutet wird, nämlich wie da der Dichter beim Lampenschein arbeitet, während der Abend sinkt und seine Mitbewohner schlafengehen, verwandelt sich bereits von der vierten Zeile an ins Metaphorische. Schon die Auffassung der eigenen Position als eines Leuchtturmwärters, mit dem vielschichtigen, vieldeutigen Wort »Leuchtturmgeist« bezeichnet, zeigt bildhaft ein poetologisches Selbstverständnis, das wir Nachgeborene längst verloren haben. Entsprechend lösen sich die Mitmenschen in ihre Eigenschaften auf, welche wiederum zu optisch-akustischen Naturerscheinungen werden, von Wendungen wie »angelockt«, »umflattern«, »weht« assoziativ dem Bereich »Meer« zugeordnet.

Doch diese Analogie wird nicht durchgehalten: Der Schlaf als Generalprobe des Todes löst sie ab. Dieser nächtlich tödliche Bann droht unaufhebbar zu werden: »Für immer«, heißt es da, und dieses »Für immer« – neben dem Satz »Ein Licht geht nach dem andern aus« die einzige Wiederholung – erhält seine Endgültigkeit durch die Doppelung. Das Tor ist für immer verschlossen, und jenes »vielleicht« nur eine rhetorische Floskel, sonst würde nicht gesagt, daß ein Schlüssel ja verloren sei. Die Gefangenschaft ist unabänderlich geworden. Der Dichter, um es ebenfalls metaphorisch auszudrücken, steht, vom Feind, nicht von *Feinden* umringt, mit dem Rücken an der Wand: seine Lage ist aussichtslos. Er hat nicht einmal mehr den Trost, Sprecher oder Kustos seiner Zeitgenossen zu sein, die, in ihrer Reduktion auf reine Phänomene, geschehen ließen, was nun am Ende nicht mehr allein dem Haus zugeschrieben wird, sondern der ganzen Welt: daß sie immer dunkler wird.

Daß dieses sichere Empfinden, diese hellsichtige Angst keine subjektive Marotte eines verstörten Geistes war, bezeugt alles weiter Folgende: der blutigste und wahnhafteste Völkermord, die Vernichtung von Städten samt Bevölkerung rund um den Erdball, und damit verbunden das Absinken der Moralität und der Schwund des Gewissens, die beide ihren alten klassischen Stellenwert nie wieder erreichten.

Insofern hat sich die Endzeile dieses kassandrischen Textes bestätigt: Die Welt ist dunkler geworden, und das hat fernerhin ermöglicht, daß wir heute an den Rand eines Abgrundes gelangt sind, der damals erst sichtbar zu werden begann und über den uns jene Leute hinwegtäuschen wollen, die schon immer behaupteten, es werde alles nicht so heiß gegessen wie gekocht, und die sich von den Hekatomben brennender Opfer keines Besseren belehren ließen.

MAX HERRMANN-NEISSE
HIMMEL ERHÖRT MICH NICHT

Himmel erhört mich nicht. Hölle erhört mich nicht.
Unschuld starb des Guten wie des Bösen.
Liebe beglückt mich nicht. Feindschaft zerstört mich nicht.
Treue kann mich nicht binden, Verrat nicht lösen.

Ungetan blieb, was ich tat oder ließ.
Morgen wie Abend ist unfruchtbar Wüste.
Nichts erfüllt sich, was mir die Jugend verhieß.
Nichts begegnete mir, was mich von ferne schon grüßte.

Sonnenschein hat mein Geschick nicht heller gemacht.
Wachen ist wie Schlaf. Schlaf ist wie Wachen.
Keine noch so trunkene Nacht
zaubert ins Lied mir ein seliges Lachen.

Mein Leben umflattert mich wie ein Wind,
Menschenschatten jagten in ihm, nicht zu fassen.
Die Augen der Heimathäuser blicken blind.
Welt ist wie ich selbst von Seele verlassen.

Und die letzte Knospe Gefühl ist verscharrt.
Der Straße Fassaden stehn wie Fallen,
hinter denen des Todes Nichts meiner harrt,
mich wieder gleich zu machen keinem und allen.

BENNO VON WIESE
EINE GESCHICHTE VON VERLUSTEN

Unser Gedicht stand zuerst 1924 in dem Gedichtband von Max Herrmann-Neiße »Im Stern des Schmerzes«. Der verkrüppelt im Jahr 1886 geborene Dichter, der sich den Beinamen Neiße aus Liebe zu seinem schlesischen Heimatort gegeben hat, gehört zur Generation der Expressionisten. Aber in der berühmt gewordenen Anthologie »Menschheitsdämmerung« (1920) sucht man seinen Namen vergeblich. Am Tage nach dem Reichstagsbrand, am 28. Februar 1933, verließ er, der kein Jude war, Deutschland für immer. Die kommende Katastrophe hat er hellsichtig vorausgeahnt. Es folgten bittere, einsame Jahre der Emigration in England – 1938 wurde er in Deutschland ausgebürgert –, am 8. April 1941 starb er in London an einem Herzversagen. Die Gedichte der Spätzeit sind Zeugen des Heimatlosen und des Ausgestoßenen. Sie haben einen hohen Grad von sprachlicher Intensität und schlichter, dokumentarischer Wahrhaftigkeit.

Aber die Qual seiner Existenz war ihm von Geburt an mitgegeben. Die von ihm geliebte und ihn behütende Mutter nahm sich im März 1917 am Grab des kurz vorher gestorbenen Vaters das Leben. Herrmanns utopische Hoffnungen auf eine proletarische Revolution und eine klassenlose friedliche Gesellschaft erfüllten sich nicht. Ihm blieb nur sein Gedicht. Wir verdanken ihm Verse, die zu den traurigsten, aber manchmal auch zu den bedeutend-

sten gehören, die wir besitzen. Und doch kennen ihn bisher nur wenige.
Unser Gedicht nimmt seine spätere Tragik, wenn auch auf artistische Weise, schon vorweg. Die langen, einfach gereimten Zeilen mit ihren meist knappen Sätzen haben etwas Einhämmerndes und Abschließendes. Die Summe einer Existenz ist in ihnen zusammengefaßt. Das Resultat ist vernichtend. Das Ich, das sich im Gedicht reflektiert, steht am Rande der Welt, aber auch ohne jeden transzendenten Bezug. Nicht nur der Himmel, auch die Hölle versagt sich ihm. Mit der gestorbenen »Unschuld« sind Gut und Böse relativ geworden. Sowohl die positiven sozialen Mächte (Liebe, Freundschaft, Treue) wie die negativen (Feindschaft, Verrat) kommen an seine Einsamkeit nicht mehr heran. Die Geschichte seines gelebten Lebens ist nur eine Geschichte von Verlusten, von nicht eingelösten Verheißungen. Welt und Ich entgleiten im schattenhaft Unwirklichen, sehen sich um ihre Substanz, die »Seele«, betrogen. Selbst die Fassaden der Straßen sind in »Fallen« verwandelt, die alle in den anonymen Tod des Jedermann münden. Das ist weit mehr als eine Metapher. Aber wieviel Qual, wieviel Stärke der Empfindung mußte in einem Dichter leben, der von sich glaubte, daß auch die »letzte Knospe Gefühl« bereits verscharrt sei. Er mauert sich im Gedicht gleichsam ein. Nur hierher konnte er noch sein verlorenes Ich, seine verlorenen Paradiese, seine Träume von einst herüberretten. Hier spricht er seinen »Monolog auf fremder Bühne«, hier besitzt er, was ihm als einziges geblieben ist, sein »Lied«. Er glorifiziert sein Dichtertum in keiner Weise. Denn der Dichter – so lesen wir in anderen Strophen – »gestaltet die Welt nach seinem Wahne«. Diese aus Schmerz geborene Lyrik, in der sich das extrem

Subjektive allgemeingültig objektiviert, sollten wir wieder aufmerksam anhören. Sie ist in ihrer Thematik sehr zeitnah und doch auch wieder unzeitgemäß inmitten einer lyrischen Produktion, die sich in die mittelmäßige Alltäglichkeit und in ihre technisch perfekte Reproduktion versponnen hat, aber dabei des Schmerzes über die verlorene Welt und des in ihr verlorenen Ichs meist nicht mehr fähig ist.

MAX HERRMANN-NEISSE
TROSTLIED
DER BANGEN REGENNACHT

Keine Furcht der Erde
kann uns bange tun:
Sieh, wie sanft die Pferde
Wang' an Wange ruhn!

Ganz allein gelassen
in der bittern Nacht,
wo der Wind die blassen
Weiden zittern macht,

wo ein siecher Regen
bös, sehnsüchtig rinnt,
an viel fremden Wegen
Bettler flüchtig sind,

ruhn sie Wang' an Wange,
wie Erlöste ruhn,
keine Furcht kann bange
ihrer Inbrunst tun.

Alles, was sie leiden,
schlummert Haupt an Haupt –
Und die blassen Weiden
stehn wie lenzbelaubt.

PETER HÄRTLING
GEFÄHRDETE UND GEFÄHRLICHE WELT

Dieses Gedicht kann ich hören, wann immer es mich danach verlangt, denn es ist eines der wenigen, die ich auswendig weiß – seit ich es vor fünfunddreißig Jahren zum ersten Mal las. Ich habe es nie nur als Kunstwerk verstanden, sondern es half mir, redete ruhig und beruhigend auf mich ein, tatsächlich ein Trostlied. Eines mit einer unverwechselbaren Stimme.

Es ist eine »Einsame Stimme«, wie auch einer der Gedichtbände Max Herrmann-Neißes hieß. So ist wohl zu erklären, daß jeder, der das Gedicht liest, den Eindruck hat, hier rede jemand mit sich selbst: der Mann, der er nun ist, mit dem Kind, das er war. Er versucht, sich die Kinderangst, die blieb und mit ihm groß wurde, auszureden.

Mit einer großen, auftrumpfenden Geste beginnt das Lied: »Keine Furcht der Erde«. Das hört sich ganz an wie ein bubenhaftes Bange-machen-gilt-nicht, doch schon springt es um, will sich nicht brüsten, sucht nach Wärme, nach Trost.

Zwei Vokale wechseln einander in vier kurzen Wörtern ab, die sich zu einer etwas ungewöhnlichen, kindlich-künstlichen Wendung fügen, einer Art von musikalischem Thema: »Kann uns bange tun«. Noch immer könnte das angesprochene »uns« ein monologisches sein, das Mann und Kind verbündet, nun aber weitet es sich, geht auf in einem kreatürlichen Bild. Die Sprache reagiert darauf gemein empfindlich. Die Vokalfolge verändert sich um

eine Winzigkeit – ein »u« geht verloren und doch nicht: es schlüpft, den Ton vertiefend, den Trost verstärkend in das Wort, mit dem die Strophe schließt: »ruhn«.
Nach diesem das Thema in einem Atemzug fassenden Einsatz könnte das Uns, wie auch immer verstanden, getröstet durch das Gedicht wandern. Ist nicht um seinetwillen das durch nichts zu verletzende und löschende Bild beschworen worden? Doch es zieht sich zurück. Es ist nicht mehr da, als wolle es Platz machen für alle Einsamen, die das Gedicht je kennenlernen werden.
Die Nähe wappnet, nun kann die Bedrohung beschrieben werden. Sie wird nur angedeutet in einem Blick auf die gefährdete und gefährliche, von einem nächtlichen Elend befallene Welt. Den »siechen Regen« gibt es, wir haben es inzwischen erfahren, und die »vielen fremden Wege« auch, auf denen sich für unser Wortverständnis die Bettler allerdings etwas romantisch ausnehmen. Das läßt sich auch anders und aus unserer Zeit lesen.
Den Einsamkeiten, der Verödung setzen die vierte und fünfte Strophe soviel erlösende, »inbrünstige« Gemeinsamkeit entgegen, daß auch die »sieche« Welt von ihr ergriffen und verwandelt wird: »Und die blassen Weiden/ stehn wie lenzbelaubt.« Der Trost reicht über das »uns« des Beginns hinaus. Ob Max Herrmann-Neiße Jahre danach, als er das Deutschland Hitlers verließ – ein zutiefst erschreckter und angewiderter Moralist, nun selbst ein Bettler auf fremden Wegen –, ob ihm wie ein von wüstem Lärm gestörtes Echo das »Trostlied« einfiel?
Das »lenzbelaubt« der zu neuem Leben erlösten Weiden kehrt nämlich wieder in einem seiner großen Exil-Gedichte, in dem er mit den braunen Machthabern rechtet: *»Wer mich zu entehren glaubte,/wenn mit frevelndem*

Befehle/er das Heimatrecht mir raubte,/ahnt die ewig lenzbelaubte/Heimat nicht in meiner Seele.« 1941 starb der Dichter, vereinsamt und untröstlich, in London.

HANS ARP
BEI GRÜNEM LEIBE

Die Stadt und alles darin ist grün.
In kürzester Zeit werden Reisende
welche diese Stadt besuchen grün.
Viele kommen aus fernen Ländern herbeigeeilt
um grün zu werden.
Einige bringen ihre Pferde und Hunde mit
damit auch sie grün werden.
Alle Bewohner dieser Stadt
von einigen Ausnahmen abgesehen
sind grasgrün und beneiden die wenigen
die schon grün wie Tannenbäume sind.
Nur ein Bewohner dieser Stadt wird nicht grün.
Was würde er nicht alles geben um grün zu werden!
Er würde gerne täglich kleiner und kleiner werden
wenn er nur grün wäre.
Er leidet entsetzlich darunter
und ist in einem Zustand größter Gereiztheit.
Er zerschlägt sanfte grüne Pflanzen vor Eifersucht.
Er ist untröstlich
nicht grün zu sein.
Bei grünem Leibe
meint er
wäre das Leben ein Kinderspiel.

LUDWIG HARIG
SCHLÜSSELGEDICHT

Ein Kuriosum erheiterte ein halbes Dutzend Schriftsteller, das sich an einem Herbsttage 1986 zu einem Rezitationsabend im Bahnhof Rolandseck getroffen hatte. Jeder zog aus seiner Tasche das gleiche Bändchen hervor: Hans Arp »Auf einem Bein«, Heft 1 der Schriftenreihe »Dichtung unserer Zeit«, eine Broschüre, erschienen 1955 für 1,90 DM im Limes Verlag, Wiesbaden, Umschlagentwurf Hans Arp, Meudon. Und noch ein Kuriosum: zwei Schriftsteller, Jürgen Becker und ich selbst, wollten das gleiche Gedicht aus dem Bändchen aufsagen: »Bei grünem Leibe«.

Was ist so kurios daran, und wo liegt der Schlüssel zu diesem merkwürdigen Vorfall? 1955 war immer noch Nachkriegszeit, Wiederaufbauära, wir, noch nicht dreißig, waren immer noch hungrig nach Neuem, nach Entbehrtem, nach Vorenthaltenem, immer noch suchten wir nach den Schätzen einer vergrabenen, einer verschütteten Literatur, von der wir wußten, daß es sie geben würde. Als sie dann auftauchte in schmalen, broschürten, nicht einmal besonders auffälligen Bändchen, stürzten wir uns darauf und hüten sie heute noch, weil unersetzliche Schlüssel in ihnen aufbewahrt sind, mit denen wir den goldenen Käfig aufsperren konnten, in dem wir inzwischen saßen.

Ein solches Schlüsselgedicht ist »Bei grünem Leibe«, ein Gedicht, das heutzutage als prophetisches Gedicht gelten darf; aus den fünfziger Jahren stammend, reicht es weit zurück in die Anfänge von Dada, in Arps Züricher Aktivitäten aus dem Ersten Weltkrieg. Mit Dada wollte er, wie er selbst sagt, »dem Menschen den materialistischen und rationalistischen Schwindel zerstören, um ihn wieder demütig in die Natur einzuordnen«. Ist nun das Grün, das das Gedicht ein dutzendmal nennt, diese Natur? Ist es das Beschwörungswort für das bessere Leben, die Zauberformel für die schönere Zukunft? Oder verlocken groteske Bilder und skurriler Witz nicht vielmehr, das Grün durch Schwarz oder Rot zu ersetzen, Tannenbäume in Gesangbücher, Pflanzen in Arbeiterfahnen zu verwandeln?

Der letzte Vers gibt Aufschluß. Es hilft wohl nichts, grün oder schwarz oder rot zu sein, ganz gleich, wie auch immer gefärbt, ist das Leben alles andere als unbefangenes Dasein, als leichtfertiger Zeitvertreib, als Kinderspiel. Der Wortlaut »bei grünem Leibe« läßt an die Wendung »bei lebendigem Leibe« denken. Ja, auch bei lebendigem Leibe ist das Leben kein Kinderspiel. Wer Hans Arps malerisches, graphisches, plastisches Werk kennt, weiß, daß es nicht die Farbe, sondern die Linie, die Kontur, die silhouettenhafte Urform ist, die das Wesentliche im Kunstwerk bannt. Doch wer das weiß, weiß vielleicht schon zu viel, und er fragt sich verwundert, wie Arp auf einmal auf das Grüne gekommen ist.

Um wieviel aufschlußreicher und auch schöner ist es doch, im Gedicht zu erfahren, daß dieses Allernatürlichste, das Grüne, die Gefahren verführerischen Selbstbetrugs in sich birgt. Jürgen Becker und ich haben das Gedicht bei der Feier zu Hans Arps hundertstem Geburtstag rezitiert, und weil jeder es aufsagen wollte, taten wir es im Wechsel von Vers zu Vers.

HANS ARP
BLATT UM FEDER UM BLATT

Nachdem er Blatt um Feder um Blatt
abgelöst hatte
entschloß er sich das feste Erdreich
für immer zu verlassen
und sich fortan hoch hoch oben
in der Schwebe zu verhalten.

KARL KROLOW
EIN PROZESS DER ERLEICHTERUNG

Das Gedicht gehört einem Zyklus an, der die Gedicht-Überschrift trägt. Es handelt sich um ein spätes Gedicht des Autors. Es entstand in den Jahren 1951/52, vierzehn Jahre vor seinem Tod. Arp war damals fünfundsechzig. Arp hatte das Federleichte des Schreibens von Anfang an, das Spielerische und das Hurtige. Aber mit zunehmendem Alter kamen andere Elemente hinzu, die bis dahin verdeckt geblieben waren: eine Neigung zur Balance, zum ruhigen Schweben, auch zum verbalen Mystizismus. Der alt Gewordene ließ in seinen Gedichten ein kindliches Lamentieren zu. Das Holterdipolter, das in seinen lyrischen Konfigurationen aus der Dada-Zeit steckte, war verschwunden oder hatte sich doch so weit zurückgezogen, daß man es nicht mehr gleich entdeckte.

Das spielerische Gedicht, das Arp entwickelt hatte und das in den fünfziger Jahren einen gewissen Einfluß auf damals junge Lyriker bei uns ausübte, war bei ihm immer ein kompliziertes Gebilde gewesen: etwas, bei dem der verbale Scherz, der lyrische Fabelsinn, eine kindliche Sprechweise sich mit einer kaum verhüllten Melancholie verbanden, mit einem traurigen Bescheidwissen, schließlich mit einer Bodenlosigkeit. Arp hat, Gedichte schreibend, sozusagen Leitern in die Luft gelegt, immer höher in etwas, das es nicht gibt. Der absurde Vorgang war Ausdruck einer Position, zu der auch eine Spielart von Hilflosigkeit gehörte. In seinen späten Arbeiten hat Arp oft von seinen

früheren Schreibweisen in solch hilflosen, kindlichen Mitteilungen Abschied genommen.
»Blatt um Feder um Blatt« könnte man auf solche Art und Weise ansehen und interpretieren. Es ist ein Gedicht von der unauffälligen Leichtigkeit eines vegetativen Vorgangs. Es ist zugleich ein Vorgang von Auflösung und Entschweben. Etwas wird endgültig aufgegeben, nachdem der letzte Halt abgelöst worden war: »Blatt um Feder um Blatt«. Aufgegeben wurden die Schwerkraft der Welt und die Schwerkraft einer Existenz. Doch geschieht das ohne jeden Aufwand, vielmehr ganz selbstverständlich.
Der Vorgang wirkt auch wie ein stiller Rapport. Es wird in der dritten Person berichtet. Es wird damit Distanz gewahrt. Man sieht sich selber zu und kann es um so leichter aussprechen, so sehr man auch beteiligt ist. Die Handfestigkeit, die Ding-Festigkeit waren nie Hans Arps Sache gewesen. Hier sind sie kaum noch der Rede wert. Ein stiller Entschluß. Er heißt: »Das feste Erdreich für immer zu verlassen.« Boden aufzugeben, das, was schwer macht, aufzugeben war von jeher die Absicht des Autors gewesen. Nun wird dem allen noch einmal ganz kurzer Prozeß gemacht: Ohne jede Aggression, ohne Widerstand zu leisten, löst man sich von Zusammenhängen, vom Zusammenhalt, um sich »fortan hoch hoch oben / in der Schwebe zu verhalten«.
Das »hoch hoch oben« ist so wunschhaft, so heftig kindlich zum Ausdruck gebracht, daß keine Alternative, kein Zurück mehr möglich ist. Das hat nichts mit irgendwelcher poetischen »Entrückung« zu tun. Es ist ein Prozeß der Erleichterung, der Prozeß eines ernsten Vergnügens sozusagen. Das späte Arp-Gedicht hat nirgends das Sprechtempo früher Gedichte. Es hat nicht mehr das Ein-

falls- und Zufallstempo von einst, das einen Gedichttext auf eine übertriebene und oft deutlich angestrengte Weise abschnurren läßt.

»Blatt um Feder um Blatt« beschränkt sich auf wenige Wörter. Arp hat dazu einmal gesagt: »Die Beschränkung in der Zahl der Wörter bedeutet keine Verarmung des Gedichtes, vielmehr wird durch die vereinfachte Darstellung der unendliche Reichtum in der Verteilung, Stellung, Anordnung sichtbar.« Dem ist nichts hinzuzufügen.

HANS ARP
AUS: HÄUSER

In einem Hause
hatten alle Bewohner den gleichen Traum.
Sie träumten
daß sie täglich kleiner und kleiner würden
und schließlich stürben.
Vorsorglich zimmerten sie sich daraufhin
ihre Särge zu Särglein um
und trugen sie stets mit sich
unter dem Arm.
Sie taten recht daran.
Obwohl zuerst das Kleinerwerden
nicht der Rede wert war
und zudem unregelmäßig vor sich ging
ja sogar einmal mehrere Monate stockte
übertraf es plötzlich jede Erwartung.
Eines schönen Tages
erwachten die Bewohner des Hauses
in dem alle den gleichen Traum geträumt hatten
klein wie Puppen
und paßten tadellos in ihre Särglein.

MICHAEL HAMBURGER
VERSCHIEDENE GRADE DER ABSICHTSLOSIGKEIT

Die sogenannten Experimente in der Kunst haben zwar ein Ergebnis: das zustandegekommene Werk. Sie unterscheiden sich aber von Experimenten in der Naturwissenschaft dadurch, daß sie nichts zu beweisen brauchen. Hans Arp, der die Absichtslosigkeit zu einem Strukturprinzip machte, wollte ganz gewiß mit seinen Gedichten nichts beweisen. Selbst den Sinn – oder den Unsinn – seiner Gedichte überließ er dem Zufall. Daß sie aber trotzdem einen Sinn haben und fast alle Möglichkeiten der Lyrik durchspielen von Scherz, Satire, Ironie zur tieferen Bedeutung, von reiner Phantasie zum persönlichen Bekenntnis und zur Allegorie, bestätigt seine eigene Bemerkung: »Bevor Dada da war, war Dada da.«
Auch dieses Wortspiel soll wohl nichts beweisen. Es war ein Einfall, aus den Zufälligkeiten der Sprache geschöpft. Das verhindert aber nicht, daß es sinnvoll ist, sogar mit sieben kurzen Worten eine historisch-kritische Abhandlung ersetzt – nämlich über den Anteil des Zufalls an vordadaistischen Gedichten, auch nach-dadaistischen oder nicht-dadaistischen. Freilich gibt es selbst innerhalb des Gedichtwerks von Arp verschiedene Grade der Absichtslosigkeit, wie der Titel seiner Sammlung »Gedichte mit und ohne Anker« schon andeutet. So kommt das hier zitierte Gedicht ohne Wort- und Redensartspiele aus, verzichtet also auf eine Quelle der Zufälligkeit. Die Sprache des Gedichts wird mit einer so prosaischen Strenge ge-

handhabt, daß man sie leicht für zielbewußt halten könnte. Dann wäre dieses Gedicht eine Parabel oder Allegorie.

Keine Absicht des Autors verbietet einem Leser, es als solche zu lesen. Im Gedichtwerk Arps kommen auch Allegorien vor, im Glücksfall sogar Ansätze zu einem modernen Mythos. Wie gesagt kommt in Arps Gedichten fast alles vor, was man von irgendeiner Lyrik erwartet. Nur soll man nicht den Autor für die aus seiner Erzählung geschöpfte »tiefere Bedeutung« verantwortlich machen, da das Lesen nicht weniger als das Schreiben vom Zufall abhängt. Arp schrieb in einem früheren Manifest: »dada ist unsinnig wie die natur und das leben. dada ist für die natur und gegen die kunst. dada will wie die natur jedem ding seinen wesentlichen platz geben.«

Von dem Gegensatz zwischen Natur und Kunst können wir in der späteren Lyrik Arps absehen, da die Kunstfeindlichkeit der Dadaisten nur dem Mißbrauch der Kunst als »Kulturgut« und Erziehungsmittel galt. Nachdem Arps Kunst wieder zu Natur geworden war, konnte auch die Natur wieder zu Kunst werden. Aber »unsinnig« oder – wie es in einem anderen Zusammenhang heißt – »rätselhaft« mußte diese Kunst bleiben, denn »das Leben ist ein rätselhafter Hauch«.

Darum versuche ich nicht, das Gedicht »In einem Hause« zu deuten. Daß die »unsinnige« Begebenheit des Gedichts ganz konsequent, sogar logisch und nüchtern erzählt wird, verleitet mich nicht zu Spekulationen darüber, was der Autor damit gemeint haben möchte. Die Begebenheit spricht mich an, amüsiert mich, überzeugt mich sogar, ohne daß ich zu wissen brauche, wovon.

Daß das Kleinerwerden der Hausbewohner im Traum beginnt und ins wache Leben übergeht, empfinde ich als sinnvoll und naturgemäß; ebenso, daß es unbestimmt bleibt, ob sie nicht auch ihre Särglein im Traum zimmerten und herumtrugen. Von einem Erwachen ist erst am Ende die Rede; und da Arps Lyrik so viele Grenzen überspringt, könnte selbst dieses Erwachen wieder in einem Traum geschehen.

GEORG HEYM
ALLE LANDSCHAFTEN

Alle Landschaften haben
Sich mit Blau erfüllt.
Alle Büsche und Bäume des Stromes,
Der weit in den Norden schwillt.

Leichte Geschwader, Wolken,
Weiße Segel dicht,
Die Gestade des Himmels dahinter
Zergehen in Wind und Licht.

Wenn die Abende sinken
Und wir schlafen ein,
Gehen die Träume, die schönen,
Mit leichten Füßen herein.

Zymbeln lassen sie klingen
In den Händen licht.
Manche flüstern und halten
Kerzen vor ihr Gesicht.

ROLF SCHNEIDER
DIE RUHE IST TRÜGERISCH

Ein Abendgedicht. Die deutschsprachige Poesie hat davon unzählige. Nach flüchtiger Lektüre wollen sich auch hier die gewohnten Eindrücke herstellen: Friede, Erfüllung, Nähe von Schlaf und Traum. Eine bruchlose Reihe stimmungsgleicher Varianten führt her vom Wanderer Goethes und vom Abendlied des Matthias Claudius. Georg Heyms Gedicht macht da keine Ausnahme, so scheint es.

Es scheint bloß so. Zu Beginn der zweiten Strophe wird die Akkumulation von Wolken einem »Geschwader« verglichen. Das ist ein militärisches Wort, und die folgenden Verse erhalten dadurch einen kriegerischen Beigeschmack: Wolken als Segel einer Armada, hinter denen der Himmel kein verläßlicher Strand mehr ist, vielmehr sich auflöst ins Immaterielle. Ein sehr friedfertiges Bild ist dies nicht. Friedfertig bleibt allenfalls der Gestus, der sich einer literarischen Konvention fügt, um sie heimlich zu widerlegen. Die Ruhe ist Trugbild. In Wahrheit ist hier von Ungeheuerlichem die Rede.

Denn die schönen Träume, die da auf leichten Füßen kommen, sind durchaus nicht, was sie zu sein vorgeben: Boten der Sanftmut. Einige von ihnen flüstern und tragen Kerzen vorm Gesicht. Man nimmt die Stimme zurück in Gegenwart von Sterbenden. Man stellt brennende Kerzen auf zu seiten der Särge. Das Klingen der Zymbeln, licht und leicht, bedeutet wohl bloß eine esoterische Umschreibung für das Geräusch des Armsünderglöckchens. Der Inhalt der schönen leichtfüßigen Träume ist der Tod.

Schlaf und Tod. Tagesabend, Lebensabend. Die Vergleiche und Gleichnisse sind nicht neu, sie sind bewährter Inhalt von Mythen und färben von daher ab auf so manches Abendlied. Beunruhigend nur: Von einem Lebensabend ist in Heyms Gedicht nirgends die Rede. Die tödlichen Träume sind mit juvenilen Eigenarten ausgestattet, wohl weil sie in einen jugendlichen Körper eintreten. Der erahnbare Tod in diesen Strophen ist nicht biologischer Ausklang, sondern gewaltsamer Abbruch. Auf den Schiffen leichter Geschwader dienen keine Greise. Dieser Tod heißt Krieg.

Jeder Dichter schafft sich seinen eigenen lyrischen Kosmos; bestimmte Schlüsselworte grenzen ihn ein und treten zueinander in unverhoffte Korrelationen. Für die Lyrik Georg Heyms heißen solche Worte: Stadt, Liebe, Wahnsinn, Krieg, Strom, Meer, Tod. Der letzte Begriff ist der übergreifende, alles andere führt zu ihm hin und ist dessen Teil. Auch durch »Alle Landschaften« geht ein Strom, der »weit in den Norden schwillt«; er löst das unmittelbar folgende Wolkengleichnis aus. Heyms Faszination durch alles Maritime ist, das wissen wir durch ihn selbst, von Rimbaud bezogen, dem Dichter des »Trunkenen Schiffs« und der »Ophelia«; beides kehrt als Motiv und bis in metrische Imitationen hinein bei Heym immer wieder.

Zwei Jahre vor dem Ausbruch jenes Krieges, der in seiner Lyrik ständig gegenwärtig ist, starb Georg Heym. Er ertrank, eben fünfundzwanzigjährig, beim Eislaufen auf einem Fluß. Noch in seinem Todesjahr gaben seine Freunde unter dem Titel »Umbra Vitae« einen Band mit Gedichten aus dem Nachlaß heraus, er enthält auch »Alle Landschaften«. Die derzeit gültige historischkritische Ausgabe der Werke Heyms führt dieses Gedicht unter dem Titel »Träumerei in Hellblau«, und die zweite Strophe hat einen veränderten Wortlaut: »Blaue Länder der Wolken, / Weiße Segel dicht, / Die Gestade des Himmels in Fernen / Zergehen in Wind und Licht.« Das sind einigermaßen konventionelle Metaphern. Mir will die andere Fassung (enthalten in der von Stephan Hermlin verantworteten Ausgabe) spannungsvoller, auch konsequenter vorkommen: Auf eine vergleichsweise sanfte Strophe folgt alsbald eine des bedrohlichen Tones; dies zweimal.

Als »Alle Landschaften« hat Ernst Ludwig Kirchner das Gedicht in Holz geschnitten. Die Kerzenträgerinnen darauf sind kantige trauernde Frauen, und zwischen die ersten beiden Zeilen ist die Vignette eines menschlichen Paares gesetzt; die Personen liegen starr beieinander in einer Haltung, die alles sein kann und alles ist: Liebe, Schlaf, Tod.

GEORG HEYM
BERLIN

Schornsteine stehn in großem Zwischenraum
Im Wintertag, und tragen seine Last,
Des schwarzen Himmels dunkelnden Palast.
Wie goldne Stufe brennt sein niedrer Saum.

Fern zwischen kahlen Bäumen, manchem Haus,
Zäunen und Schuppen, wo die Weltstadt ebbt,
Und auf vereisten Schienen mühsam schleppt
Ein langer Güterzug sich schwer hinaus.

Ein Armenkirchhof ragt, schwarz, Stein an Stein,
Die Toten schaun den roten Untergang
Aus ihrem Loch. Er schmeckt wie starker Wein.

Sie sitzen strickend an der Wand entlang,
Mützen aus Ruß dem nackten Schläfenbein,
Zur Marseillaise, dem alten Sturmgesang.

WALTER HINCK
MÜTZEN AUS RUSS

Andere Großstadtgedichte Georg Heyms sind bekannter: »Die Dämonen der Städte« oder »Der Gott der Stadt«, beide in der zweiten Hälfte des Dezember 1910 geschrieben. Die Alpträume des Steinwüsten-Bewohners bergen neue Mythen, Mythen des Industriezeitalters.
Zwischen beiden Gedichten entstand dieses Sonett, das achte (und letzte) der sogenannten »Berlin«-Gedichte Heyms. Im Berlin der vorhergehenden Texte haben sich noch keine Dämonen niedergelassen. Der Beobachter Heym bewegt sich eher neugierig als verstört inmitten des »Steinmeers« und der »Menschenströme«. Zwar ragen hinter dem Idyll erhaltener Gärten bedrohlich »der Riesenschlote Nachtfanale« auf, doch behaupten sich gegen den Lärm und den Rauch der Arbeitswelt die Musik von den Ausflugsdampfern und die Lampions der Laubenfeste. Und stark ist die Faszination der Eisenbahngleise, auf denen die Vorortzüge heran- und davonbrausen – hier pulst das Leben der Stadt am kräftigsten.
Auch in der Bildlichkeit unseres Berlin-Gedichts finden sich Schornstein und Eisenbahn wieder, doch rangieren die Wörter zugleich als Metaphern. Und im zweiten Teil des Sonetts gehen Wahrnehmungen in Gesichte über. Wie nur wenige andere Gedichte zeigt dieses die Nahtstelle zwischen realer Gegenständlichkeit und jener visionären Bilderwelt, die Heym zum Vorläufer und frühen Vertreter des Expressionismus macht.

In der Dämmerung des Wintertages und im letzten Licht des Sonnenuntergangs werden die Schornsteine zu Pfeilern, auf denen das Himmelsgewölbe lastet. Wecken »Palast« und »goldne Stufe« Assoziationen zu Pracht und Reichtum, so widerruft sie die Wirklichkeit des Stadtviertels, durch das sich schwer der Güterzug schleppt. Das Motiv der Mühsal verklammert die beiden Teile des Sonetts, den Bildern des Lastentragens antwortet im ersten Terzett das Bild des Armenfriedhofs.

Dann entgrenzt sich Gesehenes zu Geschautem. Aus ihren Löchern heraus erblicken die Toten den Sonnenuntergang. Der goldene Horizont erscheint jetzt rot, und die Farbe Rot hat aufreizende, anfeuernde Wirkung (schmeckt wie starker Wein). Die letzten Verse des Sonetts sind die eindringlichsten; vom Gedicht haften bleibt das Bild der in Reihe sitzenden, strickenden Toten – vor allem aber das Bild der »Mützen aus Ruß«, weil Heym in ihm auf unvergleichliche und ganz unsentimentale Weise das Gespinsthafte der Totenexistenz, die Tristheit der Umwelt und die Blöße der Armut zusammenfaßt.

Das Signal der Farbe Rot wird aufgenommen im Gesang der Toten, der Marseillaise. Die Anspielung auf die Französische Revolution in diesem Gedicht überrascht nicht. Aus dem Juni des Jahres 1910 stammen Heyms Sonette »Bastille«, »Louis Capet«, »Danton« und »Robespierre«. Möglich, daß Heym zugleich auf die damals vielgesungene sogenannte Arbeitermarseillaise anspielt, auf Jakob Audorfs »Wohlan, wer Recht und Freiheit achtet«.

Vielleicht ist der Schluß, ob dem Autor bewußt oder nicht, auch ein Echo auf Heines Gedicht »Die schlesischen Weber«. Während allerdings die Weber eine geschichtliche Kraft repräsentieren, die in die Zukunft wirkt (sie weben dem überlebten »Altdeutschland« das Leichentuch), bleiben die Toten des Armenfriedhofs unentschädigt für das im Leben Vorenthaltene. Phantommützen strickend, rufen sie im »alten Sturmgesang« die Erinnerung an ihre Solidarität zurück, von der sie zehren müssen.

Das Sonett gehört zu den bedeutenden Großstadtgedichten unserer Literatur. Im lyrischen Werk Georg Heyms hat es kaum eine Parallele. Beklemmende Großstadterfahrungen werden nicht ins Mythische übersetzt; die dichterische Vision gibt hier dem Sozialen Tiefendimension.

GEORG HEYM
DIE MÄRKTE

Schleifender Füße sind tausend auf ihnen getreten.
Hohe Karossen rollten wie Donner so hohl.
Immer lagen sie bleich nur und schüchtern. Und flehten
Um die übrigen Rüben und grünlichen Kohl.

Die in dem Schauen so vieler der Sommer ergreiset,
Im ritzenden Froste der bitteren Winter zernagt,
Vom winzigen Brosam des Frühwinds trübe gespeiset,
Wenn märzlich das Jahr mit blauem Sturme getagt.

Ewig nur hängende Särge krochen darüber.
Ihre Stirnen waren von Fackeln oft rot.
Tränen, die großen, schlugen voll Hitze hernieder,
Und sie schwanden in sie, die so trocken wie Brot.

Viele Gesänge sie hörten und silberne Tänze,
Aus hellen Palästen oft schallte ein Saitenspiel,
Im Grunde der braunen Gemächer sahen sie glänzen
Fröhlicher Zeiten Ernte und Mähler viel.

Oben im Grauen oft sahn sie die Vögel kehren
Unruhig um – wie Spreu durch die Himmel vorbei.
Die, ach, trieben hinaus mit den Wolken, den schweren,
Über die schwellenden Herbste mit scharfem Geschrei.

Ihrer dachte doch niemand. Die kümmerlich aßen
Nur der Dächer Unrat mit hungrigem Mund.
Was sich nachts dort erbrach, die in Finsternis saßen,
Und sie lagen beschmutzt auf dem schneeigen Grund.

Zur Mitternacht dann – die Mäuse schoben die Knochen
Über sie sanft. Die Raben schleuderten Mist.
Mit knickenden Beinen die Spinnen krochen
Zärtlich über ihr zitterndes Angesicht.

So sperrten sie immer empor ihre riesigen Lippen.
Und schrien nach einem Heiland der tollen Zeit,
Und hörten den Wind am Tage – im Abend ein
Regentrippen –
Weißer Sterne Geräusche – durch Dunkel der Räume
verschneit.

ECKART KLESSMANN
VERSE VON LETZTER TROSTLOSIGKEIT

Es gibt Gedichte auf Häuser, auf Gärten, auf Schlösser, auf Parks, auf Straßen, Alleen und Brücken, aber die Plätze, die Märkte, sind eher ein Motiv der Malerei geblieben denn der Lyrik. Selbst bei einem Dichter der Städte wie Rilke findet sich dieses Sujet höchst selten. Vielleicht ist die von Häusern umgrenzte Weite den Dichtern zu unbelebt, zu unbeweglich erschienen.

Das sieht auch Heym: »Immer lagen sie bleich nur und schüchtern.« Leben, Bewegung und Farbe widerfährt den Märkten nur von außerhalb, etwa durch das Geschäft der Höker, die »Rüben und grünlichen Kohl« zum vitalen Kolorit anhäufen. Und selbst der Tod belebt sie noch dank jener Reste, die im Leichenkondukt über sie geführt werden, und das bleiche Aussehen der steinernen Augenzeugen rötet sich im nächtlichen Fackelschein dieser *pompes funèbres*. Erst Tod und Verwesung bedeuten für die Märkte das Leben. Nur einmal, in der vierten Strophe, darf sich das aktive, bejahende Dasein widerspiegeln in festlicher Repräsentanz und Musik. Doch seltsam: Die beschworene Fröhlichkeit will sich nicht einstellen, denn diese »silbernen Tänze« wirken eher wie *danses macabres*; beim Lesen mußte ich immer an »La Valse« von Maurice Ravel denken und ihre gespenstisch-zerschlissene Walzerseligkeit.

Nach dieser Strophe legt Heym eine Zäsur, richtet sich der Blick aufwärts nach »oben im Grauen«, wo sich die Himmel wie ein Spiegelbild über die Märkte wölben und daher von ihnen im Plural gesprochen wird. Auch die Himmel werden nur belebt durch die Vogelschwärme in ihrer Ruhelosigkeit, deren kümmerliche Unbehaustheit korrespondiert mit jenen »die in Finsternis saßen«, den von Menschen entleerten Märkten, denen nur noch die Teilnahme der Tiere geblieben ist und die ewigen Zeichen und Laute von Wind, Regen und »weißer Sterne Geräusche«. Und ihr stummer Schrei »nach einem Heiland der tollen Zeit« wird unerhört bleiben.

Was beim ersten Lesen zunächst so gemessen, so statisch erscheint, ist tatsächlich von starker Bewegung erfüllt. So kulissenhaft tot auch das Bild der Märkte in der zweiten Strophe wirkt, so ist doch das Leben nicht ausgetrieben; Wörter wie »zernagt«, »gespeiset« und »getagt« sagen es, auch wenn sie das Leben im Verfall umschreiben. Und es geschieht vor den Fassaden das tägliche Hin und Her von Karossen, Trauerkondukten und Musik, das dem Agieren der oberen und unteren Tierwelt entspricht.

Wäre die kinematographische Technik im Januar 1912, als Heym dieses Gedicht schrieb, weiter entwickelt gewesen, so könnten diese Verse vielleicht als Beispiel dafür stehen, wie ein Dichter die neue Sehweise des Mediums Film übernommen hat. Das war aber damals noch nicht möglich. Dennoch gibt es so etwas wie eine zunächst statische, dann mit starken Schwenks arbeitende Kameraführung auch hier im Strophenverlauf. Etwa die wechselnden Blickrichtungen in der fünften (Schnitt nach der vierten) und in der sechsten Strophe, das Übergehen aus der Totalen in die Nahaufnahme der vorletzten.

Es ist ein Gedicht vom Weltende, getragen von dem Gefühl unabwendbarer Katastrophen, so wie es Heym auch in vielen anderen seiner Verse oft und oft ausgesprochen hat, Verse von letzter Trostlosigkeit. Geschrieben wurden sie vom 10. bis 15. Januar 1912 in Berlin. Am 16. Januar ist Georg Heym beim Schlittschuhlaufen auf der Havel bei Schwanenwerder mit einem Freund ins Eis eingebrochen und ertrunken, 24 Jahre alt.

GEORG HEYM
DIE STADT

Sehr weit ist diese Nacht. Und Wolkenschein
Zerreißet vor des Mondes Untergang.
Und tausend Fenster stehn die Nacht entlang
Und blinzeln mit den Lidern, rot und klein.

Wie Aderwerk gehn Straßen durch die Stadt,
Unzählig Menschen schwemmen aus und ein.
Und ewig stumpfer Ton von stumpfem Sein
Eintönig kommt heraus in Stille matt.

Gebären, Tod, gewirktes Einerlei,
Lallen der Wehen, langer Sterbeschrei,
Im blinden Wechsel geht es dumpf vorei.

Und Schein und Feuer, Fackeln rot und Brand,
Die drohn im Weiten mit gezückter Hand
Und scheinen hoch von dunkler Wolkenwand.

HERBERT LEHNERT
DAS SCHÖNE VERNICHTUNGSSYMBOL

Die alte Form des italienischen Sonetts, von der Heym nur wenig abweicht, ist auf das bedrohliche Bild der Schlußstrophe hin zugespitzt. Jedoch integriert das Gedicht seine Bilder nicht, sondern setzt Impressionen der nächtlichen Stadt hart gegeneinander. Schon in der ersten Zeile erscheint das Bindewort »und«, das, mehrfach wiederholt, sinnloses Nebeneinander unverbundener Bilder herauskehrt.

Die Fenster werden zu Augen der Häuser, deren Blicke unheimlich sind wie von Prostituierten. Die Straßen werden mit lebendem »Aderwerk« verglichen. Ein alter traditioneller Ausdruck der Zugehörigkeit des Menschen zur Welt blitzt auf, das Verhältnis von Makro- und Mikrokosmos, um sofort ins Absurde gestoßen zu werden. Die Straßen-Adern haben die Funktion von Abwässerkanälen, in denen die Menschen willenlos hin und her geschwemmt werden. Nächtliche Stille in der Stadt ist eintöniger Lärm, ein Zeichen der Sinnlosigkeit. Geburt und Tod sind nichts als Fäden in einem Teppich, der »Einerlei« heißt.

Jedoch lenkt das zweite der Terzette, die Schlußstrophe, auf den Anfang zurück. Lesen wir den ersten Satz des Gedichtes wieder, so scheint er zu den »dumpf« vorbeigehenden Bildern des städtischen Einerleis nicht zu passen. Die Nacht ist weit, enthält mehr als die Bilder der Eintönigkeit. Am Anfang und am Ende erscheint das Bild der Wolken, die das Licht der Stadt und das des untergehenden Mondes reflektieren. Wolken sind ein Bild für die Phantasie, in dieser Bedeutung kommen sie oft in Heyms Gedichten vor. Während der Mond, das romantische Dichtungssymbol, untergeht, werfen die Wolken das Licht der Stadt zurück, so daß ein Bild feuriger Vernichtung entsteht. Das Bild der Drohung wird lebendig als Hand, die wie ein gezücktes Schwert wirkt und Vernichtung suggeriert, eine Anspielung auf apokalyptische Bilder.

Literatur enthält Widersprüche, auch Gedichte gehen nicht allein auf Harmonie aus. Aber literarische Widersprüche zielen auf Freiheit von banalen, alltäglichen Festlegungen. Das Freiheitssymbol in unserem Gedicht ist ein Widerspruch gegen die stumpfe Welt, ist die imaginäre Vorstellung des feurigen Endes. Es bezieht seine Wirkungskraft aus der traditionellen Form, der es zugleich widerspricht.

Ist unsere moderne urbane Welt so, wie sie in diesem Gedicht erscheint: sinnlos, eintönig, reif für die Vernichtung? Oder ist das Gedicht eine Denunziation der festgefügten, saturierten, bürgerlichen Welt, die Heyms Generation von dichterischen, phantasievollen Außenseitern nicht gelten lassen wollte? Sie haßten die Welt der Väter, deren Solidität ihnen Langeweile bedeutete, ungerecht und lebensfeindlich war.

Wir müssen uns jedoch fragen, ob die Dissoziation und die Entfremdung nicht die andere Seite der Freiheit ist, die Heym in den Wolken suchte. Ein an die Scholle gebundenes Leben bietet dem Menschen feste Beziehungen, Heimat, hindert Entfremdung, macht ihn aber nicht frei. Ist Entfremdung und Freiheit dasselbe, das eine negativ, das andere positiv gewendet?

Das Gedicht entstand im November 1911, nicht lange vor Heyms leichtsinnigem Schlittschuhausflug, der seinen Unfalltod herbeiführte. Das schöne Vernichtungssymbol, auf das die Verse zulaufen, feiert den Schrecken mit grimmiger Freude. Drei Jahre später, 1914, nahm der größere Teil des deutschen Volkes den Kriegsausbruch jubelnd als befreiendes Schicksal an.

GEORG HEYM
LETZTE WACHE

Wie dunkel sind deine Schläfen
Und deine Hände so schwer.
Bist du schon weit von dannen,
Und hörst mich nicht mehr?

Unter dem flackernden Lichte
Bist du so traurig und alt,
Und deine Lippen sind grausam
In ewige Starre gekrallt.

Morgen schon ist hier das Schweigen
Und vielleicht in der Luft
Noch das Rascheln von Kränzen
Und ein verwesender Duft.

Aber die Nächte werden
Leerer nun, Jahr um Jahr,
Hier wo dein Haupt lag und leise
Immer dein Atem war.

KARL KROLOW
VERLORENE NÄHE EINES MENSCHEN

Als Georg Heym (1887-1912) diese letzte, definitive Fassung des Gedichts schrieb, war September 1911, der Dichter – im schlesischen Hirschberg geboren – noch nicht ganz vierundzwanzig. Ein Zeitgenosse sah ihn so: »Ein runder, fester Kopf unter der Studentenmütze, das robuste Gesicht eines Jungen, den seine Freunde als wuchtige, impulsive, unglaublich gesunde Viechsnatur schildern, ein abenteuernder Rabauke und Tatmensch.« Andere sahen ihn anders. »Letzte Wache« war kein Gedicht der Satzbauzerrüttung, ein einfaches Gedicht vielmehr aus vier Strophen mit je vier Zeilen, die zweite und die vierte gereimt, schlicht, trauervoll, tränenvoll.
Die endgültige Fassung wurde vermutlich am 4. September 1911 geschrieben. Sie steht ziemlich nahe dem ungleich wüsteren Gedicht »An meinen Leichnam«, mit dem es nichts gemeinsam hat. Im Tagebuch Heyms findet man lediglich angeführt, daß dieser 4. September »ein kritischer Tag erster Ordnung« gewesen sei. Gemeint ist die Zuspitzung einer der Heymschen Frauen-Affären. Die »Letzte Wache« ist weit fort von allen Zufalls-Amouren. In diesem Gedicht ist Zufall nicht unterzubringen. Dazu ist dieses Totenwache- und Liebesgedicht zu verschwiegen, zu ernst, zu endgültig.
Seine Sprache ist gedämpft zu einem wie erstickt wirkenden Flüstern. Es sind Worte der halben und der Viertelstimme, angesichts einer Toten (oder eines Toten?), nach-

gerufen inmitten eines Schweigens, das wächst und alles an sich ziehen wird: das endgültige Schweigen des Todes. Sanft, melodiös, beinahe überredend kommen die Zeilen, in einer Art melancholischer Grazie, die die Verstörung, den Schmerz rhythmisch zu widerlegen, ja, aufzuheben scheint. Dennoch setzt sich die zarte Klage der Vergänglichkeit und Vergeblichkeit menschlicher Beziehung, Zuneigung, Liebe, diese Klage der Unwiderrufbarkeit des physischen Endes einer geliebten Person durch.

Sie gilt der verlorenen Nähe eines Menschen, gilt Haupt und Atem des Abgeschiedenen, gilt dem, was an diesem Toten geistig und leicht war, gilt dem Verschwinden des Lebens-Wandels, seinem Weichen und dem Beginn der Toten-Schwere, den schweren Händen, erstarrten Lippen, dem endgültigen Schlaf bei dunklen Schläfen unter flackerndem Licht. Das alles wird vorgebracht und in Worte gefaßt, als wenn nichts gesagt worden wäre, als wenn ein Luftzug durch ein Zimmer wehte. Die Stille ist überwältigend, mit der sich das Gedicht einzurichten beginnt, weil es sich mit ihr einrichten muß. Ein Adieu, sozusagen mit brennenden Augen gemurmelt, angesichts der Kälte und Einsamkeit des Todes.

Auch – so kann man es sehen – das wie hypnotisch wirkende Gedicht eines Todessüchtigen, der sich mit dreiundzwanzig Jahren bereits seine Grabinschrift überlegt hatte: »Auf meinem Grabstein soll nichts anderes stehen als: Er schläft, er ruhet aus.« Ich erinnere mich beim Lesen der »Letzten Wache« an Heyms kurze Erzählung »Die Sektion«, der ein Jahr nach seinem Tode erschienenen Novellensammlung »Der Dieb«. Auch dort gibt es einen ähnlichen Abschied von einem toten, jungen Menschen, der für den Seziertisch bestimmt ist. Ist er der-

selbe, dem die »Letzte Wache« gilt? Ist es ein Mädchen, eine junge Frau?
Es bleibt unbestimmt: »Wie ich dich liebe. Ich habe dich so geliebt. Soll ich dir sagen, wie ich dich liebe? Wie du durch die Mohnfelder gingest, selber eine duftende Mohnflamme, hattest du den ganzen Abend in dich getrunken. Aber dein Kopf neigte sich in dem Lichte, und dein Haar brannte noch und flammte von allen meinen Küssen. – So gingest du dahin und sahst dich immer nach mir um. Und die Laterne in deiner Hand schwankte wie eine glühende Rose lange fort in der Dämmerung ... Ich werde dich wiedersehen alle Abende um die Stunde der Dämmerung. Wir werden uns nie verlassen ... Soll ich dir sagen, wie ich dich liebe?«

JAKOB VAN HODDIS
WELTENDE

Dem Bürger fliegt vom spitzen Kopf der Hut,
In allen Lüften hallt es wie Geschrei,
Dachdecker stürzen ab und gehn entzwei
Und an den Küsten – liest man – steigt die Flut.

Der Sturm ist da, die wilden Meere hupfen
An Land, um dicke Dämme zu zerdrücken.
Die meisten Menschen haben einen Schnupfen.
Die Eisenbahnen fallen von den Brücken.

PETER RÜHMKORF
ZUR TEILNAHMSLOSIGKEIT ERSTARRT

Das berühmteste Gedicht des deutschen Expressionismus ist ein Abschiedsgedicht, es zieht den Hut. Es beraubt den Bürger mutwillig seiner schmückenden Kopfbedeckung und läßt auf *einen* lustig-lieblosen Schwung auch gleich die Bedachungsspezialisten, beziehungsweise Behütungstechniker mit in die Tiefe segeln – wer wird den Überbau der Bourgeoisie jetzt gegen unliebsame Witterungseinflüsse abdichten?

Der weitere Verlauf der Verabschiedungszeremonie zeigt freilich, daß der symbolische Dachschaden nur der erste Teil eines bürgerlichen Trauerspiels ist. Der zweite Akt, die zweite Strophe bescheren uns mit der Sturmmeldung gleichzeitig den Flutschadenbericht, und was wir eben noch für einen Luftwirbel bloß im Geisterreich des Bewußtseins hielten (»In allen Lüften hallt es wie Geschrei«), das entpuppt sich nun als Vorahnung oder, vielleicht, Antizipation eines wahrhaftigen Grundlagenbebens: Die verbündeten Elemente rücken gegen die Schutzwälle des zivilisierten Lebens vor und setzen die öffentlichen Verkehrsmittel außer Betrieb.

Mit anderen Worten: während die erste Strophe voller Zeichen und Wunder ist, wird uns in der zweiten (»Der Sturm ist da«) ein Willensträger und eine wirklich handelnde Gewalt vorgestellt, »die wilden Meere«, für die der Sprung an Land nicht viel mehr als ein »Hupfen« bedeutet. Scheinbar grundlos und dennoch mit der (im Gedicht)

erklärten Absicht, »dicke Dämme zu zerdrücken«, entern sie den Kontinent wie einen leicht eroberbaren Sandkasten und behandeln stolzes Menschenwerk als willkommenes Riesenspielzeug.
Daß sich die unfreiwillig einbezogene Menschheit dabei als höchst zerbrechliche Spielsache entpuppt und ihre seelische Betroffenheit nur als eine Form von Verschnupftsein wahrgenommen wird, unterstreicht einmal mehr den geringen gemütlichen Anteil des Poeten an seinen kalkulierten Destruktionen. Zugleich mit dem bürgerlichen Spitzkopf wird dessen abgeblühtes Stimmungsleben demissioniert, und zwar derart, daß das Gedicht wortwörtlich zur Teilnahmslosigkeit erstarrt und uns – statt uns gerührte Tränen abzunötigen – zu ahnungsvollem Hohngemecker verleitet.
Damit könnten wir die Interpretation des kleinen Verswerks durchaus auf sich beruhen lassen, wenn diese »Weltende« genannte Westentaschenapokalypse nicht noch zu weiteren Exegesen einlüde/eingeladen hätte. Ein Produkt des fulminant fruchtbaren Ausbruchsjahres 1911 und als solches eine Weh- und Weissagung unter anderen, hat man es, rückblickend, immer wieder als ahnungsvolle Vorausschau folgender Menschheitskatastrophen angesprochen.
Interessanter als solche im nachhinein immer leicht zu erteilenden Prophetenweihen bedünkt mich allerdings, daß das Unheil hier ja weniger vorausgesehen als, *in effigie*, exekutiert wird und daß auch die viel beredete Enthumanisierung oder Depersonalisation nicht eigentlich das Angriffsziel des Gedichtes ausmacht, sondern einen integralen Teil seiner eigenen Daseinsform. Weit entfernt davon, sich mit langem Finger aus der Welt herauszuhalten, die es für kritik- und untergangswürdig hält, nimmt es auf para-

dox konkrete Weise Anteil an ihrer menschlichen Unterkühlung und deckt die latenten Entfremdungen der gesellschaftlichen Welt am eigenen Leibe auf.

Nicht darin also liegt für mich die Glaubwürdigkeit von Poesie, daß das, was sie anzeigt, ausdrückt, darstellt, schildert oder ausmalt, nun auch tatsächlich stattfindet – sei es das eigene Ableben oder, eben, der Untergang der Welt. Vertrauenswürdig wird sie vielmehr erst dort, wo sie die Spannungen und Zerrüttungen der Welt auf sich selbst bezieht und zu ihren eigenen macht: als poetischen Turgor, sprachliche Gewebespannung.

KURT SCHWITTERS
AN ANNA BLUME

Merzgedicht I

O du, Geliebte meiner siebenundzwanzig Sinne, ich
liebe dir! – Du deiner dich dir, ich dir, du mir.
– Wir?
Das gehört (beiläufig) nicht hierher.
Wer bist du, ungezähltes Frauenzimmer? Du bist
– bist du? – Die Leute sagen, du wärest – laß
sie sagen, sie wissen nicht, wie der Kirchturm steht.
Du trägst den Hut auf deinen Füßen und wanderst
auf die Hände, auf den Händen wanderst du.
Hallo, deine roten Kleider, in weiße Falten zersägt.
Rot liebe ich Anna Blume, rot liebe ich dir! – Du
deiner dich dir, ich dir, du mir. – Wir?
Das gehört (beiläufig) in die kalte Glut.
Rote Blume, rote Anna Blume, wie sagen die Leute?
Preisfrage: 1.) Anna Blume hat ein Vogel.
2.) Anna Blume ist rot.
3.) Welche Farbe hat der Vogel?
Blau ist die Farbe deines gelben Haares.
Rot ist das Girren deines grünen Vogels.
Du schlichtes Mädchen im Alltagskleid, du liebes
grünes Tier, ich liebe dir! – Du deiner dich dir, ich
dir, du mir. – Wir?
Das gehört (beiläufig) in die Glutenkiste.
Anna Blume! Anna, a-n-n-a, ich träufle deinen Namen.

Dein Name tropft wie weiches Rindertalg.
Weißt du es, Anna, weißt du es schon?
Man kann dich auch von hinten lesen, und du, du
Herrlichste von allen, du bist von hinten wie von
vorne: »a-n-n-a«.
Rindertalg träufelt streicheln über meinen Rücken.
Anna Blume, du tropfes Tier, ich liebe dir!

RUDOLF AUGSTEIN
FÜMMS, BEEEE

Mit »Anna Blume« verbindet mich ein früher Pennälertriumph, denn ich habe dieses Gedicht des von den elenden Nazis verfemten Kurt Schwitters kurz vor Hitlers Überfall auf Polen öffentlich zu Gehör gebracht, und zwar in Hannover, woher der Dichter stammt (und wo auch ich geboren wurde).

Mein Kunsterzieher am Ratsgymnasium, der Oberstudienrat Bernhard Haake, jetzt sechsundachtzig Jahre alt und Ehrenbürger von Rotenburg an der Wümme, hatte stets geistige Konterbande für die ihm befreundeten Schüler parat.

Nie ohne Parteiabzeichen, servierte er uns wenigen Freunden neben Schwitters so manches, was gut und verboten war. Als Mitglied einer Marionetten-Spielschar der Hitlerjugend und also berufen, auch die bunten Abende auszurichten, war es mir ein leichtes, meinen Vortrag der »Anna Blume« mit dem erschrockenen Ausruf zu rechtfertigen: »Und der Mann soll aus Hannover stammen!«

Schwitters (geboren 1887, gestorben 1948 in England, und zwar in Ambleside/Westmoreland) gehörte zu den Mitbegründern der Dada-Bewegung und war einer der vielseitigsten und bizarrsten Künstler jener Zeit. Es gibt kaum eine Kunstform, in der er sich nicht hervorgetan hätte. Sogar eine »Sonate in Urlauten« hat er verfaßt, aus der übrigens die Überschrift stammt.

Auch mit seiner Heimatstadt Hannover trieb er seinen

vorwärtsweisenden Unfug. Er las den Namen von hinten nach vorn, was »re von nah« ergibt, und übersetzte die Silbe »re« mit »rückwärts«. Die umgekehrte und also in der richtigen Silbenfolge gelesene Bedeutung des Namens wäre demnach »Vorwärts nach weit«, also, um Schwitters zu folgen: »Hannover strebt vorwärts, und zwar ins Unermeßliche«.

1935 war er klug genug, Deutschland zu verlassen. Am schwersten fiel ihm der Abschied von seinem MERZ-BAU in Hannover in der Waldhausenstraße 5, einer das ganze Haus durchwuchernden Collage-Plastik, an der er zwölf Jahre lang unablässig gearbeitet hatte. Als das Haus 1943 ein Opfer der Bomben wurde, hoffte Kurt Schwitters bis zu seinem Tode im englischen Exil, es würden unter den Trümmern noch MERZ-Stücke zu finden sein, obwohl »aus Gips und leicht zu zerstören«.

»Anna Blume« gibt es in mehreren Versionen. Zweifelt jemand daran, daß es sich um ein glühendes Liebesgedicht handelt, das einen Unbefangenen in die haarsträubendste Verwirrung zu versetzen vermag? Warum sind Annas rote Kleider in weiße Falten zersägt? Warum ist die Farbe ihres gelben Haares blau und das Girren ihres grünen Vogels rot? Woher nimmt sich der Autor seine siebenundzwanzig Sinne? Wir wissen es nicht und alles andere auch nicht. Doch spüren wir, Kunst ist es, wenn auch eine bodenlose. Um mit Schwitters zu reden: »Ein restloses Verstehen ist ja auch bei so ganz außergewöhnlichen Dingen nicht erforderlich.«

KURT SCHWITTERS
FRÜHE RUNDET REGEN BLAU

Runde das Grün
Schlafe maies Land
Grüne Tropfen tropfenweise
Leise Tropfen tropfen leise
Runde schlaf Land
Schlafe grüne Tropfenwiese
Grüne Tropfen sanften Lied
Grünen Grüne grün.

PETER DEMETZ
UNSER ZAUBERER AUS HANNOVER

In diesem Gedicht, das Kurt Schwitters wahrscheinlich im Jahre 1919 geschrieben hat, sind noch viele Erinnerungen an die deutsche Naturpoesie gegenwärtig. Ich könnte mir vorstellen, wie ein traditioneller Poet die Kontur der Hügel, sachten Mairegen und prismatisches Farbenspiel der Frühe in klappernden Volksliedstrophen in Erinnerung ruft.

Merkwürdig, wie dieses kurze Gedicht, ganz Spontaneität und ganz Konstruktion zugleich, Bewahrung *spielt:* auch dieser Text setzt Klassisch-Romantisches fort, aber auf ironische und sprachkritische Art.

Die ererbte Grammatik schmilzt dahin und bildet im Sprach-Akt des Gedichtes ihre neuen Formen; hier wird mit Wortvorrat und Grammatik experimentiert, um wieder zu entdecken und neu zu nennen, was die alten Formen nicht mehr fassen. Nicht Selbstgenügsamkeit der Sprache, sondern ein auf die Wirklichkeit bezogenes Sprachspiel, um ein Mehr an Bedeutung und Erfahrung zu definieren: eine bewegte Frühlingslandschaft und ein ruheloses lyrisches Ich, in Wünschen, Forderungen, Bitten redend zur Natur, auf daß sie sich vollende und, was ihr Geologie, Wolken und Jahreszeit auferlegten, ganz erfülle. Das lyrische Ich als eines, das die verborgenen Absichten der Natur selbst ausspricht – ganz so, wie einst der romantische Dichter, aus dem Herzen des Universums?

Aber dieses Gedicht lebt aus einer modernen und spartanischen Präzision, die jedes Wort auf seinen etymologischen Bedeutungskern hin prüft, ehe sie es, so oder so, in den Zusammenhang fügt. Vieles, aber durch Weniges (Beispiel der sprachlichen Generationskraft überhaupt): ein vereinzelter Artikel als letzte Spur der traditionellen Grammatik, und sonst Wandlungen, Neuerungen, Transformationen. Das Adjektiv »sanft« zum Verbum »sanften« gesteigert; »Mai« und »Schlaf« in Qualitäten verwandelt; und das Adjektiv »grün«, im Formenspiel der letzten Zeile, als Nennung der Substanz, der Eigenschaft und der Art und Weise – die »grünste« Zeile eines Naturgedichtes, die je ein deutscher Autor geschrieben hat.

Das alles steht August Stramm näher als dem Züricher Dada, wird der Literaturhistoriker einwenden, und der Freund der Weltliteratur wird an Stramms komplizierte Beziehungen zu den italienischen Futuristen erinnern, die ja ihre Grammatik ähnlich radikal revidierten, um den physischen und physiologischen Bewegungen des Weltkernes (nichts als pure Energie) auf der Spur zu bleiben. Aber Schwitters, der in manchen Gedichten Stramm imitiert, gefällt sich nicht in Stramms irrationaler Brunst. Weder Schreien noch Stöhnen, sondern Bewegung gezügelt durch die ökonomische Eleganz des Konstruktivisten: die Zeilen eins/zwei, fünf/sechs deutlich abgesetzt von drei/vier, sieben/acht; das Spiel mit dem Gleichklang am Anfang der Verse und, zugleich, die Enttäuschung semantischer Erwartungen (nichts kommt so wieder, wie es sollte); die wunderbare vierte Zeile mit ihrem »Rückgang«, dem aber nichts Mechanisches anhaftet (das Hörbare des ersten und des letzten Wortes ist identisch, nicht aber seine Satzfunktion).

Es gibt Gedichte, die sich dem Diktat der Bedeutung ganz

unterordnen, und solche, die sich, alle Bedeutungen opfernd, ganz in Sprache verlieren – aber wie tut man beides zugleich? Kurt Schwitters, unser Zauberer aus Hannover, findet seine Lösungen ohne jede Mühe; wie einer jener Artisten, von denen Rilke in seiner Elegie so skeptisch spricht, hält er viele rotierende Teller auf *einem* wirbelnden Stab, und keiner zerschellt, und alles ist geglückte Bewegung, heiterste Kunst.

GEORG TRAKL
ABEND IN LANS

2. Fassung

Wanderschaft durch dämmernden Sommer
An Bündeln vergilbten Korns vorbei. Unter
getünchten Bogen,
Wo die Schwalbe aus- und einflog, tranken wir
feurigen Wein.

Schön: o Schwermut und purpurnes Lachen.
Abend und die dunklen Düfte des Grüns
Kühlen mit Schauern die glühende Stirne uns.

Silberne Wasser rinnen über die Stufen des Walds,
Die Nacht und sprachlos ein vergessenes Leben.
Freund; die belaubten Stege ins Dorf.

KARL KROLOW
AN GEISTERHAFTEM ORT

Als ich vor etwa fünfzig Jahren antiquarisch »Die Dichtungen von Georg Trakl«, ausgewählt von dem Freund Karl Röck, als erste Gesamtausgabe erstand, hielt ich die schöne, tiefblau gebundene Edition des Verlags Kurt Wolff, Leipzig, in der Hand. Ein zerrissenes Saitenspiel und ein dünner Lorbeerzweig schmückten den Einband. Das Buch war damals fünfzehn Jahre alt, mußte gegen oder nach dem Ende des Ersten Weltkriegs erschienen sein. Ich kannte damals Trakl nur durch eine schmale Auswahl in der alten Insel-Bücherei. Die Ausgabe des Kurt Wolff Verlags schien mir – noch dazu unter den damaligen tristen Umständen – ein besonderer Fund zu sein. Er war es tatsächlich. Denn erst die Röcksche Ausgabe erschloß mir den österreichischen Dichter, der so früh das Leben hinter sich gelassen hatte, in dem er – nur der Schwester verbunden – ein Abwesender war.

Die Landschaft war mir, dem Norddeutschen, unbekannt. Um so begieriger nahm ich diese Landschafts-»stoffe« in ihrer herbstlichen Transparenz auf, die keinen Unterschied zwischen Diesseits und Jenseits zu machen schien. Es waren namenlose Orte der Seele. Wenn einmal ein Name fiel und ein Ort genannt wurde, so erweckte er sogleich meine Neugier.

Als ich das Gedicht »Abend in Lans« – in der zweiten Fassung, wie ich später erfuhr – las, kam etwas wie Sehnsucht nach diesem unbekannten, geisterhaften Ort auf. Später –

ungefähr zehn Jahre nach dem Ende des Zweiten Weltkriegs und anläßlich einer kleinen Tagung im benachbarten Igls – lernte ich auf einem Ausflug Lans kennen. Es war ein flüchtiger Gang durch eine stille Ortschaft, von Wäldern umgeben, irgendwo oberhalb von Innsbruck. Mittagszeit war und die Stille für mich doppelt spürbar. War dies überhaupt noch das Lans, das Trakl einst im Gedicht genannt hatte, mit jenen »Belaubten Stegen ins Dorf«, die ich wiederzuerkennen meinte?

Nicht viel weniger als ein halbes Jahrhundert mochte inzwischen verstrichen sein, und Lans mußte sich notwendigerweise verändert haben. Es war die Jahreszeit des Gedichts, das gebündelte Heu auf den Feldern. Und auch die getünchten Häuserbögen mit den huschenden Schwalben gab es zu sehen. Auch das andere, Geheimnisvolle, diese Schwermut und das sprachlose, das vergessene Leben schien in der lastenden Mittagszeit auf dumpfe Art und Weise gegenwärtig. Dennoch konnte ich das Lans des Jahres 1955 im Gedicht Georg Trakls nicht wiederfinden. Insgeheim mochte ich auf einen Hinweis wie auf eine »Erscheinung« hoffen, die ausblieb. Ich war zu flüchtig in diesem vor dreißig Jahren noch mittagsstillen Tiroler Dorf, das schwieg, bis auf kurzes Lachen, das aus dem Wirtshaus zu hören war, ehe alles wieder »in Ruh und Schweigen« sich verlor.

Das Betäubte, das Suggestive, diese Augenblicke schwermütiger Euphorie waren mit dem, der sie niederschrieb, in einer Zeitlosigkeit verschwunden, in der allenfalls noch die »zweite Zeit« der Dichtung und der Dichter herrscht. Die Schauer, die einst die »glühende Stirne« kühlten, hinterließen im Gedächtnis eher ein Frösteln dessen, der an einem geheimen Ort der Dichtung zu spät und als ein anderer gekommen war. Ich fror in der Wärme. Ich sagte mir »Abend in Lans« auf, *par cœur*, wie die Franzosen sagen. Ich fühlte mich als ein später Fremdling hier.

GEORG TRAKL
DE PROFUNDIS

Es ist ein Stoppelfeld, in das ein schwarzer Regen fällt.
Es ist ein brauner Baum, der einsam dasteht.
Es ist ein Zischelwind, der leere Hütten umkreist.
Wie traurig dieser Abend.

Am Weiler vorbei
Sammelt die sanfte Waise noch spärliche Ähren ein.
Ihre Augen weiden rund und goldig in der Dämmerung
Und ihr Schoß harrt des himmlischen Bräutigams.

Bei der Heimkehr
Fanden die Hirten den süßen Leib
Verwest im Dornenbusch.

Ein Schatten bin ich ferne finsteren Dörfern.
Gottes Schweigen
Trank ich aus dem Brunnen des Hains.

Auf meine Stirne tritt kaltes Metall
Spinnen suchen mein Herz.
Es ist ein Licht, das in meinem Mund erlöscht.

Nachts fand ich mich auf einer Heide,
Starrend von Unrat und Staub der Sterne.
Im Haselgebüsch
Klangen wieder kristallne Engel.

ERICH FRIED
EIN VERLORENER IN WELCHER WELT?

Wenige Gedichte erschüttern mich immer wieder wie dieses. Warum eigentlich? Widerspricht es nicht allen Regeln für ein wirksames Gedicht? Zahllose Adjektive – schwarzer Regen, brauner Baum, sanfte Waise, spärliche Ähren, süßer Leib, finstere Dörfer, kristallne Engel – und noch sieben weitere in nur einundzwanzig Textzeilen! Und welcher Aufwand: Gott und Engel werden bemüht, Landschaft, Wetter, ein Todesfall oder Mord. Pathos: »Gottes Schweigen / Trank ich aus dem Brunnen des Hains.« »Im Haselgebüsch / Klangen wieder kristallne Engel.«

Im ganzen Gedicht nichts Scharfsinniges, ja, es ist nicht einmal klar formuliert: Ist die Ich-Person einer, der den Tod der sanften Waise nur beklagt, oder ist es ihr Mörder, der dieses »De profundis« spricht? Und ist die Landschaft keine Kitschkulisse, die Figur der sanften Waise nicht Klischee, von der nächtlichen Heide, die schon von König Lear her wohlbekannt ist, und vom kalten Metall auf der Stirne ganz zu schweigen? Und heißt es nicht eigentlich »erlischt« statt »erlöscht«?

Über alle Einwände dieser Art triumphiert das Gedicht, ja vielleicht besteht sein Zauber gerade auch aus all dem. Es hat die Kraft und Einfachheit – und gelegentlich die Unbestimmtheit – des Volksliedes, ohne das Volkslied nachzuahmen. Bei den ersten drei Worten fällt mir das Lied vom Schnitter Tod ein, später auch »Es dunkelt schon in der

Heide«, »Es zog eine dunkle Wolke herein« und andere mehr.

Ich kenne kaum ein Gedicht, bei dem expressionistische Diktion und Volksliedhaftes so eng verbunden sind. Manches wird gerade dadurch gestaltet, daß es nur einfach gesagt wird, ohne einen Versuch der Gestaltung, etwa: »Wie traurig dieser Abend.«

Und was ist die Rolle der vermeintlichen Klischees, des Kitschigen (als wüßten wir wirklich, was Kitsch ist und was nicht)? Wird hier nicht das Unheil ganz und gar aus den Bausteinen der »heilen Welt« vor uns aufgebaut? Wird nicht dadurch die Sehnsucht nach der unverletzten Welt, nach dem zerstörten Schönen und Liebenswürdigen so stark in uns, daß wir uns – lange nach dem Lesen des Gedichtes – vielleicht auch noch fragen, ob nicht die so verbreitete Ablehnung der »heilen Welt« durch die Kritik gerade der Sehnsucht nach ihr und der Bitterkeit entspringt, daß sie uns genommen ist? Hier aber sind Armut, Mord oder doch Tod und Verwesung und verzweifeltes Herumirren so dargestellt, daß die Schönheit, die Idylle zugleich zerstört und noch da ist. Ohne diese Sehnsucht inmitten des Entsetzlichen, der Verlassenheit, könnte das Gedicht nicht »De profundis« heißen.

Die Kunstmittel sind so unauffällig, daß man nicht sagen kann, ob sie dem Dichter bewußt waren, etwa wenn »sanfte Waise« auch etwas von einer sanften Weise – Melodie – vermittelt oder wenn die beiden Worte »spärliche Ähren« ihren Inhalt durch ihren Klang verdeutlichen, ebenso wie zuletzt, wenn es heißt: »Klangen wieder kristallne Engel.« Auch die Alliterationen sind unaufdringlich.

Wie gewaltig das Gedicht Grenzen zu überschreiten vermag, zeigt sich auch darin, daß es eigentlich gar nicht mehr wichtig ist, ob die Ich-Person um das arme Mädchen nur klagt oder selbst von der Schuld an ihrem Tod in die Irre getrieben wurde.

GEORG TRAKL
DIE SCHÖNE STADT

Alte Plätze sonnig schweigen.
Tief in Blau und Gold versponnen
Traumhaft hasten sanfte Nonnen
Unter schwüler Buchen Schweigen.

Aus den braun erhellten Kirchen
Schaun des Todes reine Bilder,
Großer Fürsten schöne Schilder.
Kronen schimmern in den Kirchen.

Rösser tauchen aus dem Brunnen.
Blütenkrallen drohn aus Bäumen.
Knaben spielen wirr von Träumen
Abends leise dort am Brunnen.

Mädchen stehen an den Toren,
Schauen scheu ins farbige Leben.
Ihre feuchten Lippen beben
und sie warten an den Toren.

Zitternd flattern Glockenklänge,
Marschtakt hallt und Wacherufen.
Fremde lauschen auf den Stufen.
Hoch im Blau sind Orgelklänge.

Helle Instrumente singen.
Durch der Gärten Blätterrahmen
Schwirrt das Lachen schöner Damen.
Leise junge Mütter singen.

Heimlich haucht an blumigen Fenstern
Duft von Weihrauch, Teer und Flieder.
Silbern flimmern müde Lieder
Durch die Blumen an den Fenstern.

GENO HARTLAUB
EIN SCHLICHTES LIED

Gold und Blau strahlen in diesem Gedicht den Glanz des Sommerhimmels und der barocken Altäre aus, sie haben nichts an sich vom Schimmer der Fäulnis und Verwesung, der die großen Untergangsgesänge und Todeshymnen kennzeichnet. »Die schöne Stadt« ist durchglüht vom Licht echter und künstlicher Abendsonnen. Verglichen mit Trakls Herbst- und Wintergedichten, wirkt hier alles leuchtend und hell. Farben und Töne vermischen und steigern sich gegenseitig.

Der Tod kommt nur ein einziges Mal in Verbindung mit »braun erhellten Kirchen« und »reinen Bildern« vor. Das Leben überwuchert die Visionen von Sterben und Untergang. Kronen, Rösser, Brunnen, Blütenkrallen, Glockenklänge, Marschtakt, Weihrauch, Teer und Flieder zeugen von der Fülle der Natur und der Menschenwerke. Zweimal finden wir einen Hinweis darauf, daß sich Elemente des Traums in das »farbige Leben« der sommerlichen Stadt mischen, die es wieder verblassen lassen und aufzulösen drohen: »Traumhaft hasten sanfte Nonnen« und »Knaben spielen wirr von Träumen«.

Die Melancholie, die gleichwohl von diesem Gedicht ausgeht, stammt von seiner Form. Sie ist streng – sieben Strophen zu je vier Verszeilen, die sich reimen, mit Ausnahme der ersten und vierten Zeile jeder Strophe, in denen das Schlußwort wiederholt wird. Diese Wiederholung erzeugt eine Vorstellung von Vergeblichkeit, von einem

Kreisen im Leeren, von ewiger Wiederkehr. Lebensfülle und Farbenreichtum der »Schönen Stadt« werden in Versgefäßen aufgefangen, die immer die gleiche Form haben – wie Brunnenschalen, in die schäumendes Wasser fließt und zur Ruhe gebracht wird.

Die Melodie des Gedichts könnte immer so weitergehen. Eine Strophe weckt die nächste zum Leben, ein Vers lockt den anderen hervor. Dies ist ein Lied, das vertont werden könnte. Trotz der sich ablösenden Bilder und der wechselnden Figuren hat die Sprachmelodie etwas Eintöniges und Schwermütiges. Der Trakl-Ton wird durch gewisse Unregelmäßigkeiten im Versmaß noch deutlicher: Er strebt zu einer größeren und offeneren Form, zu freien Rhythmen, zu Langzeilen-Lyrik.

Max Rychner hat festgestellt, in Trakls Gedichten komme das Wort »ich« so gut wie nie vor; die Individualität des Dichters löse sich auf in der Allbeseelung der Natur oder im Grauen von Tod, Fäulnis und Untergang. Trakls Gedichte sind welthaltiger als sein kurzes Leben, das sich engräumig und zurückgezogen in Österreich abspielte. Seine Lyrik spiegelt die Visionen des Rauschs wider, den er sich durch Drogen verschaffte. Schon 1914, siebenundzwanzigjährig, setzte er, durch die Schrecken des Ersten Weltkriegs in seinen Untergangsprophetien bestätigt, seinem Leben durch eine Überdosis Kokain ein Ende.

Ein Unvollendeter, ein Frühvollendeter? Er hat, um mit Rilke zu reden, »seinen eigenen Tod« gefunden, er hat sich die Freiheit genommen, den Augenblick, der ihn aus seiner Verzweiflung erlösen sollte, selbst zu bestimmen. Vielleicht hat er in seinen Gedichten und den wenigen Briefen und Prosastücken, die erhalten geblieben sind, alles für ihn Wesentliche gesagt. Seine Leitmotive: Rausch,

Blut und Blumen, Traum, Schlaf, Herbst, Untergang und Auferstehung, religiöse Ekstase und Höllenstürze, die Geliebte in der Gestalt der Schwester. »Die schöne Stadt« wirkt keusch und knospenhaft gegenüber der überreifen Fülle späterer Gedichte. Dieses Gedicht ist ein Ruhepunkt in der Erscheinung wilder Flucht, ein schlichtes Lied. Mit der Stadt ist Salzburg gemeint; sie hat den Dichter nicht geängstigt wie modernere Großstädte, sondern besänftigt und friedlich gestimmt.

GEORG TRAKL
GRODEK

Am Abend tönen die herbstlichen Wälder
Von tödlichen Waffen, die goldnen Ebenen
Und blauen Seen, darüber die Sonne
Düstrer hinrollt; umfängt die Nacht
Sterbende Krieger, die wilde Klage
Ihrer zerbrochenen Münder.
Doch stille sammelt im Weidengrund
Rotes Gewölk, darin ein zürnender Gott wohnt
Das vergoßne Blut sich, mondne Kühle;
Alle Straßen münden in schwarze Verwesung.
Unter goldnem Gezweig der Nacht und Sternen
Es schwankt der Schwester Schatten durch den schweigenden Hain,
Zu grüßen die Geister der Helden, die blutenden Häupter;
Und leise tönen im Rohr die dunkeln Flöten des Herbstes.
O stolzere Trauer! ihr ehernen Altäre
Die heiße Flamme des Geistes nährt heute ein gewaltiger Schmerz,
Die ungebornen Enkel.

ROLF SCHNEIDER
SEIN LETZTES GEDICHT

Dies ist das Gedicht eines siebenundzwanzigjährigen Mannes. Es ist das Gedicht eines Selbstmörders und das letzte, das er schrieb vor seinem selbstgewollten Fortgang.
Das Titelwort gibt den Namen einer Ortschaft wieder. Grodek, in polnischer Schreibung Gródek, liegt in der heutigen Sowjet-Ukraine, im ehemaligen Ost-Galizien, genau westlich der alten galizischen Kapitale Lemberg oder Lwow, fast auf der Mitte der Strecke zwischen Lemberg und der ehemaligen k. u. k. Festungsstadt Przemyśl.
Noch im August 1914 erlitten die k. u. k. Heere in Galizien schwere Niederlagen, in deren Folge der größere Teil von Ost-Galizien einschließlich Lembergs verlorenging. Der österreichische Generalstabschef Conrad von Hötzendorf, einer der Einpeitscher dieses Krieges, befahl eine Gegenoffensive, die von Gródek aus geführt wurde und in einer neuerlichen katastrophalen Niederlage für Österreich endete. Die Front wurde bis zu den Karpaten zurückgenommen. Nunmehr war ganz Ost-Galizien in russischer Hand.
Unter den Zeugen dieser Schlacht auf österreichischer Seite befand sich der Angehörige einer Sanitätskompanie im Range eines Medikaments-Akzessisten, der Apotheker Georg Trakl aus Salzburg. Es war sein erster Einsatz in diesem Krieg. In einer Scheune neben dem Marktplatz von Gródek mußte er nahezu hundert Schwerverletzte betreuen. Er war den Klagen, den Schreien des Schmerzes,

den Bitten um Sterbehilfe allein überlassen. Einer der Verwundeten schoß sich vor Trakls Augen eine Kugel ins Gehirn. Blutiges spritzte an die Wand. Trakl, der vor solchen Eindrücken fliehen wollte, rannte ins Freie, wo in den Bäumen die Leichen hingerichteter Ukrainer hingen.
Beim weiteren Rückzug der Österreicher wurde Trakl vom Übermaß des erfahrenen Schreckens überwältigt. Er schrie plötzlich, er könne nicht weiterleben; nur mit Mühe war er an einem Selbstmord mit der Waffe zu hindern; zunächst schien es, als wolle man ihn deswegen kriegsgerichtlich verfolgen. Man besann sich anders. Man lieferte ihn ein in das Garnisonsspital Nr. 15, Abteilung 5, das ist der Psychiatrietrakt, in Krakau. Er teilte das Zimmer mit einem delirierenden Offizier. Die Diagnose der Militärärzte lautete auf *Dementia praecox.* Einer vermutete auch einen Fall von »Genie und Irrsinn«.
Hier im Spital erhielt Trakl Ende Oktober den Besuch eines Freundes, und bei dieser Gelegenheit, unterbrochen durch die Schreie der Irren, las er seine zuletzt entstandenen Gedichte vor, darunter in einer ersten Fassung »Grodek«. Der Freund versuchte es, den verstörten Dichter aus der Psychiatrie zu befreien; seine Versuche blieben ohne Resultat; er reiste nach zwei Tagen wieder ab. Am 27. Oktober verfaßte Trakl noch einen Brief, dem die nunmehr endgültige Fassung von »Grodek« beilag.
Dieses Manuskript hat sich erhalten, ein mit Bleistift beschriebenes Papier, die ersten sechs Verse in lateinischer, die restlichen in deutscher Schrift notiert. War eine Absicht dabei? Wir wissen es nicht. Am 2. November vergiftete sich Trakl mit einer Überdosis heimlich mitgeführten Kokains, am 3. November starb er. Man beerdigte ihn auf dem Rakoviczer Friedhof von Krakau, einen der tödlich

Verzweifelten aus der Geschichte deutschsprachiger Literatur, darin ein Nachfahr Kleists, darin ein Vorläufer Celans.

Kennt man die Umstände seiner Entstehung, gibt das Gedicht »Grodek« weniger Rätsel auf. Die zunächst hermetischen Metaphern, die ihren Verfasser durchaus als Schüler der französischen Symbolisten Baudelaire und Verlaine ausweisen, lassen sich ohne Mühe aufschließen. Selbst der Vers »Es schwankt der Schwester Schatten durch den schweigenden Hain« ist kein anonymes Bild. Wir wissen, daß Trakls leibliche Schwester Grete gemeint ist, die seine Geliebte war; die Hinweise auf diese verbotene und dunkle Beziehung sind zahlreich in Trakls Werk.

»Die heiße Flamme des Geistes nährt heute ein gewaltiger Schmerz«: das will gewiß nicht nur ein aus Antike und deutscher Klassik überliefertes Bild aufnehmen, das den menschlichen Geist einer Flamme vergleicht. Wenn diese Flamme jetzt mit Schmerz genährt wird, von welchen Gefühlen nährte sie sich früher? Von jenen des Rausches aus dem Verzehr von Drogen? Der Dichter Trakl war auch darin ein Schüler Baudelaires, daß er dessen süchtigen Wegen zu den künstlichen Paradiesen folgte.

GEORG TRAKL
IM HERBST

Die Sonnenblumen leuchten am Zaun,
Still sitzen Kranke im Sonnenschein.
Im Acker mühn sich singend die Frau'n,
Die Klosterglocken läuten darein.

Die Vögel sagen dir ferne Mär',
Die Klosterglocken läuten darein.
Vom Hof tönt sanft die Geige her.
Heut keltern sie den braunen Wein.

Da zeigt der Mensch sich froh und lind.
Heut keltern sie den braunen Wein.
Weit offen dic Totenkammern sind
Und schön bemalt vom Sonnenschein.

HANS JOACHIM SCHRIMPF
BESEELT VON VERGÄNGLICHKEIT

Es gibt viele Herbstgedichte. Dies ist das meine. Weil es das Leben leuchten und klingen läßt, beseelt, wie es ist, von Vergänglichkeit und mit dem Tod befreundet. Und weil wir vor lauter Einfachheit der Bilder und Sätze nicht bemerken, wie kunstvoll, ja artistisch sie gemacht und gefügt sind.

Drei schlichte vierzeilige Volksliedstrophen verbinden Leben und Vergehen durch Bild und Klang im Herbstgefühl des Dichters. Alle Verse beginnen regelmäßig mit einsilbigem Auftakt und enden ebenso regelmäßig mit einsilbig vollem Kreuzreim. Der gleichförmige viermalige Wechsel von betonten und unbetonten Silben wird nur gelegentlich rhythmisch variiert durch zweisilbige Senkungen (»leuchten am Zaun«, »läuten darein«). Auch der Auftakt macht behutsame Variationen hörbar durch wenige angehobene Senkungssilben, die sich gegen Ende häufen (Still, Heut, Da, Heut, Weit), auf solche Weise Dasein und Gegenwart betonend.

Jede Zeile ruht in sich selbst, parataktisch der benachbarten nebengeordnet. Vers für Vers und Satz für Satz folgt ein abgeschlossenes, belebtes Bild dem anderen. Allein die beiden letzten Zeilen machen eine Ausnahme: dort greift die Syntax vom einen in den nächsten Vers hinüber.

Das Gedicht als Ganzes jedoch ist kunstvoll verknüpft. Nicht nur durch den Reim der geraden Verse, der in allen Strophen der gleiche bleibt (Sonnenschein, darein, Wein),

sondern auch durch wörtlich wiederholte Zeilen, die sich wie Kettenglieder durch den Text ziehen und den Strophen ihre Selbständigkeit nehmen: der jeweils letzte Vers kehrt als der zweite der folgenden Strophe zurück, ein Reigen der Verse, von denen der allerletzte sich wieder in den zweiten des Anfangs einhakt.
Was sich in diesem streng gebauten Gefüge als gegenwärtig verkettet und vereinigt, das sind Leben und Tod, Ernten und Sterben, Dasein und Vergänglichkeit. Aber nicht zu einem Memento mori, nicht als Widerstreit von Tod und Leben und auch nicht, wie in Hofmannsthals berühmten Terzinen »Über Vergänglichkeit«, melancholisch hadernd, weil »viel zu grauenvoll, als daß man klage: Daß alles gleitet und vorüberrinnt«.
Hier ist nichts, was gleitet und vorüberrinnt. Alles drückt vielmehr sinnliche, lebensvolle Gegenwart aus. Es ist ein Todesreigen, der dem Leben aufspielt. Dasein und Vergehen erscheinen partnerschaftlich verbunden und im Einverständnis, wie Geschwister, die einander zugeneigt sind und sich gegenseitig halten und geleiten. Paarweise binden die Verse sie zusammen, und paarweise leuchten (Sonnenblumen, Sonnenschein, schön bemalt), handeln (müh'n, keltern) und klingen sie (singend, läutend, tönend) im gleichmäßigen und gleichberechtigten Wechsel: die ungeraden Zeilen machen das Leben geltend, die geraden Vergänglichkeit und Tod (die braune Farbe des Weins verweist auf Überreife und Verwesung).
Nur die Schlußverse kehren das Verhältnis um, indem sie beides in einem einzigen Satz zusammenfassen: »Weit offen die Totenkammern sind/Und schön bemalt vom Sonnenschein.« In ihnen klingt, leuchtet das Gedicht aus und gelangt zu seinem paradoxen Ziel. Auf die reine Gegen-

wart der »Totenkammern«, in der sein lyrisches Präsens gipfelt, reimt sich »froh und lind«. Und aus der Düsterkeit der Todespforte wird die Heiterkeit der offenstehenden Tür.

GEORG TRAKL
IM PARK

Wieder wandelnd im alten Park,
O! Stille gelb und roter Blumen.
Ihr auch trauert, ihr sanften Götter,
Und das herbstliche Gold der Ulme.
Reglos ragt am bläulichen Weiher
Das Rohr, verstummt am Abend die Drossel.
O! dann neige auch du die Stirn
Vor der Ahnen verfallenem Marmor.

WERNER ROSS
GÖTTER- UND ULMEN-TRAUER

»Komm in den totgesagten Park und schau ...« Daß Dichter in Parks wandelten, war seit der Jahrhundertwende obligat, der Park bot die gewünschte (Jugend-) Stilisierung der Natur, hier war sie künstlich-kunstvoll zubereitet. Erst recht sind Marmorbilder ein altes poetisches Requisit, nicht nur verfallen, sondern abgenutzt seit Goethe und Eichendorff.

Nicht daß Trakl tatsächlich im Park von Schloß Mirabell spazierenging, hebt das Störende dieser Reminiszenzen auf, macht das kleine Gedicht kostbar und wertbeständig. Daß die Details scharf getroffen sind, Stimmung beschwören, Bild erstehen lassen, ist nur eine, wenn auch nicht nebensächliche Leistung des Gedichts. Woran Trakl lag, was er »die heiß errungene Manier meiner Arbeiten« nannte, ist die Zusammenfügung der lyrischen Baukasten-Elemente, der Gegenstände, Töne, Farben zur *Komposition,* das Wort malerisch, musikalisch und sinn-architektonisch genommen.

Die Form ist streng – ob sie sich im ersten Vers, das Pronomen aussparend, zusammenfaßt oder zum Schluß kantilenenhaft ausschwingt. Anstelle der Reime sind die Glieder parallel, manchmal antithetisch gefügt: Wandeln – Stille, Trauer der Götter – Trauer der Ulme, regloses Ragen des Rohrs – Verstummen der Drossel. So antworten die a-Klänge des letzten Verses (Ahnen verfallenem Marmor) den a-Klängen des ersten (wandelnd im alten

Park), Götter und Gold »reimen« in der Alliteration wie reglos, ragen und Rohr. Ähnlich genau sind die Farben zusammengesetzt: Gelb und Rot, starke Farben, werden durch den Anruf »Stille« so gedämpft wie das Ulmengold durch »herbstlich«. Nur »bläulich« darf der Weiher sein.

Der Komposition korrespondiert genau der »Sinn« des Gedichts, seine nicht in nüchterne Prosa zu verwandelnde »Aussage«. Wenn die lyrische Moderne ihre Mangelkrankheit, das Fehlen einer tragenden Mythologie, gelegentlich durch Götteranrufungen zu kurieren versucht hat, so macht Trakl mit der *Ent*mythologisierung den entschiedensten Ernst. Dazu dienen die »und« »auch«, die alle Gegenstände, das Laub und die Götter und das angeredete Ich, in den gleichen Prozeß einbeziehen, den des schweigenden Hinsterbens. Nichts von dem Bennschen Glauben an das Überleben der Statuen: sie sind so hinfällig wie die Herbstblätter.

Auch das Neigen des Hauptes fügt sich sanft in die stille Sterbegebärde ein. »Schaudernd unter herbstlichen Sternen / Neigt sich jährlich tiefer das Haupt«, heißt ein anderer wunderschöner Trakl-Vers. Die glückliche Ambivalenz der Dichtung erlaubt freilich, in die letzten Verse einen doppelten Sinn hineinzulegen. Während das »auch du« die Figur des Wandelnden einbezieht, stellt das »vor« Distanz her, Neigen wird zur Verneigung. Den Hinsterbenden tritt etwas zwar nicht Dauerndes, aber Dauernderes gegenüber: die Ahnen:

Man weiß ungefähr, was das Wort »Ahnen« bei Trakl bedeutet, welche Werte der Tradition es für den Enkel umfaßt. Aber dieses Gedicht läßt das alles offen, man weiß es besser nicht: seien nun die Vorfahren gemeint oder die alten Künstler oder die sanften Götter selbst. Nichts ist ausgenommen von Verfall und Verfallenheit, vom Jedermann-Abruf.

GEORG TRAKL
TROMPETEN

Unter verschnittenen Weiden, wo braune Kinder spielen
Und Blätter treiben, tönen Trompeten. Ein
Kirchhofsschauer.
Fahnen von Scharlach stürzen durch des Ahorns Trauer
Reiter entlang an Roggenfeldern, leeren Mühlen.

Oder Hirten singen nachts und Hirsche treten
In den Kreis ihrer Feuer, des Hains uralte Trauer,
Tanzende heben sich von einer schwarzen Mauer;
Fahnen von Scharlach, Lachen, Wahnsinn, Trompeten.

RAINER MALKOWSKI
DAS GEHEIME FEST

Ich begann früh, Gedichte zu schreiben. Als ich zwanzig war, gab ich das Schreiben auf. Verse wie Trakls »Trompeten« hatten mir inzwischen eine Ahnung davon vermittelt, was Dichtung ist. Meine eigenen Versuche waren nicht zwangsläufig, kam mir vor, und in diesem Mangel allein fand ich ihr Scheitern schon begründet.
Es dauerte dann viele Jahre, bis ich erfuhr, daß auch ich schreiben mußte, um meine Existenz zu bestehen. An Trakl hielt ich mit noch größerer Entschiedenheit fest. Und immer wieder kehre ich zurück zu diesen acht magischen Zeilen, lese sie, als wäre es das erstemal, und buchstabiere mich hinein in wachsende Unruhe.
Trakl hetzt die Empfindung des Lesers hin und her zwischen zwei Polen. Gegensätze kennzeichnen das Gedicht: die spielenden Kinder und der Kirchhofsschauer; die Bewegung der Reiter und der Stillstand der leeren Mühlen; Singen und Trauer; Lachen und Wahnsinn. Ist es das allein, was unruhig macht?
Wiederholungen fallen auf. Zweimal das Wort »Trompeten«. Zweimal das Wort »Trauer«. Zweimal: »Fahnen von Scharlach«. Die zweite Strophe setzt mit einem »oder« ein – so als gäbe sie nur ein anderes Beispiel für das, was bereits in der ersten zur Anschauung kam. Auch das Reimschema, mit dem unmittelbar aufeinanderfolgenden Gleichklang am Ende der mittleren Zeilen, ist auf Wiederholung angelegt.

Unruhestiftend sodann die feinen Rhythmus- und Temposchiebungen innerhalb des Gedichts. Der letzte Vers, zum Beispiel, beginnt eher langsam, beschleunigt dann deutlich und endet mit drei raschen, grellen Trompetenstößen.

Es lassen sich also formale Mittel erkennen, deren kalkulierter Gebrauch die Unruhe beim Leser hervorruft. Aber man muß hinzufügen: formale Mittel können dichterische Wirkung nur erzielen, wenn sie mehr darstellen als bloße Mittel – wenn sie zugleich das Vermittelte selber sind. Demnach gehören die verstörende Unruhe und das Wechselbad der Gegensätze zum Kern des Gedichts? Sie gehören ebenso dazu wie die Schwermut, »des Hains uralte Trauer«.

Diese Trauer ist unaufhebbar. Darum heißt es von ihr, sie sei »uralt«. Sie ist die Trauer der unerlösten Welt, aller Kreatur, des leidenden, sterblichen Menschen. Sie ist die nicht zu stillende Wunde der Existenz.

Der allem Lebendigen gemeinsame Grund ist hier berührt. In ihm heben sich die Gegensätze auf. Die Grenzen fallen. Die Hirsche treten in den Kreis der Hirtenfeuer – furchtlos im Angesicht einer größeren Furcht: vor dem Unbegreiflichen, aus dem die Gesänge kommen, das Lachen und der Wahnsinn, in dem eines so nah am andern wohnt, wie wir es in der letzten Zeile zusammengedrängt finden.

Solche Vergegenwärtigung im Gedicht ist nicht nur begleitet von Empfindungen der Schwermut. Auch ein Gefühl der Befreiung stellt sich ein. Dies ist nicht merkwürdig. Denn die Scheinrealitäten, in die alltägliches Leben sich verrennt oder flüchtet, werden hier durchbrochen. Die tiefere Wirklichkeit liegt bloß. In der Begegnung mit

ihr fließt der Lebensstrom, sonst nur ein trübes Rinnsal, wieder kräftigend und klar.
Gesteigertes Dasein enthält stets auch ein Moment der Festlichkeit. Nicht zufällig kommen in Trakls Gedicht mehrfach Worte vor, die Attribute eines Festes bezeichnen können: »Fahnen«, »singen«, »Tanzende« und schließlich die »Trompeten« selbst. Wohl fährt uns der scharfe, schrille Ton der Trompeten, das alte Verheerungssignal, in die Glieder. Wohl erinnern sie uns an die Posaunen des Jüngsten Gerichts. Aber es steckt auch ein strahlender, jubelnder Klang in ihnen – die Begleitmusik zu geschmückten Aufzügen vor jener schwarzen Mauer, von der die Tanzenden in Trakls Gedicht sich heben.

GEORG TRAKL
VERKLÄRUNG

Wenn es Abend wird,
Verläßt dich leise ein blaues Antlitz.
Ein kleiner Vogel singt im Tamarindenbaum.

Ein sanfter Mönch
Faltet die erstorbenen Hände.
Ein weißer Engel sucht Marien heim.

Ein nächtiger Kranz
Von Veilchen, Korn und purpurnen Trauben
Ist das Jahr des Schauenden.

Zu deinen Füßen
Öffnen sich die Gräber der Toten,
Wenn du die Stirne in die silbernen Hände legst.
Stille wohnt
An deinem Mund der herbstliche Mond,
Trunken von Mohnsaft dunkler Gesang;

Blaue Blume
Die leise tönt in vergilbtem Gestein.

GERTRUD FUSSENEGGER
FARBIGES LICHT

Es gibt kaum ein Gedicht von Georg Trakl, das mich nicht an Glasfenster denken läßt, zwar nicht so sehr an Goethes freundlich »gemalte Fensterscheiben« zur Erbauung und »Ergetzung« glücklicher Gotteskinder; Trakls Gedichte erinnern mich viel mehr an altertümliche, dickglasige vitres aus zugehackten Scherben, zwischen ungeschlachten Fassungen aus Zement oder Blei: ich stelle mir dann kryptische Räume vor, Grabstätten, Brunnenstuben, in die kein anderes Licht dringt als das farbig gefilterte, schwermütig glühende aus kleinen, tief eingelaibten Bogenfenstern. Trakls Texte scheinen mir dieselbe Funktion zu haben: sie führen Licht in eine tief verschattete Welt; und wenn es hier noch Trost und »Verklärung« gibt, dann nur mittels der Bilder und Visionen, die durch seine Sprache zum Leuchten gebracht werden.

In seinen Bildern und Symbolen wickelt Trakl – ganz so wie früher die Hersteller alter Glasmalereien – ein ganz bestimmtes Programm ab. Trakls Gedichte haben ihre eigene Stereotypie, so überraschende Varianten sie auch manchmal hervorbringen können. Das Programm geht von Todessehnsucht und Todesschauer aus, es umfaßt Verfall, Rausch und Verbrechen – kontrapunktisch zu ersehnter Verklärung. Sehr oft tauchen Märchenmotive auf, wie in unserem Gedicht der kleine singende Vogel im Tamarindenbaum; Ikonographisches – der betende Mönch, der verkündigende Engel; die Lebenssymbole Korn und

Wein. Das Grab darf nicht fehlen und die Signale rauschhaften Selbstverlustes, Mond und Mohn. Am Ende steht – wie oft – eine leise Trostgebärde: hier die blaue Blume auf steinigem Grund.

Bild steht neben Bild, jedes behauptet sein volles Recht. Ihre Abfolge gehorcht aber nicht nur sprachgedanklicher, sondern auch farbkompositioneller Logik. Anfang und Ende in Blau, zuerst als Farbe der Ferne, dann als Farbe demütigen Sich-Bescheidens. Das blasse Grün des Tamarindenbaums verdunkelt sich zu Mönchsbraun, aufgelichtet durch das Weiß der gefalteten Hände; dann – strahlend der Engel, gerahmt von Marienblau. Herzstück der Bildfolge: der »nächtige Kranz« aus Veilchen-Violett, Goldbraun und Purpur, als Kreisform optische Dominante. Von da zerklüftet sich das Bild: Gräberschächte tun sich auf, herbstlicher Mond und Mohnsaft verdicken die Dunkelheit, in die sich die Stirn des Berauschten neigt, von »silbernen Händen« umfaßt.

So bildhaft, bildbefangen, bildverfallen konnte Trakl vielleicht nur als Österreicher, Salzburger halbböhmischer Herkunft, also als Sohn eines katholischen Landes schreiben, das sich seit der Gegenreformation fast ausschließlich im Bild (und in Musik), aber nicht im Wort oder in der gedanklichen Konstruktion auszudrücken angehalten worden war. Trakl war nicht nur Zeitgenosse des literarischen Expressionismus, er war auch Zeitgenosse Rouaults und des »Blauen Reiters«. Die Suggestion, die von ihm ausgeht, beruht auf der ideellen Kongruenz von Wort und Bild.

ALFRED LICHTENSTEIN
ABSCHIED

(kurz vor der Abfahrt zum Kriegsschauplatz
für Peter Scher)

Vorm Sterben mache ich noch mein Gedicht.
Still, Kameraden, stört mich nicht.

Wir ziehn zum Krieg. Der Tod ist unser Kitt.
O, heulte mir doch die Geliebte nit.

Was liegt an mir. Ich gehe gerne ein.
Die Mutter weint. Man muß aus Eisen sein.

Die Sonne fällt zum Horizont hinab.
Bald wirft man mich ins milde Massengrab.

Am Himmel brennt das brave Abendrot.
Vielleicht bin ich in dreizehn Tagen tot.

REINHOLD GRIMM
KORREKTUR EINES MYTHOS

Die Mensa der kleinen fränkischen Universität, an der Alfred Lichtenstein zuletzt studierte und 1914, ehe er an der Somme fiel, gerade noch promovierte, steht nicht etwa an einem Lichtenstein-Platz. Sie steht am Langemarck-Platz. Ich weiß das; denn Erlangen war auch meine – wie sagt man doch gleich – *Alma mater.* Von Langemarck und davon, wie einst unsere Kommilitonen (was ja tatsächlich »Kriegskameraden«, sogar »Glaubensgenossen« heißt) zu Hunderten oder Tausenden, das Deutschlandlied singend, in die englischen Maschinengewehre rannten, hat man uns oft erzählt. Von Lichtenstein nie.

Und dabei wäre nichts dringlicher, nichts nötiger gewesen. Wenigstens ein einziges der Lichtensteinschen Soldatengedichte (die nämlich durchaus nicht »soldatisch« sind, weder im mythisierenden noch im militaristischen Sinne, sondern einfach aufrichtig) hätte man uns, der zweiten Nachkriegsgeneration, zur Pflichtlektüre machen müssen. Zum Beispiel »Montag auf dem Kasernenhof«, mit dem surreal ernüchternden Schluß: »Sehr selten nur zerreißt ein heiseres Gebell / Die blaue Sau, die auf den Steinbaracken liegt.« Oder »Ein Generalleutnant singt«. Denn er singt unter anderem: »Wäre doch endlich ein Krieg / Mit blutigen, brüllenden Winden.« Aber erst recht und vor allem eben jene lakonisch mit »Abschied« überschriebenen Verse, die scheinbar so konventionell und unzweideutig einem Kameraden einem Schicksals-, vielleicht Leidensgenossen – vom Glauben wollen wir lieber schweigen – beim Aufbruch »zum Kriegsschauplatz« gewidmet sind. Lichtenstein hat sie, denke ich mir, in irgendeinem der unzähligen, mit Kreideparolen beschmierten Viehwaggons, in denen man die Regimenter an die Front verfrachtete, niedergekritzelt. »Vor der Abfahrt« und also »vorm Sterben«. Daraus erwachsen Größe und Ehrlichkeit dieses Gedichts. Das Erstaunliche an ihm ist ja die Art, wie hier die Vorstellungen von Soldatentum und Krieg und Opfermut, im vertrauten Bild des fahnenüberwehten, marschmusikdurchschmetterten Abschieds mit seinem Schluchzen und Lachen, Händeschütteln und Liebesgabenverteilen (samt den makabren Blumensträußchen auf den Gewehrläufen) keineswegs schroff verneint oder verleugnet, sondern gewissenhaft berichtigt und ergänzt werden. Nicht unbarmherzig negiert, sondern schlicht und sachlich korrigiert wird von Lichtenstein das patriotische Klischee und damit im Grunde bereits der Mythos.

Freilich – wie das geschieht, ist von einer Hellsicht und schnoddrigen Trauer, einer ergreifenden, nun wirklich gnadenlosen Lustigkeit und gefaßten Resignation, die selbst heute noch ihresgleichen suchen.

Aus diesen zehn knappen, monoton gereihten und gereimten Zeilen spricht weder der begeisterte Taumel derer, die damals in Flandern sangen und starben, noch auch der »goldene Humor unserer tapferen Feldgrauen«, den man offiziell hätschelte, sondern der bittere Galgenhumor eines jungen Menschen, der ein Dichter war und erkannt hatte, daß er, von heiseren Phrasen umbellt, in den brüllenden, blutigen Tod ziehen durfte.

Langemarck wird durch Lichtenstein nicht widerlegt.

Dessen Korrektur aber beruht darauf, daß er, ahnungsvoll, den Mythos konsequent ins Groteske verfremdete und beide ineinander aufhob. Die Worte und Bilder, Anspielungen und Umkehrungen sind beredt genug. Überall vom »milden (!) Massengrab« und Heldentod als »Kitt« bis zum »braven (!) Abendrot«, hinter dem nach wie vor das abgedroschene Morgenrot zum frühen Tod leuchtet, nein, konkret »brennt«, verknüpfen sie das Heroische mit dem Schäbigen, das Pathetische mit dem Kitsch und erzeugen so aus Phrase, Klischee und sorgsam genährter Legende die nackte Wahrheit und Wirklichkeit. »Ich gehe gerne ein«, gestand dieser Dichter so grausam ernst wie parodistisch. Und mit einem letzten Anflug von abergläubischem Spott und verzweifelter Ironie: »Vielleicht bin ich in dreizehn Tagen tot.« Am 8. August 1914 wurde Alfred Lichtenstein an die Westfront abtransportiert. Nur wenige Minuten zuvor, als die Räder schon langsam zu rollen begannen, schrieb er jene Verse. Nur wenige Wochen danach, im September, fiel er bei Vermandovillers.

ALFRED LICHTENSTEIN
DIE SCHLACHT
BEI SAARBURG

Die Erde verschimmelt im Nebel.
Der Abend drückt wie Blei.
Rings reißt elektrisches Krachen
Und wimmernd bricht alles entzwei.

Wie schlechte Lumpen qualmen
Die Dörfer am Horizont.
Ich liege gottverlassen
In der knatternden Schützenfront.

Viel kupferne feindliche Vögelein
Surren um Herz und Hirn.
Ich stemme mich steil in das Graue
Und biete dem Tode die Stirn.

LUDWIG HARIG
TROTZLIED, NICHT HELDENGESANG

Im Berliner Boersen-Courier vom 22. Februar 1915 konnte man Lichtensteins Gedicht zusammen mit seiner Todesnachricht zum erstenmal lesen. Lichtenstein war schon ein halbes Jahr tot. Der Einjährige im 2. Bayrischen Infanterieregiment mußte gleich nach der Mobilmachung an die Westfront abrücken, und schon in der ersten großen Schlacht des Krieges widerfuhr ihm, was er in seinen Soldatengedichten vorgeahnt hatte: der Spaß würde vorbei sein, nicht mehr in ein Buch würde er blicken, nicht mehr auf einer Wiese liegen, nicht mehr den Strohhut aufsetzen, jetzt würde es nur noch Frieren und Hungern, Zerknallen und Verbluten geben, das arme Hirn würde in einer Ecke des Schädels verrosten müssen.

Vor der Lothringer Schlacht schreibt er sein Abschiedsgedicht; es beginnt: »Vorm Sterben mache ich noch mein Gedicht«, und es endet: »Vielleicht bin ich in dreizehn Tagen tot«; er schickt es an seinen Freund Peter Scher. Nach der Schlacht bei Saarburg schreibt er sein letztes Gedicht, er schickt es, eine Woche vor seinem Tod, an Franz Pfemfert, den Herausgeber der Zeitschrift »Aktion«.

Es ist das Gedicht eines Illusionslosen, eines jungen Dichters, der die verzückten Schreie seiner Zeitgenossen ins lapidare Lamento, ihr feierliches Pathos ins sachliche Sprechen zurücknimmt. Sie alle waren Expressionisten, in ekstatischen Bildern wollten sie ihr Welt- und Lebensgefühl ausdrücken, Lichtenstein nennt den Mond den »Mörder Mostrichtopf« und sich selbst einen »blutenden Piepmatz«; auch in seinen knappen Versen glüht, verhalten zwar, das heftige Feuer, herrscht, gebändigt, der starke Ton. Doch immer auch blitzt die groteske Wendung, leuchtet das bizarre Bild auf: die Dörfer sind Lumpen, die Kugeln sind Vögel. Sein Schlachtgedicht ist schonungsloses Tableau und komödiantische Kulisse zugleich, noch im schrecklichsten Greuel höhnt der Sarkast, und man hört das Gelächter der Angst.

Ich habe das Gedicht nach dem letzten Krieg in Giedion-Welckers »Anthologie der Abseitigen« zu erstenmal gelesen, bis dahin kannte ich die Schlacht bei Saarburg aus Vaters illustrierter Kriegsgeschichte »Die große Zeit«, zwei blauen Leinenbänden in Großformat mit goldgeprägtem Titel und Reichsadler auf dem Einband. Ich stellte mir nach den Beschreibungen heitere lothringische Dörfer in der Sommersonne, ein fröhlich marschierendes Heer, siegestrunkene Helden mit blumengeschmückten Stahlhelmen vor: da auf einmal mit Lichtensteins Strophen, geriet ich in eine Landschaft des Grauens, alles ist in den fahlsten Farben gemalt, es fallen die Wörter Nebel, Blei, Lumpen, drücken, reißen, qualmen, wo Vaters Kriegsgeschichte erzählt: »Verluste bis zu fünfzig Prozent ertrugen die Truppen ohne Wanken, ... man hörte kein Stöhnen, kein Wimmern«, heißt es bei Lichtenstein: » ... und wimmernd bricht alles entzwei.« Wo ich eine ganze Jugendzeit hindurch gelesen hatte: »Der Feind war endlich einmal in Massen und in greifbarer Nähe, ... drauf, koste es, was es wolle, ... daß bis in die bayrischen Wälder hinein ein Hurra brauste«, da las ich auf einmal: »Ich liege gottverlassen / in der knatternden Schützenfront.«

Der Dichter stemmt sich gegen den Tod, es geht nicht um Kaiser und Reich, um Ruhm und Ehre, wie es in den dikken Heroenbüchern heißt, es geht ums Überleben. Lichtensteins Gedicht ist ein Trotzlied, kein Heldengesang. Ich lernte aus ihm, nicht von meinem Vater, was Schützengraben, Sturmangriff, Grabenangst ist.
Lichtenstein fiel am 25. September 1914, fünfundzwanzigjährig, bei Vermandovillers an der Somme; sein irrwitziges Stoßgebet, es hatte nicht geholfen:

»Sieh, ich bete gut und gerne
Täglich sieben Rosenkränze,
Wenn du, Gott, in deiner Gnade
Meinen Freund, den Huber oder
Meier, tötest, mich verschonst«.

Zwei Jahre später, am 13. Oktober 1916, trat mein Vater, zwanzigjährig, mit einem Flammenwerfer zum Sturm auf Ablaincourt an, zwei Kilometer östlich von Vermandovillers. Er blieb am Leben. Er hatte das Beten längst verlernt.

ALFRED LICHTENSTEIN
GEBET VOR DER SCHLACHT

Inbrünstig singt die Mannschaft, jeder für sich:
Gott, behüte mich vor Unglück,
Vater, Sohn und heilger Geist,
Daß mich nicht Granaten treffen,
Das die Luder, unsre Feinde,
Mich nicht fangen, nicht erschießen,
Daß ich nicht wie 'n Hund verrecke
Für das teure Vaterland.

Sieh, ich möchte gern noch leben,
Kühe melken, Mädchen stopfen
Und den Schuft, den Sepp, verprügeln,
Mich noch manches Mal besaufen
Bis zu meinem selgen Ende.
Sieh, ich bete gut und gerne
Täglich sieben Rosenkränze,
Wenn du, Gott, in deiner Gnade
Meinen Freund, den Huber oder
Meier, tötest, mich verschonst.

Aber muß ich doch dran glauben,
Laß mich nicht zu schwer verwunden.
Schick mir einen leichten Beinschuß,
Eine kleine Armverletzung,
Daß ich als ein Held zurückkehr,
Der etwas erzählen kann.

WOLFGANG LEPPMANN
LEBEN OHNE FALLHÖHE

Ein Kriegsgedicht, und noch dazu im Stil eines Soldatenliedes? Was soll uns das, gerade in diesen Tagen? Wer so fragt, hat sich vom Titel abschrecken lassen. Das ist um so leichter, als »Gebet vor der Schlacht« eingerahmt ist von ähnlich martialisch klingenden (und im übrigen recht traditionellen) Versen wie »Kriegers Sehnsucht« und »Die Granate«. Derlei verdunkelt den Erwartungshorizont. Zu Unrecht, denn wir haben ein ungewöhnliches Gedicht vor uns.

Verse, die Krieg und Heldentod verherrlichen, gibt es seit dem Altertum; und es gibt, besonders in unserem Jahrhundert, auch genug Gedichte, die den Krieg als Mord und Bestialität verdammen. Beide Stellungnahmen zeichnen sich durch tiefen Ernst und starke emotionale Parteinahme aus, durch Pathos und eine oft exaltierte Sprache.

Hier hingegen klingt nichts hehr und heilig. Weder die Parzen werden bemüht noch die höchsten Güter der Nation. Es klingt auch nichts hämisch oder haßerfüllt; obwohl das Gedicht aus dem Jahre 1914 stammt, wird weder der Franzmann an die Wand gemalt noch das perfide Albion. Von Trauer ist so wenig die Rede wie von ihrer Schwester, der Nostalgie: »Ich hatt' einen Kameraden« ist so weit entfernt wie »Lily Marleen«. (Näher als deutsche Analogien lägen vielleicht angelsächsische. Der Mann, der sich eine *blighty* wünscht wie so mancher Engländer im

Ersten Weltkrieg, also einen Heimatschuß, legt zugleich gegenüber der Gefahr jene *grace under pressure* an den Tag, die Hemingway so schätzte.)
Denn hier spricht einer, der vielleicht selber dran glauben muß, vom drohenden Tod in einer völlig unerwarteten Tonlage: mit Humor und einer fein dosierten Ironie. Sie durchzieht den Text bis zur letzten Zeile, bis zum uralten Topos des bramarbasierenden Kriegers, des *miles gloriosus* und Schwadroneurs. Sie tut es, ohne jemals zu verletzen, und dabei bei einem Thema, das wahrhaft einem Minenfeld gleicht. Niemand kann sich entrüsten, über »Hund ... Vaterland« kein Patriot, über »Held« kein Pazifist, über »täglich sieben Rosenkränze« kein Katholik, über »Mädchen stopfen« keine Frau und über »den Schuft, den Sepp« kein Bayer. (Lichtenstein diente in einem bayerischen Infanterieregiment.)
In der Regel hat die Ironie in einem Gebet so wenig zu suchen wie in einer Liebeserklärung oder einer Totenklage. Hier ist eine Ausnahme, die die Regel bestätigt, zumal dieses Gebet ja auch eine Liebeserklärung an das Leben in seiner elementarsten und vielleicht liebenswertesten Form darstellt. Gewiß, unserem Mann fehlt die Fallhöhe eines Prinzen von Homburg; aber das »Sieh, ich möchte gern noch leben« verbindet die beiden um so inniger.
Als Liebeserklärung an das Leben sind diese Zeilen zugleich eine Anklage gegen den Feind des Lebens, den Krieg. Er erscheint als teuflische Perversion, die eine Mannschaft, also eine Gruppe gemeinsam wirkender Männer, so zersetzt, daß »jeder für sich« handelt, und die – eine wahrhaft monströse Vorstellung zu einer Zeit, da Kameradschaft über alles galt – einem Soldaten beziehungsweise dem Dichter das Stoßgebet entlockt, der Herrgott

möge die Kameraden »wie 'n Hund verrecken« und ihn selber am Leben lassen.

»Einer, der vielleicht selber dran glauben muß.« – Lichtenstein, Jahrgang 1889, fiel im September 1914 in Frankreich, wenige Wochen nach der Niederschrift dieses Gebets, das so ganz und gar kein Kriegsgedicht oder gar Soldatenlied ist.

ALFRED LICHTENSTEIN
MONTAG AUF DEM KASERNENHOF

Die Hitze ist ganz klebrig an Gewehr und Hand.
Sie sticht die Augen aus. Kein Ding blieb unbesonnt.
Die Mannschaft trieft, noch halb betrunken, in dem Brand.
Starr stehen die Unteroffiziere vor der Front.

Die grelle Erde ist ein totes Karussell.
Nichts regt sich auf. Nichts stürzt. Kein bunter Himmel fliegt
Sehr selten nur zerreißt ein heiseres Gebell
Die blaue Sau, die auf den Steinbaracken liegt.

Jetzt tut man mir nichts mehr beim Militär.
Wer achtet noch auf mich. Man hat sich längst gewöhnt
An meine sonderbaren Zivilistenaugen.
Beim Exerzieren bin ich halb im Traum
Und auf den Märschen mache ich Gedichte.

Doch kommt ein Krieg. Zu lange war schon Frieden
Dann ist der Spaß vorbei. Trompeten kreischen
Dir tief ins Herz. Und alle Nächte brennen.
Du frierst in Zelten. Dir ist heiß. Du hungerst.
Ertrinkst. Zerknallst. Verblutest. Äcker röcheln.
Kirchtürme stürzen. Fernen sind in Flammen.
Die Winde zucken. Große Städte krachen.
Am Horizont steht der Kanonendonner.
Rings aus den Hügeln steigt ein weißer Dampf
Und dir zu Häupten platzen die Granaten.

WOLFGANG KOEPPEN
EIN GEDICHT VOR DEM STERBEN

Das Gedicht wurde am 10. Juni 1914 geschrieben. Der Dichter war Soldat, Einjähriger in einem Infanterieregiment. Er war das seit einem Jahr. Er war es nicht gern, ein Zivilist; aber man mußte Soldat sein, es war üblich. Das Jahr war um. Es war überstanden. Er hoffte, frei zu sein. Und der sich in Gedichten Kuno nannte, schrieb: »Der Kuno geht, der Kuno kommt nicht wieder«. Es sollte sein Abschied von der Kaserne sein. Für immer. Da wurde der österreichische Thronfolger ermordet. Das Tor der Kaserne, eine Falle schnappte zu. Der Krieg brach aus. Der Kaiser brauchte Soldaten.

Alfred Lichtenstein war Berliner. Seine Garnison war in der bayerischen Provinz. Er sehnte sich nach den Kaffeehäusern des Kurfürstendamms, dem literarischen Gespräch, den kleinen Zeitschriften, die so aufregend waren und einen druckten. Lichtenstein gehörte zu den jungen dichtenden Expressionisten, die zwischen 1908 und 1918 der deutsche Geist waren, den sie wandeln wollten. Ihr Nachruhm lebt in den Literaturgeschichten und ein paar Anthologien, die Jünglinge und alte Männer lesen. Der Dichter kam ins Feld. Er dichtete: »Vielleicht bin ich in dreizehn Tagen tot«. Am 25. September 1914 ist er bei Reims gefallen.

Mich rührt dies alles sehr. Das Gedicht »Montag auf dem Kasernenhof« ist kein Kriegsgedicht. Es ist auch keine Antikriegsdichtung. Noch war Friede. Der Dichter kannte den Krieg noch nicht. Der Krieg war ein Phänomen seiner poetischen Kraft. Sein Gedicht war wahr. Der Montag auf dem Kasernenhof ist der Alltag der Rekruten. Es ist das Lied einer Misere. Vom Zwang sind alle Sinne getroffen. Die Sonne ist erbarmungslos und wird erbarmungslos genannt. Die Sonne sticht die Augen trocken und näßt die Hand am Gewehr. Der Kasernenhof, wo er auch liegt, ist die Wüste. Es ist das wüste Land, das Eliot später entdeckte. Das Wasser wird aus den Körpern gesogen, gefiltert durch Tuch, Leder und Metall. Es ist der Gestank der Ananke. Es ist fast schon eine Vergasung. Die strammen Unteroffiziere sind des Dienstes Mumien. Starre Totenpfähle stehen sie vor dem angetretenen Glied. Himmel und Erde ein Stilleben, eine tote Natur. Nichts rührt sich. Ein Hauptmann hat sich der Schöpfung bemächtigt. Die Weltuhr ist kaputt.

Der Dichter ist beiseite getreten. Erst haben sie ihn gequält. Er erwies sich als nicht faßbar. Er erinnert sich, etwas sentimental, seiner »sonderbaren Zivilistenaugen«. Sie störten, sie vermenschlichten den Betrieb. Und wenn Lichtenstein sagt, das Militär habe sich an seine Augen gewöhnt, dann triumphiert ein neues Selbstbewußtsein. Der Dichter konnte nicht geschliffen, nicht gedemütigt werden. Er marschierte, aber er wandelte im Traum. Es ist die älteste Rettung der Gefangenen. Die Wärter schimpfen und rufen ihre Flüche ins Nichts. Sie stehen vor dem *invisible man.*

Dann kommt ein Krieg! Die große Symphonie des Expressionismus, hier der Paukenschlag, der Schlußakkord des Gedichts, der Krieg, des Dichters Ahnung, seine Prophetie. Zerhackt der Mensch, die Welt vernichtet. Das sah er, der in den Krieg mußte. Das beschwor er herauf allein mit seinem Wort. Die Humanität verblutet in der Sprache. Das Chaos fällt aus dem Schrei. Die letzten drei Zeilen des Gedichtes sind eine irre Idylle.

FRIEDRICH SCHULT
DU BIST EIN ANHANGLOSER MANN

Du bist ein anhangloser Mann,
Es zieht herauf in geilen Haufen;
Es rührt dich kein Verlangen an,
Um fremde Botschaft mitzuraufen.

Du weißt, wo du verschworen bist,
Du sollst dich nicht verwirren lassen;
Bedecke dich, gebrauche List,
Die Mörder schweifen in den Gassen.

Sie werfen Feuer, schüren Brand.
Wo willst du deine Seide spinnen?
Trink Wasser aus der hohlen Hand
Und trabe wie ein Fuchs von hinnen.

Ein Engel nimmt dich an die Brust,
Es kühlt dich Sturm aus fernen Sphären,
Du hast es je und je gewußt,
Du sollst dich von Gesängen nähren.

Du fürchtest dich, er gibt dich frei,
Im Sturze zählst du deine Jahre,
Es fegen Greise Blut und Brei
Fromm und verstockt von dem Altare.

Noch willst du armer Sansculott
Geschöpf und Schöpfer schnell verdammen,
Da fügt der spielerische Gott
Dich aus den Stücken neu zusammen!

CYRUS ATABAY
SELBSTGERICHT

In dem Sammelwerk »Deutsche Literatur im 20. Jahrhundert« (Wolfgang Rothe Verlag, Heidelberg) wurde dieses Gedicht als ein Altersgedicht Barlachs angesehen. Später erfolgte eine Berichtigung durch A. R. Meyer: Es ist kein Altersgedicht Barlachs, sondern stammt von Friedrich Schult. Ich lernte die Gedichte dieses Mannes Anfang der fünfziger Jahre kennen und suchte eine Ausgabe, konnte sie lange nicht finden, aber ich dachte an diese Gedichte wie an etwas, das ich brauchte, unbedingt zum Leben brauchte.
Friedrich Schult wurde 1889 in Schwerin geboren, er gehörte zu den engsten Freunden Barlachs, der diesen hier abgedruckten Vers in seinen Roman »Der gestohlene Mond« aufnahm. Das Gedicht, aus der zyklischen Reihe »Nacht schnürt dich in ein Bündel Schlaf«, entstand in den Jahren 1917-1919. Fraglos ist es ein Selbstbildnis des Autors, gezeichnet in klaren Konturen (man denkt vergleichsweise an das Selbstbildnis Caspar David Friedrichs aus dem Jahr 1810), verzichtend auf proteushafte Eloquenz, worauf sich die Poeten so gerne berufen, wenn sie sich selbst darstellen.
Ein Mann, anhanglos und das heißt doch wohl ohne Gefolgschaft, auf sich allein gestellt, sieht, wie das Unheil in »geilen Haufen« heraufzieht. Die künftigen Erschütterungen der Zeit hatten schon Gedichte von Trakl und Jakob van Hoddis angekündigt. Zwei Jahrzehnte später

malte Richard Oelze eine Gruppe von Männern und Frauen vor einem verfinsterten Himmel in Erwartung eines drohenden Gewitters.

Schults Gedicht fordert seine Zeit in die Schranken; klaglos und nicht bereit, bei der fremden Botschaft, der ausgerufenen Ideologie, welcher Provenienz auch immer, »mitzuraufen«. Dieser Mann weiß, wo er verschworen ist, und gibt sich taktische Anweisungen, wie er sich in solcher Lage zu verhalten hat: nämlich durch Unauffindbarkeit (»bedecke dich«), durch List, durch List, die als Tarnung dient. Ist das nicht schon der Verfolgte, der einen Zufluchtsort sucht, wo er sein Werk ausführen kann: »Wo willst du deine Seide spinnen?« Es ist nicht viel, das ihm bleibt, nur was er in der Rundung einer Hand retten konnte und die Vereinzelung.

Dieser Wirklichkeit, der verfälschten und gefährdeten, tritt in der vierten Strophe eine andere gegenüber: eine Erscheinung von Anderswo, die dem Hier in seiner Bedrängnis beisteht. Schults Weltgefühl ist ein mystisches, in das für ihn auch die Kunst mündet: »Du hast es je und je gewußt / Du sollst dich von Gesängen nähren.«

Äußere und innere Geschichte stehen in Kontrast in diesem Gedicht, doch die Beschränkungen werden aufgehoben in der Berührung mit den »fernen Sphären«. Der Mensch, ausgesetzt der Furcht, kann durch das Opfer die Zeit nicht erlösen, es wird vom Altar gefegt wie ein zermalmter Körper, der im Sturze niederfiel.

In den Schlußzeilen nimmt der Dichter das Verschulden an der Wahrheit und am Leben auf sich, aber er vertraut der utopischen Versöhnung, dem »spielerischen Gott«, der am Ende das Unvereinbare vereint. Zu bewundern bleibt die Unerschrockenheit, die auch das Scheitern eingesteht.

GEORG VON DER VRING
CAP DE BONNE-ESPÉRANCE

Am Kap da steht ein Häuschen
Zu täglichem Gebrauch,
Da wohnen keine Mäuschen
Und keine Ratten auch.

Das Häuschen, schief und putzig,
Von Splittern ganz durchsiebt,
Erlauf ich und benutz ich,
So oft es mir beliebt.

Ich sitze da und spähe
Bequem durch jede Wand:
Geschütze in der Nähe
Und tief verschneites Land.

Und sitze da ganz eilig
Im windigen Privé
Und schaue hundertteilig
Die Hoffnung und den Schnee.

Die Hoffnung geht in Scherben
Dreckerde fliegt und Schnee.
O Sterben und Verderben
Im windigen Privé.

HEINZ PIONTEK
EIN SOLDATENLIED

Über den Zweiten Weltkrieg gibt es vergleichsweise wenige deutsche Gedichte und kaum welche von Rang. Den Ersten Weltkrieg findet man in sehr vielen wieder. Freilich, Trakls »Grodek« ist und bleibt eine Ausnahme. Singulär, wenngleich auf viel bescheidenere Weise, finde ich auch »Cap de Bonne-Espérance«.

Das Gedicht fängt geradezu harmlos an, mit dem Reim Häuschen – Mäuschen, wie für Kinder geschrieben. Die Sache ist auch so einfach, daß jedes Kind sie versteht. Und doch fragt man sich nach dem ersten Lesen verblüfft, ob man richtig gelesen hat. Kein Zweifel: Hier äußert sich ein Soldat über das Verrichten seiner Notdurft an der Front. Nichts Erhabenes also über das so gern als ehernes Schicksal verbrämte Faktum des Völkermords, keine finstere Klage über Greueltaten, kein Hohn auf patriotische Borniertheit. Nur die mit märchenhaft einfachen Worten, beinahe wie hingesummten, wiedergegebene Verfassung eines einzelnen Soldaten, der froh ist, wenn er sich in Ruhe entlasten darf. In Ruhe? Sitzt er nicht auf seinem Abtritt »ganz eilig«? Werfen einschlagende Granaten rings um ihn her nicht Dreckerde auf? Nein, selbst sein kurzes Aufatmen hier ist eine Illusion. Cap de Bonne-Espérance – ach, bloß ein Landserwitz. Er sagt es unumwunden: »Die Hoffnung geht in Scherben.«

Längst gehört es ja zum guten Ton, keinen zu haben. (Freuds Satz, der Verlust der Scham sei das erste Zeichen beginnenden Schwachsinns, hat offenbar kaum einen nachdenklich gemacht.) Von der Vring bringt jedenfalls das Kunststück fertig, die seinerzeit noch zu den Tabus zählende Defäkation als Motiv für ein Gedicht heranzuziehen und dies so zu behandeln, daß wir auch nicht einen Augenblick das Gefühl haben, hier prahle jemand mit seiner Schamlosigkeit.

Eine zierliche, traumsichere Ironie führt von einem Wort zum andern. Das Hübsche, ja Niedliche in den beiden ersten Strophen wird auch nicht plötzlich mit Schreckensbildern zusammengebracht; ein solcher Autor kann auf billige Schocks verzichten. Doch gerade dadurch, daß er nur das allernötigste Aufheben von der lebensgefährlichen Nähe der Hauptkampflinie macht, von den Gewalthandlungen, vor denen Wände nicht schützen, überträgt er auf uns sein Erschrecken.

Sterben und Verderben. Auch dieser Binnenreim noch liedhaft, das Unabänderliche des nackten biologischen Todes zunächst mildernd. Dafür aber ruft er Assoziationen wach, die tief in die Geschichte zurückreichen. Von Menschen sagen wir heute nicht mehr: Sie verdarben. Doch in Zeugnissen des Barocks, ja schon des Mittelalters stößt man auf diese Wendung. Ein elendes, sinnloses Sterben war damit gemeint. Durch ein einziges Wort wird also aus einem Krieg die Kette von Kriegen, kommen zu der Angst dieses einen die Ängste unzähliger Umgebrachter hinzu.

Obwohl das Gedicht ausgereimt ist, wird der Reime wegen die Sprache nirgends gedrechselt. Die Poesie liegt an der Oberfläche. »Tief verschneites Land« kann jeder sagen – und doch, wie wirkt es hier im Kontext! Wunderbar ist freilich der Einfall, die Beobachtung eines Schneetreibens

so zu formulieren: »Und schaue hundertteilig / Die Hoffnung und den Schnee.«
Schließlich der Kunstgriff, »Schnee« auf »Privé« zu reimen. »Privé« ist das französische Wort für »Abtritt«. Man kann ein solches Vorgehen verächtlich »dezent« nennen. Dennoch, trotz aller Zurückhaltung und Zartheit, wird hier etwa Eichs zwanzig Jahre später geschriebenes, durch ein Hölderlinzitat »literarisiertes« Latrinengedicht an Härte übertroffen, wird die Wahrheit nicht um ein Jota verkürzt.

GEORG VON DER VRING
KAVALIERSHAUS

Daß ich drin könnte wohnen,
Hab ich nie geglaubt;
Es würde von keinem Fürsten
Einem wie mir erlaubt.

Es wären auch die Kastanien
Des Gartens für mich zu schön;
Und Stund um Stunde die Schloßuhr
Hören, das zarte Getön.

Im übrigen: nach den Fenstern
Zu schließen, die Räume stehn leer –
Wo nähme ein Fürst auch passende
Hausbewohner her?

Auf mich wird er nicht verfallen;
Noch kommt hinzu: er ist
Kein Kenner von meinerlei Dingen,
Abandonnés et tristes.

ALBERT VON SCHIRNDING
NACHBARSCHAFT

Nie kann ich auf dem Weg zum Nymphenburger Park das Schloßrondell durchqueren, ohne daß mir diese Strophen von Georg von der Vring in den Sinn kommen. Noch immer läßt die Schloßuhr Stunde um Stunde ihr zartes Getön hören – aber sie wäre, scheint mir, längst verstummt, gäbe es das Gedicht nicht, in dem sie schlägt.

Als es in den späten fünfziger Jahren geschrieben wurde, lebte der Dichter im sechsten Stock der im Münchner Stadtteil Nymphenburg gelegenen Nibelungenstraße 9a, in einer bescheidenen, nüchternen Neubauwohnung, wie sie einem Sohn des zwanzigsten Jahrhunderts, der zwei Weltkriege erlebt hatte, angemessen war. Das berühmte Schloß war nicht weit, und unzählige Male mag von der Vring an dem realen Kavaliershaus, das seinem Gedicht den Namen gab, vorübergekommen sein.

Was hat er aus dieser Nachbarschaft gemacht! Vergangenheit und Gegenwart stoßen in den ersten drei Strophen hart aufeinander. Die von der Schloßuhr verkündete Zeit ist die eines vergangenen Jahrhunderts. Das Kavaliershaus ist für das Ich zu groß geworden, das barocke Stunden- und Raum-Maß übersteigt seine Verhältnisse.

Das Negative freilich, von dem diese Strophen sprechen, das »nie geglaubt«, das Unerlaubte, das Zu-schön-für-mich, die Leere der Räume, schließlich die abseitigen und traurigen Dinge, mit denen es der Dichter zu tun hat – dieses Negative kommt auf so leichten und zierlichen

Versfüßen, daß es nicht niederdrückt, sondern bezaubert. Die Kastanien im Garten, das auf die noble Lebensform zugeschnittene Domizil, die Nähe zum Schloß, die zugleich die Distanz zur Enge und zum Lärm der Arbeitswelt bedeutet, erscheinen durch den Schleier der Verneinung nur um so reizvoller.
Beiläufigkeit als Stilmittel: Schon die dritte Strophe wirkt durch das einleitende »Im übrigen« wie ein Postskriptum. Und nun, in der letzten, bildet das »Noch kommt hinzu« den Übergang zu einer überraschenden Variation des Themas, seiner pointiertesten. Während bisher das Ich für jedermanns Ich stand (wir alle sind durch unsere Gewohnheiten aus solchen Wohnräumen ausgeschlossen), spricht es jetzt nur noch von sich selbst als Dichter. Aus jedem gesellschaftlichen Rahmen gefallen, ist der Poet ortlos geworden. Bei Rilke hieß es noch: *O sage, Dichter, was du tust? – Ich rühme.* Er war ja auch in fürstlichen Räumen regelmäßig zu Gast. Die Dinge des Dichters, dessen Selbstporträt wir hier vor uns haben, sind nicht preiswürdig, sondern preisgegeben: *abandonnés.* Zum Beispiel ein von seinen Bewohnern verlassenes Haus, dessen Schönheit für niemanden mehr das ist.
Das Französisch der letzten Zeile transponiert die Melodie der Verse in ihre eigenste Tonart. Vring hat früh Verlaine gelesen, ihn, wie er selbst bezeugt, zu seinem Meister gemacht. Ein Band mit Vrings Übertragungen erschien 1939. Das ziellos Vagabundierende, die antibürgerliche Dekadenz, die nur noch im Gedicht erlösbare Melancholie behalten das letzte Wort.

GEORG VON DER VRING
WIESKIRCHE

Im Moor verdorren die Moose.
Vor der Bauerngardine
Grünt Christi Dorn.

Wen ruft das Makellose?
Es summen die silbernen Bienen
Der Orgel über dem Korn.

Im Chor bei Rot und Golde
Rauschen die Cherubinen
Als Tuba, Flöte und Horn.

Sonne verklärt das holde
Lächeln in Engelsmienen,
Als wären wir nicht verlorn.

ECKART KLESSMANN
MUSICA CAELESTIS

Von 1746 bis 1754 baute Dominicus Zimmermann in Oberbayern die Wallfahrtskirche des Prämonstratenserklosters Steingaden, benannt nach einer alten Flurbezeichnung »Die Wies«, eines der vollkommensten Werke deutscher Rokoko-Architektur. Zimmermann, gleichen Jahrgangs wie Johann Sebastian Bach, war 69 Jahre alt, als er sein graziöses Gotteshaus vollendet hatte; Mozart war noch nicht geboren.

Georg von der Vring schrieb sein Gedicht 1952, im Alter von 63 Jahren. Es ist, wie so viele Gedichte dieses Autors, von einfacher Liedhaftigkeit bei kunstvoller Reimstruktur: Viermal wird der i-Reim in der Strophenmitte von zwei o-Reimen gerahmt.

Bei der Wieskirche fügen sich Architektur und die sie umgebende Landschaft wie zu einem Gesamtkunstwerk zusammen; die Schlichtheit des Äußeren korrespondiert mit der artifiziellen Verfeinerung des Innern. Diese Kontrapunktik nimmt das Gedicht auf.

Die Vegetation, die draußen im Moor verdorrt, gedeiht im Innern, und zwar zuerst in einem Stilleben bäuerlicher Frömmigkeit: einer Pflanze, die der Volksmund »Christusdorn« nennt. Ihr Name deutet auf die benachbarte Wallfahrtskirche und ihre Bilderwelt (Christi Marterwerkzeuge). Dann öffnet sich die Architektur einer festtäglich gestimmten Natur: Die Klänge der silberpfeifigen Orgel wehen über die Felder hinaus wie ein Bienengesummm; Natur und Kunst verschmelzen zu einer Musica caelestis, der die dritte Strophe gehört. Im Innenraum werden Baukunst und Skulptur zu Emanationen von Engelsmusik. Nicht Rokokoputten musizieren, sondern das Flügelrauschen der Cherubine wird hörbar als und in Musik; Mozarts Krönungsmesse ist mir beim Lesen im Ohr.

Mit der letzten Strophe belebt die Natur (die Sonne) das Innere und seine Kunst und erhellt es im doppelten Sinne: Sie spendet Licht und »verklärt«, »als wären wir nicht verlorn«.

Eine bittere Schlußsequenz. »Wen ruft das Makellose?« – wenn nicht uns, denen das Makellose längst abhanden kam, ja so suspekt wurde, als habe man sich seiner fast zu schämen. Sind wir verloren, weil unser Empfinden für den Ruf des Makellosen taub geworden ist? Weil Natur und Kunst uns nicht länger göttliches Gesetz offenbaren? Weil wir flüchtige Sensationen für die Wirklichkeit und damit Wahrhaftigkeit der Kunst halten?

Trotz des Schlußverses wirkt dieses Gedicht auf mich nicht hoffnungslos. Die Vollkommenheit seiner Form und die Musik der Reime widerspricht der Bitternis. Die Verse spiegeln in ihrem einsamen Lobpreis so etwas wie Heilsgewißheit in einer heillos gewordenen Welt, in der nicht nur die Moose verdorren.

ERNST BLASS
DER NERVENSCHWACHE

Mit einer Stirn, die Traum und Angst zerfraßen,
Mit einem Körper, der verzweifelt hängt
An einem Seile, das ein Teufel schwenkt,
– So läuft er durch die langen Großstadtstraßen.

Verschweinte Kerle, die die Straße kehren,
Verkohlen ihn; schon gröhlt er arienhaft:
»Ja, ja – ja, ja! Die Leute haben Kraft!
Mir wird ja nie, ja nie ein Weib gebären

Mir je ein Kind!« Der Mond liegt wie ein Schleim
Auf ungeheuer nachtendem Velours.
Die Sterne zucken zart wie Embryos
An einer unsichtbaren Nabelschnur.

Die Dirnen züngeln im geschlossenen Munde,
Die Dirnen, die ihn welkend weich umwerben.
Ihn ängsten Darmverschlingung, Schmerzen, Sterben,
Zuhältermesser und die großen Hunde.

THOMAS ANZ
DIE MODERNE UND DER FORTSCHRITT

Den literarischen Fortschritt wollten sie alle, die jungen Lyriker und Propagandisten des Expressionismus. Doch der zuversichtlich fortschreitenden Zivilisation setzten sie Gedichte voller Skepsis, Angst und Verzweiflung entgegen.

Dieses Buch sei eines der wenigen, das nach George und Rilke »einen Fortschritt ermöglicht«, meinte einer der begeisterten Kritiker, die das im Jahr 1912 erschienene Lyrik-Bändchen »Die Straßen komme ich entlang geweht« von Ernst Blass mit einigem Erfolg bekannt zu machen versuchten. Zukunftsweisend für das Jahrzehnt waren die heute fast völlig vergessenen Texte des damals Zweiundzwanzigjährigen in der Tat. Nicht nur das Gedicht »Der Nervenschwache« bot ein gelungenes Beispiel für jene »fortgeschrittene Lyrik der großen Städte«, von der Alfred Kerr seinerzeit sprach und die er förderte.

Ernst Blass berief sich ausdrücklich auf den von der Berliner Avantgarde hochgeachteten Kritiker und erläuterte in den »Vor-Worten« zu seinem Gedichtband, was für die Lyrik »Fortschritt« heißen könnte: »das Wissen um das Flache des Lebens, das Klebrige, das Alltägliche, das Stimmungslose, das Idiotische, die Schmach, die Miesheit.« Der moderne Lyriker schäme sich nicht seiner träumerischen Stimmungen. »Doch seine Träume werden anders aussehen als die weniger Kultivierter; nämlich: gehetzter, weltstädtischer, mit dem lebhaften Willen zur Kritik.«

Was kritisiert der »fortgeschrittene«, intellektuelle Großstadtlyriker, dieser »Darsteller des Alltags« mit dem »ehrlichen Willen zur Klärung diesseitiger Dinge«? Nicht zuletzt den Fortschritt. Über die psychischen Lasten einer rapide modernisierten Lebenswelt spricht die Großstadtlyrik des Expressionismus immer wieder. »Ich bin in eine fremde Stadt verschlagen«, beginnt eines der Gedichte von Ernst Blass, in denen sich über spezifisch jüdische Erfahrungen hinaus die Verlorenheit und Angst des lyrischen Ichs in einer veränderten Welt mitteilen. Der wie vom Teufel besessene und mit angstzerfressener Stirn durch die Großstadtstraßen laufende Mensch in den hier wiedergegebenen Versen hat nicht nur schwache Nerven, es fehlt ihm auch sonst an Kraft und Vitalität, er sieht sich fremdbestimmt, verfolgt, beziehungslos. Er ist, ins Groteske verrückt, der feinnervige, kränkliche, »moderne« Typus, dessen Pathologie uns die Literatur seit der Jahrhundertwende in vielfältigen Varianten vor Augen geführt hat.

»Modern« ist das Gedicht auch darin, daß Mond und Sterne in ihm keine romantischen Gefühlsalternativen mehr bieten können. Der Mond wie »Schleim« und die Sterne wie zuckende »Embryos« – das ist wie Blasphemie gegenüber der Erbaulichkeit naturlyrischer Traditionen. Sie kommen für den »fortgeschrittenen Lyriker« nicht mehr in Frage. Seinen literarischen Phantasien verbietet er die rückschrittliche Flucht in die Natur, aufs Land oder in eine vermeintlich unbeschädigte Vergangenheit.

Die literarische Moderne weicht den realgeschichtlichen Prozessen der Modernisierung und Zivilisierung nicht mehr aus, sondern nimmt sie konsequent in sich auf. Sie steht jedoch von Beginn an in unauflösbarer Spannung zu ihnen. Was Literatur- und was Sozialhistoriker gewöhnlich unter »Moderne« verstehen, ist nicht das gleiche. Die eine »Moderne« zieht vielmehr die andere gründlich in Zweifel.

Wer heute in dem berechtigten Unbehagen gegenüber allem, was sich als modern und fortschrittlich anpreist, seine ästhetischen Einstellungen an prä- oder postmodernen Positionen orientieren möchte, mag zuvor das zivilisations- und fortschrittskritische Potential bedenken, das für die literarische und künstlerische Moderne schon immer charakteristisch war. Das Beispiel Ernst Blass kann dabei lehrreich sein. Bald nach seinem ersten Gedichtband, der heute noch so lesenswert ist wie vor siebzig Jahren, rückte er von der Moderne ab und zu neuklassischen Vorbildern hin. Dieser Schritt zurück führte Blass schon gut zwei Jahrzehnte vor seinem Tod im Sommer 1939 in die literaturgeschichtliche Bedeutungslosigkeit.

ERNST BLASS
KREUZBERG

Blaßmond hat Hall und Dinge grau geschminkt.
Das Wundern lernte selbst der karge Greis,
Der unten, auf der Bank, im engsten Kreis
Vor sich den mageren Spazierstock schwingt.

Da liegt die große Stadt: schwer, grau und weiß.
Ein Rauchen, Greifen, Atmen, daß es stinkt.
Eh sie dem heil'gen Tag das Dunkle wild entringt,
Erwachen Nerventräume, blaß und heiß.

Fort mit dem süßen Blick! Fort mit dem Kusse!
Hörst du die roten Nacht- und Not-Alarme?
Die heißen, blassen Träume sind verstreut.

Mir stehen riesige, liebes-, hasseswarme
Gebäude zu durchwandern weit bereit.
Da unten rollen meine Autobusse!

GÜNTER KUNERT
VERKAPPTES GESTÄNDNIS

Wollte man ein Stadtgedicht wie dieses Sonett von Ernst Blass als topographische Information werten und benutzen, man stünde wohl ziemlich befremdet in jenem Berliner Bezirk, den der Titel nennt. Und das nicht erst seit den schweren Zerstörungen durch Luftangriffe, Sanierung, Mauerbau. Für den Dichter, der, erst neunundvierzigjährig, vor Beginn des Zweiten Weltkrieges starb, bot die Örtlichkeit nur den äußeren Anlaß für eine ungewöhnliche Selbstbekundung.

Hinweise auf eine faktische Realität erscheinen nur indirekt, und zwar in Form einer unpräzisen Höhenangabe. Zweimal heißt es im Text »unten«, was auf eine herausragende Plazierung, etwa auf dem Kreuzberg (66 Meter über Meereshöhe) selber, schließen läßt. Das scheint der »karge Greis« auf der Bank, die natürlich zum Park gehört, zu bestätigen. Der Dichter befindet sich über der Stadt und damit in einer Position, welche unbewußt und nahezu zwangsläufig ein Empfinden von Omnipotenz hervorruft.

Solche Veränderung des Blickwinkels läßt, im Gegensatz zur eigenen, »herausragenden« Person, was fern unter einem liegt, eigenartigerweise *greifbarer* erscheinen. Die sonst unübersichtliche, chaotische Anhäufung vereinheitlicht sich durch den Perspektivenwechsel und, Paradoxon von physischer und psychischer Wahrnehmung, rückt einem dadurch näher. Just diesen Umstand erlebte Ernst

Blass, der seine eigene Verwunderung auf den pythagoreisch den Stock im Kreise schwingenden Greis überträgt. Die Stadt wird zum Körper verlebendigt, befähigt zum »Rauchen, Greifen, Atmen«. Und sie, die so undeutlich Personifizierte, die dem »heil'gen Tag das Dunkle wild entringt«, übt eine ganz besondere Wirkung auf den Dichter aus: nämlich eine erotische, die das Gedicht selbst zu einem Mittel der Kopulation macht.

Kaum Zufall, daß der Autor sich dreimal namentlich in das Gedicht einbringt; könnte man noch den »Blaßmond« für eine metaphorische Erfindung halten, die »Nerventräume« jedoch, die sich nur als *leibhaftige* Veranschaulichung eines Erregungszustandes verstehen lassen, bekommen durch die wiederholten Adjektive »heiß« und »blaß« den entsprechenden Geständnischarakter. Denn im Kanon einer noch puritanisch gehemmten Literatur sind »heiße Träume« ein absolut eindeutiges Zeichen.

Sie entgegen der Wirklichkeitserfahrung und ihrer üblichen literarischen Beschreibung als »blaß« zu bezeichnen, wirkt wie eine Selbstentblößung. Indem der Dichter seine sexuellen Phantasien mit seinem Namen ausstattet, weist er auf ihre und seine Besonderheit hin. Und weil die Wortwahl in einem Gedicht niemals nebensächlich ist, gibt eine folgende weiteren Aufschluß: »Die heißen, blassen Träume sind *verstreut.*« Ein Verb, das nur auf Gegenständliches zutrifft, und zwar auf etwas in sich schon Unterteiltes: »Träume« zu verstreuen bezeichnet einen äußerlichen und konkreten Vorgang, der im Rahmen des Gedichts nur ziemlich eindeutig assoziiert werden kann, noch dazu, da vorher vom »süßen Blick«, vom »Kusse« die Rede war, ohne daß Blick wie Kuß eine klare Zuordnung erfahren hatten.

Aus dem Einsgewordensein mit der Stadt reißt den Träumer die Feuerwehr oder der Unfallwagen, doch bleibt zum Trost die Wiederholbarkeit: »Mir stehen riesige, liebes-, hasseswarme / Gebäude zu durchwandern weit bereit.« Die Großstadt als Verkörperung des Weiblichen, Identität von Frau und Ortschaft, ein Topos des neunzehnten Jahrhunderts, da der Metropole die Eigenschaften der *femme fatale* zugeschrieben wurden: anziehend, verlockend, verdorben und verderbenbringend.

Ernst Blass muß noch etwas von diesem Stadtverständnis gehabt haben, um aus solcher luftigen Beziehung das Feuer der Poesie schlagen zu können. Während in der früheren, etwa der Baudelaireschen Großstadt-Dichtung immerhin noch eine tragische Komponente merkbar ist, endet dieses Gedicht prosaisch: »Da unten rollen meine Autobusse.« Der Dichter wird sich heimbegeben, um von seinem fiktiven Abenteuer mit der Berolina auszuruhen.

ERNST BLASS
NACHTS

Ich bin gegangen durch viele Straßen
In dem mir scheinbar bekannten Berlin.
Ich sprach mit Menschen, die neben mir saßen.
Sie grüßten mich und ließen mich ziehn.

Nun liege ich einsam in den Kissen
Und fühle nur, daß alles war.
Und dennoch ist es mir ganz entrissen
Und auch im Grunde gar nicht mehr klar.

Auf meinem Nachttisch tickt die Uhr,
In meiner Nähe ist ein Schrank.
Und ich, dem alles widerfuhr,
Bin nicht gesund und bin nicht krank.

Ich seh noch eines Mädchens Glieder,
Und höre Plaudern überall,
Dazwischen meiner eigenen Lieder
Einsilbig alten Regenfall.

Dort vor dem Fenster ist die Straße,
Das nächtlich windige Berlin.
Die ihr mich meßt mit falschem Maße,
Laßt mich, ich bitt euch, wieder ziehn.

GÜNTER KUNERT
VISIONÄRER ABSCHIED

Das ist eines der seltsamsten Gedichte, obwohl es so eindeutig scheint: stünde nicht der Name des Autors darüber, es wäre historisch schwer einzuordnen; einzig der Gebrauch bestimmter, heute ungewohnter Wörter und Wendungen verrät die zeitliche Entfernung. Aber die Grundhaltung, die Basis des Gebildes, ist ganz gegenwärtig. Nicht nur steckt darin eine der unseren verwandte Ambivalenz (»Bin nicht gesund und bin nicht krank ...«), sondern erst recht, was mit dem modernen, fast modischen Begriff »Sinnverlust« vorschnell benannt wird. Aber es handelt sich um einen speziellen Verlust, der erst den des Sinnes nach sich zieht.

Liest man synchron Gedichte, die nach 1945 geschrieben wurden, ist es, als nähme dieses sie alle vorweg – fünfunddreißig Jahre bevor literarisch die Bilanz der absoluten Sinnlosigkeit gezogen wird. Denn diese fünf knappen Strophen sind ein visionärer Abschied von Berlin. Die Stadt existiert nur noch im Rückerinnern der ersten Strophe: nicht ein einzelner wird sich seines Vergehens vor einer *Urbs aeterna* bewußt, im Gegenteil: vom vordem evozierten Ambiente heißt es: »... alles war.« Und »... ist es mir ganz entrissen.« Und diesem Verschwundensein der mächtigen Kapitale folgt die Frage nach dem Sinn, aber formuliert als Antwort: »... im Grunde nicht ganz klar.«

Nichts sonst meint dieses unauffällige, unbestimmte *es*,

welches dem Dichter entrissen wird, als seine Stadt; und daß dieses Abhandenkommen durch nichts mehr transzendiert wird, entspricht völlig unserer Sicht auf die Ereignisse der letzten fünfzig, sechzig Jahre. Die gigantischen Greuel unserer Historie, Schutt und Asche, in die sich unsere gegenständliche Vergangenheit verwandelt hat, die anhaltende Zerstörung durch Maximierung immer mechanistischer werdender Gesellschaften, sind durch keinen Sinn geheiligt.

Greifbare Realität hat bloß noch die Uhr auf dem Nachttisch, der Schrank in der Nähe dessen, »dem alles widerfuhr«, wobei er uns das Widerfahrene vorenthält und der Entschlüsselung überläßt. Daß ihm aber außer Untergang und Sinnverlust noch anderes zustieß, entnehmen wir den letzten beiden rätselhaften Zeilen: Wer sind denn eigentlich jene, die dem Dichter etwas antaten, was in der Formulierung, mit falschem Maß gemessen worden zu sein, wohl nur umschrieben ist, und in deren Gewalt er sich offenkundig befindet, da er sie bitten muß, ihn ziehen zu lassen? Um Rezensenten handelt es sich schwerlich, da deren Macht kaum ausreicht, einen fehleingeschätzten Dichter an die Stätte ihrer eigenen Tätigkeit zu fesseln.

Verbindet sich sein prophetischer Instinkt mit der Vorahnung des eigenen Schicksals?

Ernst Blass, anfänglich Expressionist aus dem Kreis um Hoddis und Hiller, kam 1933 auf den braunen Index und durfte nichts mehr veröffentlichen. Gerade neunundvierzig Jahre alt starb er, schon unbekannt und vergessen in einem Deutschland, das seine Dichter vertrieb oder totschlug und noch im eigenen Zusammenbruch radikal die Vorahnung der Expressionisten von der Katastrophe wahrmachte. Genau diese Tendenz ihrer Werke hat sich bestätigt, jene andere, die auf Menschheitsverbrüderung zielte, ist hingegen von der realen Menschheit desavouiert worden, und zwar dermaßen, daß noch immer viele, viel zu viele zeitgenössische Dichter in aller Welt mit gutem Grund die letzten beiden Zeilen des Gedichts wiederholen müssen: »Die ihr mich meßt mit falschem Maße, / Laßt mich, ich bitt euch, wieder ziehen.« So antizipiert Dichtung, was Wirklichkeit, zum immer neuen Schrecken der Dichter, prompt einlöst.

GERRIT ENGELKE
FRÜHLING

Es singt in mir mit Vogelstimmen;
Der Himmel blaut, Lüfte schwimmen,
Die Sonne glüht in meinem Blut.
Und Wiesen heben sich so grün,
Die vielen Bäume stehen da so gut
Und wollen immer mehr noch Knospen blühn
Ins weitverstrahlte Licht.

Die Wege gleiten langsam auf und nieder,
Durch mich hin; mein Blick grünt auf im Baumgefieder,
Und Baum und Ich und Busch sind froh im blauen Rauch:
In Baum und Halm fließt meine Seele.
Und da, aus diesem schönen Blütenstrauch,
Da singt mein Herz aus einer Vogelkehle:
Ich blühe, weil ich Frühling bin!

DIETER SCHWARZENAU
RHYTHMUS IST LEBEN – LEBEN IST GOTT

Der dreiundzwanzigjährige Gerrit Engelke schrieb dieses Gedicht am 20. April 1914. Schon immer haben Dichter – junge wie alte – im Frühling den Frühling besungen. Ist deshalb hier das Entstehungsdatum von Bedeutung?
Das Jahr 1914 war für Engelke wie für Millionen andere auch ein Schicksalsjahr. Der Weltkrieg offenbarte nicht nur das ganze kriegerische, sondern auch »lyrische« Potential des deutschen Volkes. Viele besangen den Krieg: Professoren, Pfarrer, Juristen, hohe Militärs und einfache Soldaten, Beamte und Arbeiter – und natürlich auch die Dichter. »Wie die Herzen der Dichter sogleich in Flammen standen, als jetzt Krieg wurde! ... Nun sangen sie wie im Wettstreit den Krieg, frohlockend, mit tief aufquellendem Jauchzen«, schrieb Thomas Mann, und Julius Bab errechnete, daß allein im Monat August 1,5 Millionen Kriegsgedichte geschrieben wurden. Eine Schreckensstunde der deutschen Literatur.
Wie anders Engelke: Im Frühling dieses Jahres 1914 schrieb der Hannoveraner Anstreichergeselle eines seiner schönsten Gedichte. »Frühling« ist Höhepunkt und Vermächtnis zugleich. Engelkes vom Pantheismus geprägte Sicht der Welt, der Aufgabe der Kunst und des Künstlers ist entwickelt und gereift. Die Kunst soll das »panische Grundgefühl« vermitteln, daß die Welt ein einheitlicher Rhythmus erfüllt, in den die Menschen wieder einzugliedern sind. Der Dichter ist Priester und Seher, der den

Menschen die Augen für diesen Rhythmus öffnet. »Rhythmus ist Leben – Leben ist Gott«, schreibt Engelke. In das Innerste der Dinge einzudringen, ihren Rhythmus und damit die göttliche Beschaffenheit zu erkennen, das war nach seiner Meinung zu allen Zeiten das Bestreben der Kunst.

»Frühling« ist ein fröhliches Gedicht. »Es singt in mir mit Vogelstimmen.« Das dichterische Ich identifiziert sich mit dem Jubel der Natur, es setzt sich mit den singenden Vögeln auf eine Ebene. Vom Ich wechselt das Gedicht nun, vermittelt durch die »Vogelstimmen«, ganz in die Natur: »Der Himmel blaut, Lüfte schwimmen« und kehrt erneut zum Ich zurück: »Die Sonne glüht in meinem Blut«.

Dieses Wechselspiel von Ich und Natur wird in der zweiten Strophe intensiviert: »Die Wege gleiten langsam auf und nieder/ Durch mich hin«. Die sich verströmende Seele dringt in alle Teile der Natur, Baum und Vogelsang beschwingen das Ich. Die Natur wird zum zweiten Ich, sie gibt Trost und Fröhlichkeit. »Ich blühe, weil ich Frühling bin!«

Der 20. April 1914 war ein bedeutungsvoller Tag im Leben des Dichters Gerrit Engelke, der neben seinen Dichtungen anfangs auch Zeichnungen angefertigt hat. »Halloh und Halli! Habe für 300, – Zeichnungen an das Kestnermuseum verkauft! Heute! Bezahle meine Schulden, etwa 50, – und fahre nach – Danmark!«, schrieb er gleichen Tags an den Freund Martin Guldbrandsen. Einer der wenigen glücklichen Tage Engelkes: »Es singt in mir mit Vogelstimmen«. Am 13. Oktober 1918 ist Engelke gefallen.

KLABUND
AUS: DREIKLANG

Es werden Tage kommen
Sonnenlose ohne Gelächter.
Brachfelder.
Kein Korn glänzt.

Leichen rollen in den Flüssen.
Die Eisenbahnen sind voll toter Fahrgäste.
Wer ein Herz hat weint
Hingebückt über das Jaucheloch.

Kahlkopf und Kohlkopf
Wechseln wie Wild.
Der Sieg ist versiegt
Viel Teppiche zerfasert.

Eine Tanne
Steht noch – vielleicht.
Das Gehörn einer Gemse
Hängt am Abgrund.

GEORG HENSEL
HISTORISCHES UND PRIVATES

Mit dem Gedanken, früh zu sterben, war Alfred Henschke, der sich Klabund nannte, schon als Gymnasiast vertraut: 1906, als er sechzehn Jahre alt war, wurde seine Lungentuberkulose festgestellt, und von da an waren Kuraufenthalte in der Schweiz unerläßlich. Lange vor Thomas Mann und seinem »Zauberberg«, vor Franz Kafka und seinen Krankheitsparabeln hatte Klabund Anlaß genug zu melancholisch grotesker Sanatoriumsprosa und zu Schwindsuchtsversen.

Als Klabund die Gedichtzyklen »Dreiklang« schrieb, war er verheiratet mit Brunhilde Heberle, die er nach ihrer Mutter Irene nannte: »der Friede meiner Seele«. Es war der Friede, den er sich wünschte, aber nicht bekam. Irene, lungenkrank und kehlkopfkrank, durfte ihr Kind nicht austragen; sie starb bei der Operation, und die Tochter, auch sie Irene genannt, lebte nur vier Monate. Über »Dreiklang« schrieb Klabund 1918: »So ist denn die ›Trilogie‹ nichts anderes als mein Leben mit Irene: vom Anfang, da sie zu mir trat, bis zu jenem bitteren Ende, da sie von mir ging ... Die Revolution in Deutschland erscheint mir nur wie eine Fackel zu ihrer Totenfeier entzündet.«

Die Revolution als Fackel für Irene – in allem, was er schrieb, wechselte er so unbefangen und ohne jedes historische Maß über die Grenzen zwischen dem Privaten und dem Öffentlichen. Er wußte, daß auch das Historische nicht anders als privat erlebt werden kann: »Es werden

Tage kommen / Sonnenlose ohne Gelächter. / Brachfelder. / Kein Korn glänzt.« Das konnte noch Angst sein um Irene, doch dann rollen Leichen in den Flüssen und sind die Eisenbahnen voll toter Fahrgäste, zwei surreale Bilder nach einer Menschheitskatastrophe.
Der gerade ausgeblutete Weltkrieg spielt sich ein: »Der Sieg ist versiegt«, und »versiegt« hat hier einen sonst nicht existierenden Doppelsinn. Rasch zieht Klabund die historisch ausholende Gebärde mit »viel Teppiche zerfasert« ins Private zurück, in dem allein der Schmerz lebt. Die letzte Strophe hängt das Gehörn einer Gemse kokett an den Abgrund: die Endzeitvision endet mit einer dieser durch ihre Schönheit verstörenden Miniaturen, wie sie auf den Katastrophenfeldern häufig zu finden sind.
Der virtuose Tändler Klabund, der auch Irene in einem Gedicht gefragt hat: »Soll ich kleine Lieder singen, wie ich oftmals tat«, kommt in diesen vier Strophen, die zu seinen besten gehören, allenfalls im ungenierten Gebrauch der Herz-Metapher vor: Den, »der ein Herz hat« aber läßt er weinen, »hingebückt über das Jaucheloch«. Klabund dichtete assoziativ, nicht logisch. So frage man auch nicht nach den Zeilen: »Kahlkopf und Kohlkopf / Wechseln wie Wild« – auf sie trifft das zu, was Klabund zu dem Soldatenlied »Nicht weit von Württemberg« angemerkt hat: »Schön aber unverständlich«. Bei Klabund geht die Welt unter wie fünf Jahre später bei T.S. Eliot: »wimmernd; nicht mit einem Knall«, *not with a bang but a whimper.*

Der mit 38 Jahren an der Schwindsucht gestorbene Alfred Henschke hat in zwanzig Gedichtbänden den Todesernst in Spieltrieb aufgelöst: er hat sich selbst als Spielfigur mit dem Namen Klabund eingebracht. Sein Freund und Förderer Walther Heinrich und sein Verleger Erich Reiß, der 1919 »Dreiklang« herausbrachte, hatten nicht viel übrig für diese Irene-Zyklen, und in der Tat finden sich auch dort Gründe genug, Klabund zu den kleineren Poeten zu zählen. Am 15. Februar 1917 schrieb er in einem Brief an Walther Heinrich einen Satz, der nicht einen seiner Verse besser, aber sie alle für den Autor notwendig und für den Leser liebenswert macht: »Ich will alle Seiten meines Wesens ausgedrückt sehen, und es genügt mir durchaus nicht, nur ›gute‹ Bücher zu schreiben.«

Er wußte vieles früher als die andern und sprach es auch aus; andere sprachen »besser«: literarischer. Das Vorliterarische aber gehört zu Klabund, unablösbar. »Gut« sind die beiden Zeilen: »Leichen rollen in den Flüssen. / Die Eisenbahnen sind voll toter Fahrgäste«: Sie sind das Gedicht. Doch was wären sie ohne das ganze Gedicht.

KLABUND
KLAGE DER GARDE

General!
Wir sind des Kaisers Leiter und Sprossen!
Wir sind wie Wasser im Fluß verflossen ...
Nutzlos hast du unser rotes Blut vergossen ...
General!

General!
Wir sind des Kaisers Adler und Eulen!
Unsre Kinder hungern ... Unsre Weiber heulen ...
Unsre Knochen in fremder Erde faulen ...
General!

General!
Deine Augen sprühen Furcht und Hohn!
Unsere Mütter im Fron haben kargen Lohn ...
Welche Mutter hat noch einen Sohn?
General?

HEINZ POLITZER
AUF DEN LEIB GERÜCKT

Es sind nicht immer die besten Gedichte, die, mit Erinnerungen befrachtet, in unserem Gedächtnis geradezu ein Eigenleben führen. Zumeist in einen Fetzen Melodie gewickelt, tauchen sie auf aus dem Nebel; ihre Wörter erweisen sich als unzerstörbar, vermutlich weil sie ebenso einfach wie musikalisch sind. Was mit ihnen an der Oberfläche des Vergangenen heraufschwimmt, ist, weit über sie, den Anlaß, hinaus, charakteristisch für eine Zeit und ihr Gefühl, für einen Lebensstil.

In meiner Erinnerung ist Klabunds »Klage der Garde« eng mit der Jugendbewegung verknüpft. Das war Mitte der zwanziger Jahre, wir schwänzten das Gymnasium und gingen in die Vorlesungen von Karl Kraus, der diese Verse Klabunds hätte vorlesen können, vielleicht auch wirklich vorgelesen hat.

Das Gedicht ist noch im Ersten Weltkrieg entstanden und wurde 1915 in dem schmalen Insel-Bändchen »Dumpfe Trommel und berauschtes Gong« veröffentlicht. Das Bändchen, kaum gewichtiger als ein Heft, enthielt Nachdichtungen chinesischer Kriegslyrik der klassischen Epoche, die Klabund »aus dem Geist heraus« unternommen hatte, wobei er sich deutscher und französischer Vorlagen bediente. Die »Klage der Garde« stammt aus dem »Buch der Lieder«, dem »Schi-king«.

Die erste Strophe des Originals lautet: »Kriegsminister! / Wir sind des Königs Klauen und Hauer. / Warum hast du uns dies Elend auferlegt? / Wir haben keine Ruhestatt.« Die dritte Zeile wird in der zweiten Strophe wörtlich wiederholt, in der letzten Strophe wird aus der Frage eine Antwort und Anklage: »Du hast dieses Elend uns auferlegt.«

Man sieht, Klabund hat das Gedicht mit ebensoviel Kunstverstand wie rhetorischer Hinterlist eingedeutscht. Der in Crossen an der Oder Geborene und mit bürgerlichem Namen Alfred Henschke Genannte besaß eine unheimliche Affinität zu dem Geist der Ostasiaten – zumindest wollte es uns damals so erscheinen. Eines bleibt Klabund immerhin unbenommen: Er hat mit seinem Drama »Der Kreidekreis« Bertolt Brechts »Kaukasischen Kreidekreis« weitgehend antizipiert.

In ihrer Knappheit ähnelt die »Klage« einem gelungenen Plakat des Expressionismus. Schon daß der Kriegsminister mit seinem militärischen Rang als »General« angerufen wird, stellt eine mehr-als-rhythmische Verdichtung der Apostrophe dar. Sechsmal wird dieses »General!« von den drei Zeilen, die es einfaßt, moduliert, zuletzt erhebt es sich als Frage. Die erste Strophe legt die Sprossenleiter der Berufssoldaten an den Thron des Kaisers; dann aber bricht das Bild in sich zusammen; die Hauptwörter werden durch Verben des Vergehens und Verfließens, des Blutvergießens gar, ersetzt.

In der Folgestrophe erklären sich die Gardisten als »Adler und Eulen«, also als Wächter des Kaisers. Tiersymbole ersetzen die leblosen Dingwörter der ersten Strophe. Es hilft nichts: Wiederum tritt ein Zusammenbruch ein; jetzt aber ist nicht mehr ausschließlich von den Gardisten, sondern auch von ihren Kindern und Weibern und dem Grab in der fremden Erde die Rede. Der eigenwillige Ablaut in »fäulen« ist ein Reimtrick von hohen Graden.

Die letzte Strophe vollendet die Symmetrie des Schrekkens, die den Versen als Grundstruktur gedient hat; vollendet sie und hebt sie auf. In direkter Rede sind die Gardisten dem General auf den Leib gerückt: »Deine Augen sprühen Furcht und Hohn«.

Wo das chinesische Original sich mit einer Antwort zufriedengibt – »Du hast dieses Elend uns auferlegt« –, dort endet die Nachdichtung Klabunds mit einer Frage. Die Melodie der Klage hebt sich (zumindest in der Erinnerung) in den beiden Schlußzeilen weit über sich selbst hinaus. Die Verse öffnen sich ins Unbestimmte, und durch diese Öffnung dringt auch heute noch ein Gefühl von Aufstand, endlichem Frieden, Freiheit und Bruderschaft; die Erinnerung an die vergleichsweise unschuldige und darum unvergeßliche Bewegung der Fünfzehnjährigen.

KLABUND
MAN SOLL IN KEINER STADT

Man soll in keiner Stadt länger bleiben als ein
halbes Jahr.
Wenn man weiß, wie sie wurde und war,
Wenn man die Männer hat weinen sehen,
Und die Frauen lachen,
Soll man von dannen gehen,
Neue Städte zu bewachen.

Läßt man Freunde und Geliebte zurück,
Wandert die Stadt mit einem als ein ewiges Glück.
Meine Lippen singen zuweilen
Lieder, die ich in ihr gelernt,
Meine Sohlen eilen
Unter einem Himmel, der auch sie besternt.

HILDE SPIEL
ER HATTE SO WENIG ZEIT

Es war sein Freund, der sich den »armen B. B.« nannte: aber Brecht war unendlich reicher, an Erfolg und Ruhm, an Kraft und Rücksichtslosigkeit, schließlich auch an Talent, als der arme Klabund. Alfred Henschke, ein Apothekersohn aus Crossen an der Oder, der sich nach ersten Gedichtveröffentlichungen den unverdient markanten Namen eines anderen Apothekers zulegte, hatte das Zeug in sich zum Glückspinsel wie zum Genie. Er fand erst eine ausnehmend gute, dann eine ausnehmend liebreizende Frau, doch die erste starb ihm nach zwei Ehejahren weg mitsamt ihrem Kind, wie Lessing die seine, und der zweiten starb er selber weg, nachdem er drei Jahre mit ihr verheiratet gewesen war. Er besaß nicht zu wenig, sondern zu viel Phantasie und konnte sie nicht zähmen, seine Einfälle waren grandios, doch erst als ein anderer sich ihrer bediente, erreichten sie die ganze Welt.
Als Klabund, damals Mitte Dreißig, wieder einmal schwer an der Schwindsucht leidend, im Breslauer Sanatorium Friderici lag, teilte er der Mutter seiner verstorbenen Brunhild mit, daß ihm Breslau »beträchtlich auf die Nerven« gehe: »Ich bin jetzt 6 Monate hier, und ich kann manchmal kaum mehr atmen. An sich hasse ich schon einen längeren Stadtaufenthalt – und dann noch dazu hier.« Sechs Monate – die war er auch in seinem Wanderlied bereit, dem Verweilen in jedweder Stadt einzuräumen, bevor man wieder aus ihr ziehen soll. Es ist die

Unrast des Kranken, von der Ahnung eines frühen Todes Erfüllten, vor dem Ende Fliehenden und von seinem Schaffenswillen und Lebenwollen Getriebenen, die daraus spricht. »Ich hoffte. Da war ich schon verzweifelt. / Ich lebte. Da starb ich schon«, hatte Klabund zuvor einmal geschrieben. Er hatte so wenig Zeit. Mehr als ein halbes Jahr blieb da nicht für München oder Zürich, für Wien und Berlin und Breslau, für Frankfurt an der Oder und am Main – nicht zu reden von Davos, Arosa und Brioni.
Was für ein schönes Gedicht. Ich weiß es auswendig seit mehr als einem halben Jahrhundert, ich habe es mir immer wieder vorgesagt, wenn ich eine mir liebe Stadt verließ, man kann zu seinem Rhythmus wahrhaftig auf Sohlen eilen oder dem Poltern der Eisenbahnräder horchen, nur zum Dahingleiten in einem motorisierten Fahrzeug eignet es sich nicht. Es hat den Volkston so mancher schlichter Zeilen, die Klabund neben expressionistischem Gestöhn und blumiger Lyrik und kessen Songs und prunkvoller Prosa verfaßt hat; etwa aus seinem frühen Roman »Bracke«, in dem er eine Art Eulenspiegel durch die Mark Brandenburg des großen Kurfürsten wandern ließ. Daß er die Männer weinen und die Frauen lachen macht, habe ich bewegend gefunden. Und der Blick in den Himmel, der auch eine ferne Stadt mit den in ihr verbliebenen Freunden und Geliebten besternt, war mir oft ein Trost.
Ihm aber, Klabund, ist nur wenig Trost vergönnt gewesen. Als seine beste Zeit bezeichnete Benn in der Totenrede auf den Freund die arbeitswütigen Nachkriegsjahre in Berlin, aber es waren doch wohl eher jene, die er an der Seite der bezaubernden Carola Neher verbrachte – als sie in Wien in seinem Stück »XYZ« auftrat oder vorher, als sie, wieder einmal in Breslau, als Haitang in seinem »Krei-

dekreis« auf der Bühne stand. Dieses Stück hat Brecht ihm später weggeschrieben, wie er ihm mit K. L. Ammers Hilfe die Villon-Übertragungen wegschrieb und Carola von seinem Sterbelager wegholte zu den Proben zur »Dreigroschenoper«, deren Polly sie zurücklegte nach Klabunds Tod, aber später dennoch spielte. »Die Dichter«, sagte Benn am Grab, »sind die Tränen der Nation.« Nicht alle freilich. Brecht nicht. Doch gewiß der arme Klabund.

Anhang

QUELLENHINWEISE

HANS ARP 1887 in Straßburg geboren, gestorben 1966 in Basel.
Bei grünem Leibe, S. 295. Blatt um Feder um Blatt, S. 299. In einem Hause, S. 303. Aus: Hans Arp, Gesammelte Gedichte, Band II: Gedichte 1939-1957. © by Limes Verlag in F.A. Herbig Verlagsbuchhandlung GmbH, München.

HUGO BALL 1886 in Pirmasens geboren, gestorben 1927 in Sant'Abbondio/Tessin.
Intermezzo, S. 165. Aus: Hugo Ball, Gesammelte Gedichte. © by Verlags-AG Die Arche, Zürich.

GOTTFRIED BENN 1886 in Mansfeld/Westprignitz geboren, gestorben 1956 in Berlin.
Astern, S. 169. Einsamer nie –, S. 181. Gedichte, S. 189. Turin, S. 251. Aus: Gottfried Benn, Statische Gedichte. © 1948 by Verlags-AG Die Arche, Zürich. Veränderte Neuausgabe © 1983 by Arche Verlag AG, Raabe + Vitali, Zürich.
Ebereschen, S. 173. Ein Schatten an der Mauer, S. 177. Eure Etüden, S. 185. Kleine Aster, S. 199. Kommt –, S. 203. Letzter Frühling, S. 207. Mann und Frau gehen durch die Krebsbaracke, S. 211. Menschen getroffen, S. 221. Nachtcafé, S. 225. Nur zwei Dinge, S. 231. Reisen, S. 235, 239. Schöne Jugend, S. 243. Stilleben, S. 247. Was schlimm ist, S. 259. Wirklichkeit, S. 263. Aus: Gottfried Benn, Sämtliche Werke. Stuttgarter Ausgabe. In Verbindung mit Ilse Benn. Herausgegeben von Gerhard Schuster. Band I: Gedichte 1. © Klett-Cotta, Stuttgart 1986.
Herr Wehner, S. 193. Melodie, S. 217. Von Bremens Schwesterstadt bis Sils Maria, S. 255. Aus: Gottfried Benn, Sämtliche Werke. Stuttgarter Ausgabe. In Verbindung mit Ilse Benn. Herausgegeben von Gerhard Schuster. Band II: Gedichte 2. © Klett-Cotta, Stuttgart 1986.

ERNST BLASS 1890 in Berlin geboren, dort 1939 gestorben.
Der Nervenschwache, S. 409. Kreuzberg, S. 413. Nachts, S. 417. Aus: Ernst Blass, Die Straßen komme ich entlang geweht. Sämtliche Gedichte. Herausgegeben von Thomas B. Schumann. Carl Hanser Verlag München Wien 1980. Copyright © Thomas B. Schumann, Hürth bei Köln. Abdruck mit freundlicher Genehmigung.

PAUL BOLDT 1885 in Christfelde bei Kulm/Westpreußen geboren, gestorben 1921 in Freiburg/Breisgau.

In der Welt, S. 153. Junge Pferde, S. 157. Aus: Junge Pferde! Junge Pferde! – Das Gesamtwerk. Lyrik, Prosa, Dokumente herausgegeben und mit einem Nachwort versehen von Wolfgang Minaty. Walter-Verlag, Olten und Freiburg 1979.

HERMANN BROCH 1886 in Wien geboren, gestorben 1951 in New Haven/USA.

Diejenigen, die im kalten Schweiß, S. 267. Kulinarisches Liebeslied, S. 271. Aus: Gedichte. Kommentierte Werkausgabe. Band 8. Herausgegeben von Paul Michael Lützeler. © Suhrkamp Verlag Frankfurt am Main 1980.

ALBERT EHRENSTEIN 1886 in Wien geboren, gestorben 1950 in New York.

Du mußt zur Ruh, S. 275. Aus: Wie bin ich vorgespannt den Kohlenwagen meiner Trauer. Gedichte. Herausgegeben von Jörg Drews. Edition Text & Kritik, 2. Auflage München 1986. Abdruck mit freundlicher Genehmigung von Herrn Jörg Drews.

FRIEDRICH EISENLOHR 1889 in Freiburg geboren, gestorben 1954./
LIVINGSTONE HAHN Biographische Daten unbekannt./
LUDWIG RUBINER 1881 in Berlin geboren, dort 1920 gestorben.
Gold, S. 37. Aus: Kriminalsonette. Kurt Wolff Verlag, Leipzig 1913. Abdruck mit freundlicher Genehmigung von Frau Annemarie Bostroem.

GERRIT ENGELKE 1890 in Hannover geboren, gestorben 1918 bei Cambrai/Frankreich.

Frühling, S. 421. Aus: Gerrit Engelke. Rhythmus des neuen Europa. Das Gesamtwerk. Postskriptum Verlag, Hannover 1979.

MAX HERRMANN-NEISSE 1886 in Neiße/Schlesien geboren, gestorben 1941 in London.

Die Blessierten, S. 279. Aus: Max Herrmann-Neiße, Schattenhafte Lockung. Gedichte 3. © Copyright 1987 by Zweitausendeins, Postfach, D-60381 Frankfurt am Main.

Ein Licht geht nach dem andern aus, S. 283. Aus: Um uns die Fremde. Gedichte 2. © Copyright 1986 by Zweitausendeins, Postfach, D-60381 Frankfurt am Main.

Himmel erhört mich nicht, S. 287. Trostlied der bangen Regennacht S. 291. Aus: Max Herrmann-Neiße, Im Stern des Schmerzes. Gedichte

1. © Copyright 1986 by Zweitausendeins, Postfach, D-60381 Frankfurt am Main.

GEORG HEYM 1887 in Hirschberg/Schlesien geboren, gestorben 1912 in Berlin.

Alle Landschaften, S. 307. Berlin, S. 311. Letzte Wache, S. 325. Aus: Georg Heym, Gedichte. Herausgegeben von Stephan Hermlin. Suhrkamp Verlag Frankfurt am Main 1966.

Die Märkte, S. 315. Aus: Georg Heym, Dichtungen und Schriften. Band I: Lyrik. Bearbeitet von Karl Schneider und Gunter Martens. Verlag Heinrich Ellermann, München 1964.

Die Stadt, S. 321. Aus: Georg Heym, Das lyrische Werk. Sämtliche Gedichte 1910-1912. Herausgegeben von Karl Ludwig Schneider. Deutscher Taschenbuch Verlag, München 1977.

JAKOB VAN HODDIS 1887 in Berlin geboren, gestorben 1942 bei Koblenz.

Weltende, S. 329. Aus: Jakob van Hoddis, Dichtungen und Briefe. Herausgegeben von Regina Nörtemann. © 1987 by Arche Verlag AG Raabe + Vitali, Zürich.

FRANZ KAFKA 1883 in Prag geboren, gestorben 1924 in Kierling bei Wien.

Und die Menschen gehn in Kleidern, S. 71. Aus: Franz Kafka, Sämtliche Erzählungen, Beschreibungen eines Kampfes. Copyright 1936/37 by Heinr. Mercy, Prag; Copyright 1946/1964 by Schocken Books Inc. New York. Abdruck mit Genehmigung der S. Fischer Verlag GmbH, Frankfurt am Main.

KLABUND 1890 in Crossen/Oder geboren, gestorben 1928 in Davos.

Es werden Tage kommen, S. 425. Klage der Garde, S. 429. Man soll in keiner Stadt, S. 433. Aus: Klabund, Der himmlische Vagant. © 1968 by Verlag Kiepenheuer & Witsch Köln.

PAUL KLEE 1879 in Bern geboren, gestorben 1940 in Locarno.

Herr Waldemar, S. 25. Aus: Paul Klee, Gedichte. © 1960, 1980 by Arche Verlag AG Raabe + Vitali, Zürich.

WILHELM KLEMM 1881 in Leipzig geboren, gestorben 1968 in Wiesbaden.

An der Front, S. 33. Aus: Wilhelm Klemm, Ich lag in fremder Stube. Gesammelte Gedichte. Herausgegeben von Hanns-Josef Ortheil. © 1981 Carl Hanser Verlag München Wien.

WILHELM LEHMANN 1882 in Puerto Cabello/Venezuela geboren, gestorben 1968 in Eckernförde.

Amnestie, S. 45. In Solothurn, S. 59. Mond im Januar, S. 63. Aus: Wilhelm Lehmann, Gesammelte Werke in acht Bänden. Herausgegeben von Agathe Weigel-Lehmann, Hans Dieter Schäfer und Bernhard Zeller. Band 1: Sämtliche Gedichte. © Klett-Cotta, Stuttgart 1982.

Auf sommerlichem Friedhof, S. 55. Oberon, S. 67. Aus: Wilhelm Lehmann, Gedichte. Auswahl und Nachwort von Karl Krolow. © Suhrkamp Verlag Frankfurt am Main 1977.

Alfred Lichtenstein 1889 in Berlin geboren, gestorben 1914 in Vermandovillers bei Reims.

Abschied, S. 375. Die Schlacht bei Saarburg, S. 379. Gebet vor der Schlacht, S. 383. Montag auf dem Kasernenhof, S. 387. Aus: Alfred Lichtenstein, Dichtungen. Herausgegeben von Klaus Kanzog und Hartmut Vollmer. © 1989 by Arche Verlag AG Raabe + Vitali, Zürich.

Oskar Loerke 1884 in Jungen/Weichsel geboren, gestorben 1941 in Berlin-Frohnau.

Ans Meer, S. 127. Grab des Dichters, S. 131. Pansmusik, S. 135. Timur und die Seherin, S. 139. Webstuhl, S. 145. Winterliches Vogelfüttern, S. 149. Aus: Oskar Loerke, Die Gedichte. Herausgegeben von Peter Suhrkamp. Neu durchgesehen von Reinhard Tgahrt. © Suhrkamp Verlag Frankfurt am Main 1983.

Joachim Ringelnatz 1883 in Wurzen geboren, gestorben 1934 in Berlin.

An der Alten Elster, S. 75. An meinen längst verstorbenen Vater, S. 79. Die neuen Fernen, S. 83. Die Schnupftabaksdose, S. 87. Ich habe dich so lieb, S. 91. Kniebeuge, S. 95. Liedchen, S. 99. Logik, S. 103. Vorm Brunnen in Wimpfen, S. 107. Aus: Joachim Ringelnatz, Das Gesamtwerk, Bände 1 und 2. © K.H. Henssel Verlag, Berlin 1984 und 1985.

Friedrich Schult 1889 in Schwerin/Mecklenburg geboren, gestorben 1978 in Güstrow.

Du bist ein anhangloser Mann, S. 391. Aus: Friedrich Schult, Gesammelte Gedichte. Druck der Grillen-Presse, Hamburg 1954. Abdruck mit freundlicher Genehmigung von Frau Erika Schult, Göttingen.

Kurt Schwitters 1887 in Hannover geboren, gestorben 1948 in Ambleside/ Westmoreland.

An Anna Blume, S. 333. Aus: Kurt Schwitters, Anna Blume und ich. Die gesammelten Anna Blume-Texte. Erweiterte Neuausgabe. © 1987 by Arche Verlag AG Raabe + Vitali, Zürich.

Frühe rundet Regen blau, S. 337. Aus: Kurt Schwitters, Das literarische Werk. Band 1: Lyrik. © 1973 DuMont Buchverlag Köln.

INA SEIDEL 1885 in Halle geboren, gestorben 1974 in Zell/Oberbayern.
Trost, S. 151. Aus: Ina Seidel, Gedichte. © Deutsche Verlags-Anstalt GmbH, Stuttgart 1955.

ERNST STADLER 1883 in Colmar geboren, gestorben 1914 bei Ypern.
Fahrt über die Kölner Rheinbrücke bei Nacht, S. 113. Judenviertel in London, S. 123. Aus: Ernst Stadler, Dichtungen, Schriften, Briefe. Kritische Ausgabe. Herausgegeben von Klaus Hurlebusch und Karl Ludwig Schneider. Verlag C.H. Beck, München 1983.
Gratia divinae pietatis adesto Savinae de petra dura perquam sum facta figura, S. 117. Aus: Ernst Stadler, Der Aufbruch und andere Gedichte. Auswahl und Nachwort von Heinz Rölleke. Verlag Philipp Reclam jun., Stuttgart 1967.

GEORG TRAKL 1887 in Salzburg geboren, gestorben 1914 in Krakau.
Im Herbst, S. 359. Aus: Georg Trakl, Das dichterische Werk. Auf Grund der historisch-kritischen Ausgabe von Walther Killy und Hans Szklenar. Deutscher Taschenbuch Verlag, München 1972.
Abend in Lans, S. 341. De profundis, S. 345. Die schöne Stadt, S. 349. Grodek, S. 355. Im Park, S. 363. Trompeten, S. 367. Verklärung, S. 371. Aus: Georg Trakl, Die Dichtungen. Insel Verlag Frankfurt am Main 1989.

GEORG VON DER VRING 1889 in Brake in Oldenburg geboren, gestorben 1968 in München.
Cap de Bonne-Espérance, S. 397. Kavaliershaus, S. 401. Wieskirche, S. 405. Aus: Georg von der Vring, Die Gedichte. Gesamtausgabe. © Verlag Langewiesche-Brandt, Ebenhausen 1989.

ROBERT WALSER 1878 in Biel geboren, gestorben 1956 in Herisau.
Die Reiterin, S. 13. Die schöne Frau von Thun, S. 17. Mikrogramm III, S. 21. Aus: Robert Walser, Das Gesamtwerk. Werkausgabe. Zwölf Bände. Herausgegeben von Jochen Greven. Band VII: Gedichte und Dramolette. Herausgegeben von Robert Mächler. Suhrkamp Verlag Frankfurt am Main 1978. Abdruck mit freundlicher Genehmigung der Robert Walser-Stiftung.

KONRAD WEISS 1880 in Rauenbretzingen/Württemberg geboren, gestorben 1940 in München.
Propria Peregrina, S. 29. Aus: Konrad Weiss, Gedichte. 1914-1939. Herausgegeben von Friedhelm Kemp. Kösel-Verlag, München 1961. Abdruck mit freundlicher Genehmigung von Herrn Friedhelm Kemp.

STEFAN ZWEIG 1881 in Wien geboren, gestorben 1942 in Petropolis bei Rio de Janeiro.
Letztes Gedicht, S. 41. Aus: Stefan Zweig, Silberne Saiten. Gedichte. © S. Fischer Verlag GmbH, Frankfurt am Main 1982.

VERZEICHNIS DER INTERPRETEN

THOMAS ANZ geboren 1948 in Göttingen, ist Professor für Neuere Deutsche Literatur und Literaturvermittlung an der Universität Bamberg. Er veröffentlichte unter anderem: »Literatur der Existenz« (1977), »Phantasien über den Wahnsinn« (1980), »Die Dichter und der Krieg« (1982) und »Expressionismus. Manifeste und Dokumentation« (1982).

CYRUS ATABAY geboren 1929 bei Teheran, starb 1996 in München. Er veröffentlichte unter anderem: »Puschkiniana« (1990), »Gedichte« (1991) und »Leise Revolten« (1992).

RUDOLF AUGSTEIN geboren 1923 in Hannover, ist seit 1947 Herausgeber des Nachrichtenmagazins DER SPIEGEL. Er veröffentlichte unter anderem »Preußens Friedrich und die Deutschen« (1968) und »Jesus Menschensohn« (1972).

ARMIN AYREN geboren 1934 in Friedrichshafen, lebt in Oberweschnegg. Er veröffentlichte unter anderem: »Der Brandstifter und andere Abweichungen« (1968), »Der Helweg« (1972), »Asam oder der Mythos vom Überleben« (1974), »Elias Canetti« (1977), »Der Mann am Kamin« (1980), »Buhl oder Der Konjunktiv« (1982) und »Der flambierte Säugling« (1985).

RUDOLF JÜRGEN BARTSCH geboren 1921 in Köslin/Pommern, lebt als freier Schriftsteller und Schauspieler in Köln. Er veröffentlichte Funk- und Film-Essays, erzählende Prosa in Anthologien und den Roman »Krähenfang« (1964).

HANS BENDER geboren 1919 in Mühlhausen/Kraichgau, lebt in Köln. Er war von 1954 bis 1980 Mitherausgeber der Zeitschrift »Akzente« und veröffentlichte unter anderem die Erzählungsbände »Wölfe und Tauben« (1957), »Mit dem Postschiff« (1962) und »Bruderherz« (1987), den Roman »Wunschkost« (1959), den Sammelband »Worte Bilder Menschen« (1959) sowie die Aufzeichnungen »Einer von ihnen« (1979).

HORST BIENEK geboren 1930 in Gleiwitz, starb 1990 in München. Er veröffentlichte Gedichte (»Gleiwitzer Kindheit«, 1976), Romane (»Die Zelle«, 1968, »Die erste Polka«, 1975, »Septemberlicht«, 1977, »Zeit ohne Glocken«, 1979, und »Erde und Feuer«, 1982) sowie essayistische

Arbeiten (»Bakunin, eine Invention«, 1976, und »Das allmähliche Ersticken von Schreien, Sprache im Exil und heute«, 1987).

Günter Blöcker geboren 1913 in Hamburg, lebt in West-Berlin. Er ist Literaturkritiker und Essayist. Hauptwerke: »Die neuen Wirklichkeiten« (1957), »Heinrich von Kleist oder Das absolute Ich« (1960), »Kritisches Lesebuch« (1962) und »Literatur als Teilhabe« (1966).

Wolfgang Brenneisen geboren 1941 in Tilsit, lebt in Biberach. Er veröffentlichte einige Gedichtbände, Bücher mit Prosasatiren und den Essayband »Oberschwaben – Deutschlands tiefer Süden«.

Hanspeter Brode geboren 1940 in Ludwigshafen, lebt als Gymnasiallehrer an einer deutschen Auslandsschule in Brasilien. Er veröffentlichte unter anderem: »Benn-Chronik« (1978), »Günter Grass. Autorenbuch« (1979) und »Deutsche Lyrik – eine Anthologie« (1990).

Hans Christoph Buch geboren 1944 in Wetzlar, lebt in Berlin. Er veröffentlichte Romane, Erzählungen und Essays, unter anderem: »Unerhörte Begebenheiten« (1966), »Kritische Wälder« (1972), »Aus der neuen Welt« (1975), »Die Hochzeit von Port-au-Prince« (1984), »Haïti Chérie« (1990), »Rede des toten Kolumbus am Tag des Jüngsten Gerichts« (1992) und »Tropische Früchte, Afro-Amerikanische Impressionen« (1993).

Hermann Burger geboren 1942 in Burg/Schweiz, starb 1989 in Brunegg/Schweiz. Er veröffentlichte die Romane »Schilten« (1976), »Die künstliche Mutter« (1982), und »Brunsleben« (1989), Gedichte (»Kirchberger Idyllen«, 1980), Erzählungen (»Diabelli«, 1979, »Blankenburg«, 1986) und Essays »Ein Mann aus Wörtern« (1983).

Walter Busse geboren 1923 in Berlin, lebt in Wohltorf. Er veröffentlichte »Ist die Revolution unvermeidbar?« (1968) und »24 Spiegel-Gespräche« (1970).

Hans Daiber geboren 1927 in Breslau, lebt in Rösrath. Er veröffentlichte unter anderem: »Argumente für Lazarus« (1966), »Vor Deutschland wird gewarnt« (1967), »Doppelspiel« (1969), »Gerhart Hauptmann« (1971) und »Deutsches Theater seit 1945« (1976).

Peter Demetz geboren 1922 in Prag. Er ist em. Professor für Germanistik und vergleichende Literaturwissenschaft an der Yale University in New Haven (USA). Hauptwerke: »René Rilkes Prager Jahre« (1953), »Marx, Engels und die Dichter« (1959), »Formen des Realismus – Theodor Fontane« (1964), »Die süße Anarchie« (1970) und »Worte in Freiheit: Der italienische Futurismus und die deutsche literarische Avantgarde« (1990).

Hilde Domin geboren 1912 in Köln, lebt in Heidelberg. Zu ihren Hauptwerken gehören die Gedichtsammlungen »Nur eine Rose als Stütze« (1959), »Rückkehr der Schiffe« (1962), »Hier« (1964) und »Ich will dich« (1970) und die Prosabücher »Wozu Lyrik heute« (1968), »Das zweite Paradies« (1968, 86), »Von der Natur nicht vorgesehen. Autobiographisches« (1974), »Aber die Hoffnung. Autobiographisches aus und über Deutschland« (1982).

Peter Engel geboren 1940 in Eutin, lebt als Kulturredakteur in Hamburg. Er veröffentlichte unter anderem die Gedichtbände »Einige von uns« (1980) und »Statt eines Briefes« (1986) und gab (zusammen mit Volker Michels) die »Gesammelten Werke« (1982) von Ernst Weiß heraus.

Erich Fried geboren 1921 in Wien, starb 1988 in Baden-Baden. Er veröffentlichte unter anderem die Lyrikbände: »Warngedichte« (1963), »Anfechtungen« (1967), »Zeitfragen« (1968), »Gegengift« (1974), »Die bunten Getüme« (1977), »Liebesgedichte« (1979) und »Lebensschatten« (1981) und »Um Klarheit« (1985).

Hans J. Fröhlich geboren 1932 in Hannover, starb 1986 in München. Er schrieb Romane (»Tandelkeller«, 1967, »Engels Kopf«, 1971, »Anhand meines Bruders«, 1974, »Im Garten der Gefühle«, 1975 und »Mit Feuer und Flamme«, 1982), Erzählungen (»Einschüchterungsversuche«, 1979) und die Biographie »Schubert« (1978).

Gertrud Fussenegger geboren 1912 in Pilsen, lebt in Leonding/Oberösterreich. Sie schrieb Romane, Erzählungen, Essayistisches und Dramatisches. Hauptwerke: »Die Pulvermühle« (1969), »Maria Theresia« (1980), »Sie waren Zeitgenossen« (1983), »Nur ein Regenbogen« (1987) und »Herrscherinnen« (1991).

Robert Gernhardt geboren 1937 in Reval/Estland. Nach dem Studium der Malerei und Germanistik lebt er als Zeichner und Autor in Frankfurt am Main. Er veröffentlichte unter anderem »Ich Ich Ich« (1982), »Kippfigur« (1986), »Körper in Cafés« (1987), »Was gibt's denn da zu lachen?« (1988), »Gedanken zum Gedicht« (1990) und »Lug und Trug« (1991).

Reinhold Grimm geboren 1931 in Nürnberg, ist Professor für Deutsche und Vergleichende Literaturgeschichte an der University of California (USA). Er veröffentlichte unter anderem: »Nach dem Naturalismus. Essays zur modernen Dramatik« (1978), und »Von der Armut und vom Regen. Rilkes Antwort auf die soziale Frage« (1981), »Texturen.

Essays und anderes zu Hans Magnus Enzensberger« (1984), »Ein iberischer Gegenentwurf? Antonio Buero Vallejo, Brecht und das moderne Welttheater« (1991).

MICHAEL HAMBURGER geboren 1924 in Berlin, lebt seit 1933 in England. Er schreibt in deutscher und englischer Sprache; unter anderem veröffentlichte er: »Zwischen den Sprachen« (1966), »Vernunft und Rebellion« (1969), und »Die Dialektik der modernen Lyrik« (1972).

LUDWIG HARIG geboren 1927 in Sulzbach/Saarland, lebt dort. Er veröffentlichte unter anderem: »Sprechstunden« (1971), »Die saarländische Freude« (1977), »Rousseau« (1978), »Der kleine Brixius« (1980), »Trierer Spaziergänge« (1983), »Ordnung ist das ganze Leben« (1986) und »Weh dem, der aus der Reihe tanzt« (1990), »Die Hortensien der Frau von Roselius« (1992), »Der Uhrwerker von Glarus« (1993).

GENO HARTLAUB geboren 1916 in Mannheim, lebt in Hamburg. Sie veröffentlichte unter anderem: »Die Entführung« (1942), »Nicht jeder ist Odysseus« (1968), »Lokaltermin« (1970) und »Das Gör« (1980).

PETER HÄRTLING geboren 1933 in Chemnitz, lebt in Walldorf bei Frankfurt am Main. Er veröffentlichte Romane, Gedichte und Kinderbücher, unter anderem: »Niembsch oder Der Stillstand« (1964), »Janek« (1966), »Eine Frau« (1974), »Hölderlin« (1976), »Die dreifache Maria« (1982), »Das Windrad« (1983), »Waiblingers Augen« (1987), »Der Wanderer« (1988), »Die Gedichte 1953-1987« (1989) und »Herzwand« (1990).

HARALD HARTUNG geboren 1932 in Herne, lehrt an der Technischen Universität Berlin deutsche Sprache und Literatur. Er veröffentlichte die Darstellungen »Experimentelle Literatur und konkrete Poesie« (1975) und »Deutsche Lyrik seit 1965« sowie die Lyrikbände »Hase und Hegel« (1970), »Reichsbahngelände« (1974), »Das gewöhnliche Licht« (1976), »Augenzeit« (1978) und »Traum im deutschen Museum« (1986).

GEORG HENSEL geboren 1923 in Darmstadt, wo er auch heute lebt. Er ist Theaterkritiker und Redakteur der »Frankfurter Allgemeinen Zeitung«. Unter anderem veröffentlichte er den Schauspielführer »Spielplan« (1966/81/92) sowie die Bücher »Das Theater der siebziger Jahre« (1980) und »Theaterskandale und andere Anlässe zum Vergnügen« (1983), »Spielt's noch einmal. Das Theater der achtziger Jahre« (1990) sowie »Glück gehabt« (1994).

HARTMUT VON HENTIG geboren 1925 in Posen, ist emeritierter Professor für Pädagogik an der Universität Bielefeld; Hauptwerke: »Platonisches

Lehren« (1965), »Systemzwang und Selbstbestimmung« (1968), »Aufgeräumte Erfahrungen – Texte zur eigenen Person« (1983) und »... der werfe den ersten Stein« (1992).

WALTER HINCK geboren 1922 in Selsingen/Niedersachsen, ist Professor für Deutsche Literatur an der Universität Köln. Er veröffentlichte unter anderem: »Die Dramaturgie des späten Brecht« (1959), »Das deutsche Lustspiel des 17. und 18. Jahrhunderts und die italienische Komödie« (1965), »Das moderne Drama in Deutschland« (1973), »Goethe – Mann des Theaters« (1982), »Theater der Hoffnung« (1988) und »Die Wunde Deutschland. Heinrich Heines Dichtung« (1990).

ERNST JANDL geboren 1925 in Wien, lebt dort. Er veröffentlichte unter anderem die Lyrikbände »Laut und Luise« (1966), »der künstliche baum« (1970), »dingfest« (1973), »die bearbeitung der mütze« (1978), »der gelbe hund« (1980), »selbstporträt des schachspielers als trinkende uhr« (1983), »Idyllen« (1989) und »Stanzen« (1992), das Theaterstück »Aus der Fremde« (1980) sowie die Poetikvorlesungen »Das Öffnen und Schließen des Mundes« (1985).

ULRICH KARTHAUS geboren 1935 in Düsseldorf, ist Professor für Neuere Deutsche Literatur an der Universität Gießen. Er veröffentlichte die Bücher: »Der Andere Zustand. Zeitstrukturen im Werke Robert Musils« (1965), »Sturm und Drang und Empfindsamkeit« (1988) und »Novelle« (1991).

FRIEDHELM KEMP geboren 1914 in Köln, lebt als Schriftsteller und Übersetzer in München. Er veröffentlichte unter anderem »Dichtung und Sprache« (1965) und »Kunst und Vergnügen des Übersetzens« (1965).

HELMUTH KIESEL geboren 1947, ist seit 1990 Professor für Neuere deutsche Literaturgeschichte in Heidelberg. Er veröffentlichte zahlreiche Bücher und Aufsätze zur Literatur des 15. bis 18. und 20. Jahrhunderts.

ECKART KLESSMANN geboren 1933 in Lemgo/Lippe, lebt in Schleswig-Holstein. Er veröffentlichte Bücher über den Prinzen Louis Ferdinand von Preußen (1972), Caroline Schlegel-Schelling (1975) und E.T.A. Hoffmann (1988) sowie »Die Mendelssohns. Bilder aus einer deutschen Familie« (1990) und »Christiane – Goethes Geliebte und Gefährtin« (1992).

WOLFGANG KOEPPEN geboren 1906 in Greifswald, lebt in München. Er veröffentlichte die Romane »Eine unglückliche Liebe« (1934), »Tauben im Gras« (1951), »Das Treibhaus« (1953) und »Der Tod in Rom« (1954), die Erzählung »Jugend« (1976), den Aufsatzband »Die elenden

Skribenten« (1981) sowie Reisebücher, unter anderem »Nach Rußland und anderswohin« (1958).

Uwe Kolbe geboren 1957 in Berlin/DDR; seit 1979 freiberuflich als Autor und Nachdichter tätig. Er veröffentlichte die Gedichtsammlungen »Hineingeboren« (1980), »Abschiede« (1981), »Bornholm II« (1986).

Karl Krolow geboren 1915 in Hannover, lebt in Darmstadt. Er veröffentlichte unter anderem die Lyrikbände »Tage und Nächte« (1956), »Nichts weiter als Leben« (1970), »Zeitvergehen« (1972), »Der Einfachheit halber« (1977), »Herbstsonett mit Hegel« (1981), »Als es soweit war« (1988), »Ich höre mich sagen« (1992) sowie die Prosabände »Im Gehen« (1980) und »In Kupfer gestochen« (1987).

Michael Krüger geboren 1943 in Wittgendorf, lebt in München, wo er als Verlagslektor tätig ist und als Herausgeber der Zeitschrift »Akzente«. Er veröffentlichte Lyrik und Essays, unter anderem: »Diderots Katze« (1978), »Nekrologe« (1979), »Aus der Ebene« (1982) und »Die Dronte« (1985).

Günter Kunert geboren 1929 in Berlin, lebt in Kaisborstel/Schleswig-Holstein. Hauptwerke: Die Gedichtsammlungen »Erinnerungen an einen Planeten« (1963), »Verkündigung des Wetters« (1966), »Unterwegs nach Utopia« (1977), »Abtötungsverfahren« (1980), »Stilleben« (1983), »Berlin bei Zeiten« (1987) sowie die Prosabände »Die Beerdigung findet in aller Stille statt« (1968), »Verspätete Monologe« (1981) und »Die letzten Indianer Europas« (1991).

Hermann Kunisch geboren 1901 in Osnabrück, starb 1991 in München. Er war ab 1946 Professor für Deutsche Philologie in Berlin und von 1955 bis 1968 in München. Unter anderem veröffentlichte er »Kleine Schriften« (1968), »Rainer Maria Rilke« (1975) und »Von der Reichsunmittelbarkeit der Poesie« (1979).

Reinhard Lauer 1935 in Bad Frankenhausen geboren, ist seit 1969 Professor für slawische Philologie an der Universität Göttingen. Er veröffentlichte Studien zur russischen, serbischen, kroatischen und bulgarischen Literatur, darunter die Bücher »Heine in Serbien« (1961), »Gedichtform zwischen Schema und Verfall« (1975), »Il'ja Erenburg und die russische Tauwetter-Literatur« (1975) und »Miroslav Krleza und der deutsche Expressionismus« (1984).

Herbert Lehnert geboren 1925 in Lübeck, ist Professor für Literaturwissenschaft an der University of California, Irvine (USA). Er veröffentlichte unter anderem: »Thomas Mann: Fiktion, Mythos, Religion«

(1965), »Struktur und Sprachmagie« (1966), »Thomas-Mann-Forschung. Ein Bericht« (1969) und »Geschichte der deutschen Literatur. Vom Jugendstil zum Expressionismus« (1978).

SIEGFRIED LENZ geboren 1926 in Lyck/Ostpreußen, lebt seit 1945 in Hamburg. Er veröffentlichte unter anderem die Romane »Brot und Spiele« (1959), »Deutschstunde« (1968), »Das Vorbild« (1973), »Heimatmuseum« (1978), »Exerzierplatz« (1985) und »Die Klangprobe« (1990) sowie die Erzählungsbände »So zärtlich war Suleyken« (1955), »Jäger des Spotts« (1958), »Das Feuerschiff« (1960), »Einstein überquert die Elbe bei Hamburg« (1975), »Heimatmuseum« (1978), »Exerzierplatz« (1985) und »Klangprobe« (1990).

WOLFGANG LEPPMANN geboren 1922 in Berlin, ist seit 1960 Professor für Deutsche Literatur an der University of Oregon (USA). Hauptwerke: »Goethe und die Deutschen« (1962), »Pompeji, eine Stadt in Literatur und Leben« (1966), »J.J. Winckelmann« (1971), »Rilke – Leben und Werk« (1981), »Gerhart Hauptmann« (1986) und »Die Roaring Twenties« (1992).

PAUL MICHAEL LÜTZELER geboren 1943 in Doveren/Rheinland, ist Professor für Neuere Deutsche Literatur an der Washington University in St. Louis/USA. Er veröffentlichte unter anderem: »Hermann Broch. Eine Biographie« (1985), »Zeitgeschichte in Geschichten der Zeit« (1986), »Geschichte in der Literatur« (1987).

PETER MAIWALD geboren 1946 in Grötzingen/Kreis Esslingen, lebt in Düsseldorf. Er veröffentlichte unter anderem die Gedichtbände »Balladen von Samstag auf Sonntag« (1984) »Guter Dinge« (1987), »Der Baum, das Haus, der Himmel« (1989), »Das Gutenbergsche Völkchen« (1990) und »Springinsfeld« (1992).

RAINER MALKOWSKI geboren 1939 in Berlin, lebt in Brannenburg. Er veröffentlichte unter anderem: »Was für ein Morgen« (1975), »Einladung ins Freie« (1977), »Vom Rätsel ein Stück« (1980), »Zu Gast« (1983) und »Was auch immer geschieht« (1986).

PETER HORST NEUMANN geboren 1936 in Neiße/Oberschlesien, ist Professor für Neuere Deutsche Literatur an der Universität Erlangen. Er veröffentlichte unter anderem: »Jean Pauls ›Flegeljahre‹« (1968), »Der Preis der Mündigkeit. Über Lessings Dramen« (1977) und »Die Rettung der Poesie im Unsinn. Der Anarchist Günter Eich« (1981).

HEINZ PIONTEK geboren 1925 in Kreuzberg, lebt in München, ist vorwiegend Lyriker. Unter anderem veröffentlichte er die Gedichtbände

»Mit einer Kranichfeder« (1962), »Klartext« (1966), »Gesammelte Gedichte« (1975), »Wie sich Musik durchschlug« (1978), »Was mich nicht losläßt« (1981) und »Früh im September« (1982) sowie den Essayband »Männer, die Gedichte machen« (1970).

HEINZ POLITZER geboren 1910 in Wien, starb 1978 in Berkeley. Er lehrte Deutsche Literatur an der University of California in Berkeley (USA). Hauptwerke: »Franz Kafka, der Künstler« (1965), »Das Schweigen der Sirenen« (1968) und »Hatte Ödipus einen Ödipus-Komplex?« (1974).

UWE PÖRKSEN geboren 1935 in Breklum, lebt in Freiburg. Er ist Professor an der Universität Freiburg für Germanistik, Sprache und Ältere Literatur. Er veröffentlichte »Der Erzähler im mittelhochdeutschen Epos« (1971) und »Deutsche Naturwissenschaftssprachen. Historische und kritische Studien« (1985).

WOLFDIETRICH RASCH geboren 1903 in Breslau, gestorben 1986. Er war Professor für Neuere Deutsche Literaturgeschichte in Münster. Er veröffentlichte unter anderem: »Die Erzählweise Jean Pauls« (1961), »Über Robert Musils Roman ›Der Mann ohne Eigenschaften‹« (1967), »Zur deutschen Literatur seit der Jahrhundertwende« (1967) und »Goethes Iphigenie auf Tauris als Drama der Autonomie« (1979), »Die literarische Décadence um 1900. Grundbegriffe und Variationen« (1985).

MARCEL REICH-RANICKI geboren 1920 in Włocławek an der Weichsel, leitete von 1973 bis 1988 die Literatur-Redaktion der »Frankfurter Allgemeinen Zeitung«. Er veröffentlichte unter anderem: »Deutsche Literatur in West und Ost« (1963), »Lauter Verrisse« (1970), »Über Ruhestörer« (1973), »Nachprüfung« (1977), »Lauter Lobreden« (1985), »Thomas Mann und die Seinen« (1987), »Thomas Bernhard« (1990), »Max Frisch« (1991), »Ohne Rabatt. Über Literatur aus der DDR« (1991), »Der doppelte Boden« (1992) sowie »Die Anwälte der Literatur« (1994).

WERNER ROSS geboren 1912 in Krefeld-Uerdingen, lebt in München. Er veröffentlichte unter anderem: »Der ängstliche Adler«. Friedrich Nietzsches Lebensroman (1980) und »Die Feder führend« (1987), »Lou Andreas-Salomé« (1992) sowie »Baudelaire und die Moderne« (1993) sowie »Der wilde Nietzsche« (1994).

WOLFGANG ROTHE geboren 1929 in Berlin, lebt in Heidelberg. Er ist Essayist und Literaturwissenschaftler und veröffentlichte unter anderem: »James Joyce« (1957), »Der Roboter und der andere« (1958), »Schriftsteller und totalitäre Welt« (1966), »Der Expressionismus« (1977) und »Tänzer und Täter« (1979).

PETER RÜHMKORF geboren 1929 in Dortmund, lebt in Hamburg. Er veröffentlichte unter anderem: »Irdisches Vergnügen in g« (1959), »Kunststücke« (1961), »Die Jahre, die ihr kennt« (1972), »Walther von der Vogelweide, Klopstock und ich« (1975), »Haltbar bis Ende 1999« (1979), »agar agar zaurzaurim« (1981), »Der Hüter des Misthaufens« (1983), »Bleib erschütterbar und widersteh« (1984), »Einmalig wie wir alle« (1989) und »Dreizehn deutsche Dichter« (1989).

ALBERT VON SCHIRNDING geboren 1935 in Regensburg, lebt in München. Er veröffentlichte unter anderem die Gedichtbände »Bedenkzeit« (1977) und »Mit anderen Augen« (1986), die Erzählung »Herkommen« (1987) sowie die Untersuchungen »Am Anfang war das Staunen« (1978), »Durchs Labyrinth der Zeit« (1979) und »Linien des Lesens« (1982) und »Maske und Mythos« (1991).

KARL LUDWIG SCHNEIDER geboren 1919 in Hamburg, wo er 1981 starb. Er war Professor für Deutsche Literatur an der Universität Hamburg, gab die Werke Ernst Stadlers und Georg Heyms heraus und veröffentlichte unter anderem den Essayband »Zerbrochene Formen« (1967).

ROLF SCHNEIDER geboren 1932 in Chemnitz, lebt in Schöneiche bei Ost-Berlin. Er veröffentlichte unter anderem: »Brücken und Gitter« (1965), »Die Tage in W.« (1965), »Pilzomelette und andere Nekrologe« (1974), »Die Reise nach Jaroslaw« (1975) und »November« (1979).

GERSHOM SCHOCKEN geboren 1912 in Zwickau in Sachsen, starb 1990 in Tel Aviv. Er war seit 1937 tätig an der Tel-Aviver hebräischen Tageszeitung »Ha'Aretz«, seit 1939 Chefredakteur dieser Zeitung. Er veröffentlichte Essays und Gedichte.

HANS JOACHIM SCHRIMPF geboren 1927 in Mülheim an der Ruhr, ist em. Professor für Neugermanistik an der Ruhr-Universität Bochum. Er veröffentlichte unter anderem: »Das Weltbild des späten Goethe« (1956), »Lessing und Brecht. Von der Aufklärung auf dem Theater« (1965), »Der Schriftsteller als öffentliche Person« (1977), »Komödie und Lustspiel« (1978) und »Karl Philipp Moritz« (1980).

DIETER SCHWARZENAU geboren 1937 in Dortmund, ist Leiter des ZDF-Kulturmagazins »Aspekte«. Er veröffentlichte unter anderem Frühe Arbeiter-Autobiographien in »Beiträge zur Kulturgeschichte der Arbeiterbewegung« (1979).

HILDE SPIEL geboren 1911 in Wien, wo sie 1990 starb. Sie war von 1963 bis 1984 Wiener Kulturkorrespondentin der »Frankfurter Allgemeinen Zeitung«. Hauptwerke: »Fanny von Arnstein oder die Emanzipation«

(1962), »Glanz und Untergang. Wien 1866 bis 1938« (1987), »Die hellen und die finsteren Zeiten« (1989), »Welche Welt ist meine Welt« (1990) und »Die Dämonie der Gemütlichkeit« (1991).

Marian Szyrocki geboren 1928 in Lublinec/Polen, starb 1992. Er war Professor für Deutsche Literatur an der Universität Breslau. Hauptwerke: »Martin Opitz« (1956), »Der junge Gryphius« (1959) und »Andreas Gryphius« (1964).

Siegfried Unseld geboren 1924 in Ulm, ist Verleger (Suhrkamp und Insel) in Frankfurt am Main. Er ist Herausgeber zahlreicher Editionen und schrieb unter anderem die Bücher: »Begegnungen mit Hermann Hesse« (1975), »Peter Suhrkamp. Zur Biographie eines Verlegers« (1975), »Der Marienbader Korb« (1976), »Das Tagebuch Goethes und Rilkes ›Sieben Gedichte‹« (1978), »Der Autor und sein Verleger« (1978) und »Hermann Hesse – Werk und Wirkungsgeschichte« (1973/1985) sowie »Goethe und seine Verleger« (1991).

Klaus-Peter Walter geboren 1955 in Michelstadt/Odw., lebt in Bitburg in der Eifel. Slawist und seit 1983 freier Fachautor und Literaturkritiker unter anderem für die »Frankfurter Allgemeine Zeitung«.

Peter Wapnewski geboren 1922 in Kiel, ist emeritierter Professor der Germanistik an der Technischen Universität Berlin und Gründungsrektor des Wissenschaftskollegs zu Berlin. Er veröffentlichte vor allem mediävistische Arbeiten und »Richard Wagner. Die Szene und ihr Meister« (1978), »Der traurige Gott. Richard Wagner in seinen Helden« (1978) sowie »Zumutungen, Essays zu Literatur des 20. Jahrhunderts« (1979).

Werner Weber geboren 1919 in Huttwil, war von 1951 bis 1973 Chef des Feuilletons der »Neuen Zürcher Zeitung« und ist jetzt Professor für Literaturkritik an der Universität Zürich. Er veröffentlichte die Essaybände »Figuren und Fahrten« (1956), »Zeit ohne Zeit« (1959), »Tagebuch eines Lesers« (1965) und »Forderungen« (1970). Er ist Herausgeber von Fontane, »Schriften und Glossen zur europäischen Literatur« (1965/1967) sowie »Belege. Gedichte aus der deutschsprachigen Schweiz seit 1900« (1978).

Matthias Wegner geboren 1937 in Hamburg, lebt dort, ist Verleger im Bertelsmann Club. Er veröffentlichte unter anderem »Exil und Literatur. Deutsche Schriftsteller im Exil« (1967).

Benno von Wiese geboren 1903 in Frankfurt am Main, starb 1987 in München. Er lehrte Deutsche Literatur an der Universität Bonn. Er veröffentlichte unter anderem: »Der Mensch in der Dichtung« (1958), »Friedrich Schiller« (1959), »Zwischen Utopie und Wirklichkeit« (1963) und »Literatur für Leser« (1971) sowie die Autobiographie »Ich erzähle mein Leben« (1982).

Sibylle Wirsing geboren 1936 in München, lebt in Berlin. Sie war langjährige Feuilletonredakteurin des »Tagesspiegel« und war von 1974 bis 1991 Berliner Kulturkorrespondentin der »Frankfurter Allgemeinen Zeitung«. Sie ist jetzt ständige publizistische Mitarbeiterin des »Tagesspiegel«.

Michael Zeller geboren 1944 in Breslau, lebt in Nürnberg. Er veröffentlichte unter anderem: »Gedichte haben Zeit« (1982), »Lieben Sie Dallas?« (1984) und »Folens Erbe« (1986).

Dieter E. Zimmer geboren 1934 in Berlin, ist seit 1959 Redakteur an der Wochenzeitung »Die Zeit«. Er veröffentlichte unter anderem den Gedichtband »Ich möchte lieber nicht, sagte Bartleby« (1979) und mehrere Sachbücher über Themen aus Psychologie, Anthropologie, Biologie, zuletzt »Redens Arten« und »So kommt der Mensch zur Sprache« (1986).

VERZEICHNIS DER GEDICHTÜBERSCHRIFTEN UND -ANFÄNGE

VERZEICHNIS DER IN DEN BÄNDEN 1–10 INTERPRETIERTEN GEDICHTE

Mailied (Hilde Spiel)
Meeres Stille (Eckhard Heftrich)
Mignon (Gerhard Schulz)
Mignon (Peter von Matt)
Mit einem gemalten Band (Wolfgang Leppmann)
Nachklang (Renate Schostack)
Nachtgedanken (Harald Hartung)
Nachtgesang (Joachim C. Fest)
Nähe des Geliebten (Eckhard Heftrich)
Natur und Kunst (Günter Kunert)
Neugriechische Liebe-Skolie (Christoph Perels)
Nicht mehr auf Seidenblatt (Hilde Domin)
Nun weiß man erst (Katharina Mommsen)
Phänomen (Peter Rühmkorf)
Philine (Peter von Matt)
Pilgers Morgenlied (Klaus-Dieter Metz)
Prooemion (Hermann Kurzke)
Rastlose Liebe (Werner Keller)
Rezensent (Marcel Reich-Ranicki)
Ritter Kurts Brautfahrt (Wulf Segebrecht)
Sag, was könnt uns Mandarinen (Werner Ross)
Saget, Steine mir an (Ulla Hahn)
Schenke (Horst Rüdiger)
Selige Sehnsucht (Gert Ueding)
Suleika (Helmut Koopmann)
Um Mitternacht (Benno von Wiese)
Vermächtnis (Eckhard Heftrich)
Versunken (Helmut Koopmann)
Vollmondnacht (Gert Ueding)
Vor Gericht (Walter Jens)
Wandersegen (Joachim Kaiser)
Wandrers Nachtlied (Karl Krolow)
Wandrers Nachtlied (Walter Jens)
Was Völker sterbend hinterlassen (Rolf Hochhuth)
Wenn du am breiten Flusse wohnst (Friedrich Dieckmann)
Willkommen und Abschied (Ernst Jandl)
Wink (Walter Hinck)
Wonne der Wehmut (Robert Gernhardt)
Zünde mir Licht an (Gerhard Kaiser)

Detlev von Liliencron, Bd. 4
Der Handkuß (Iring Fetscher)
Die Musik kommt (Petra Kipphoff)
Dorfkirche im Sommer (Benno von Wiese)
Schöne Junitage (Christa Melchinger)
Hermann Lingg, Bd. 4
Das Krokodil (Jörg von Uthmann)
Oskar Loerke, Bd. 6
Ans Meer (Siegfried Unseld)
Grab des Dichters (Eckart Kleßmann)
Pansmusik (Eckart Kleßmann)
Timur und die Seherin (Uwe Pörksen)
Webstuhl (Rudolf Jürgen Bartsch)
Winterliches Vogelfüttern (Wolfgang Leppmann)
Daniel Casper von Lohenstein, Bd. 1
Aufschrift eines Labyrinths (Michael Krüger)
Martin Luther, Bd. 1
Der XLVI. Psalm. Deus noster refugium et virtus (Walter Jens, Kurt Marti, Adolf Muschg, Peter Rühmkorf)
Ein lied von der Heiligen Christlichen Kirchen aus dem XII. capitel Apocalypsis (Walter Jens)
Rebecca Lutter, Bd. 9
Mein Platz (Hans Joachim Schrimpf)
Peter Maiwald, Bd. 10
Letzte Stunde (Karl Krolow)
Rainer Malkowski, Bd. 10
Schöne seltene Weide (Elisabeth Borchers)
Stadtkirche am Vormittag (Godehard Schramm)
Thomas Mann, Bd. 5
Monolog (Hans Mayer)
Alfred Margul-Sperber, Bd. 7
Auf den Namen eines Vernichtungslagers (Peter Horst Neumann)
Kurt Marti, Bd. 9
großer gott klein (Walter Helmut Fritz)
Friederike Mayröcker, Bd. 9
an eine Mohnblume mitten in der Stadt (Peter von Matt)
Christoph Meckel, Bd. 10
An wen auch immer ich mich wende (Harald Weinrich)

Der Schwan (Hellmuth Karasek)
Der Wahnsinn (Peter Maiwald)
Die Brandstätte (Christoph Perels)
Die Flamingos (Wolfgang Leppmann)
Die Kurtisane (Egon Schwarz)
Du aber, Göttlicher (Werner Weber)
Früher Apollo (Gertrud Höhler)
Frühling ist wiedergekommen (Werner Ross)
Gebet für die Irren und Sträflinge (Wolfgang Koeppen)
Herbsttag (Rainer Kirsch)
Ich fürchte mich so (Walter Müller-Seidel)
Komm du, du letzter (Ralf Rothmann)
Liebes-Lied (Gertrud Höhler)
Magie (Günter Kunert)
Noch fast gleichgültig... (Eckart Kleßmann)
Rose, oh reiner Widerspruch (Wolfgang Leppmann)
Tränenkrüglein (Harald Hartung)
Wandelt sich rasch auch die Welt (Joachim Kaiser)
Wilder Rosenbusch (Ulrich Fülleborn)

JOACHIM RINGELNATZ, Bd. 6
An der Alten Elster (Eckart Kleßmann)
An meinen längst verstorbenen Vater (Eckart Kleßmann)
Die neuen Fernen (Werner Ross)
Die Schnupftabaksdose (Wolfgang Brenneisen)
Ich habe dich so lieb (Peter Horst Neumann)
Kniebeuge (Peter Rühmkorf)
Liedchen (Reinhard Lauer)
Logik (Ludwig Harig)
Vorm Brunnen in Wimpfen (Peter Rühmkorf)

THOMAS ROSENLÖCHER, Bd. 10
Des Kreischens Brummbaß (Karl Mickel)

FRIEDERIKE ROTH, Bd. 10
Auf und nirgends an (Harald Hartung)
Mimosen (Ludwig Harig)
Wir beide (Harald Hartung)

LUDWIG RUBINER/FRIEDRICH EISENLOHR/LIVINGSTONE HAHN, Bd. 6
Gold (Robert Gernhardt)